Os Últimos Nazistas

SS

A Caçada aos Seguidores de Hitler

Mark Felton

Os Últimos Nazistas

Tradução:
Cristian Clemente

Publicado originalmente em inglês sob o título *The Last Nazis: The Hunt for Hitler's Henchmen*, por Pen & Sword Books Limited.
© 2011, Mark Felton.
Diretos de edição e tradução para todos os países de língua portuguesa.
Tradução autorizada do inglês.
© 2012, Madras Editora Ltda.

Editor:
Wagner Veneziani Costa

Produção e Capa:
Equipe Técnica Madras

Tradução:
Cristian Clemente

Revisão da tradução:
Rosália Munhoz

Revisão:
Jerônimo Pouças Feitosa
Neuza Rosa

Dados Internacionais de Catalogação na Publicação (CIP)
(Câmara Brasileira do Livro, SP, Brasil)

Felton, Mark
Os ultimos nazistas : caçada aos seguidores de Hitler/ Mark Felton; tradução Cristian Clemente. – São Paulo: Madras, 2012.
Título original: The last Nazis: the hunt for Hitler's henchmen.
Bibliografia

ISBN 978-85-370-0750-1

    1. Alemanha - História - 1945- 2. Criminosos de guerra 3. Fugitivos da justiça 4. Guerra Mundial, 1939-1945 - Atrocidades 5. Nazistas I. I. Título.

12-02133   CDD-364.138

    Índices para catálogo sistemático:
    1. Criminosos de guerra : História : Problemas sociais 364.138

É proibida a reprodução total ou parcial desta obra, de qualquer forma ou por qualquer meio eletrônico, mecânico, inclusive por meio de processos xerográficos, incluindo ainda o uso da internet, sem a permissão expressa da Madras Editora, na pessoa de seu editor (Lei nº 9.610, de 19.2.98).

Todos os direitos desta edição, em língua portuguesa, reservados pela

MADRAS EDITORA LTDA.
Rua Paulo Gonçalves, 88 – Santana
CEP: 02403-020 – São Paulo/SP
Caixa Postal: 12183 – CEP: 02013-970
Tel.: (11) 2281-5555 – Fax: (11) 2959-3090
www.madras.com.br

*Dedico este livro à minha avó,
Peggy Felton, a melhor ouvinte.*

Agradecimentos

Gostaria de estender minha gratidão ao brigadeiro Henry Wilson, a Matt Jones e a todos os funcionários da Pen & Sword Books Limited; a Patrick McDonnell, do LA Times; a Alex Kasriel, do Jewish Chronicle; ao Simon Wiesenthal Center, Los Angeles; ao National Archives (Escritório de Registro de Periódicos), em Kew; ao Projeto de Pesquisa sobre o Holocausto; e, por fim, a Fang Fang, minha esposa maravilhosa e prestativa.

Índice

Introdução 11

Capítulo 1
Muito Pouco e Muito Tarde 16

Capítulo 2
Em Fuga 27

Capítulo 3
Caminhos de Rato e Esconderijos 42

Capítulo 4
Kamaradenwerke 66

Capítulo 5
O Dr. Morte 76

Capítulo 6
A Realidade de *O Leitor* 92

Capítulo 7
Ivan, o Terrível 111

Capítulo 8
O Último Comandante 128

Capítulo 9
Dez para Um 141

Capítulo 10
As Ações da Resistência 157

Capítulo 11
  Ajudantes Dispostos..165
Capítulo 12
  Esperança 189
Apêndice 1
  Organização das Forças de Segurança e Policiais Nazistas 195
Apêndice 2
  Hierarquia da SS 197
Apêndice 3
  Os Criminosos Nazistas de Guerra Mais Procurados – 2010 .199
  Bibliografia 200
  Índice Remissivo..203

Introdução

Por quanto tempo mais esfregarão o Holocausto nas nossas caras? Ele aconteceu há 65 anos...

Comentário de um leitor publicado no *Daily Mail*, de 13 de março de 2010.

Nos anos da minha infância e juventude, as décadas de 1970 e 1980, ainda podíamos ver a longa sombra projetada pela Segunda Guerra Mundial. Brincar de "guerra" era uma das atividades de que meus amigos e eu mais gostávamos. Era um passatempo tão divertido como jogar bola e pescar: corríamos pelo bosque atrás da minha casa enfeitados com chapéus feitos de papel alumínio velho, com sobras de tecido e munidos de rifles imaginários, revivendo histórias que lêramos em gibis, como *Commando*, e a ação de filmes, como *Caçadores da Arca Perdida*, em que Indiana Jones luta contra nazistas diabólicos. Algumas vezes lutávamos contra *stormtroopers* de *Guerra nas Estrelas*; em outras reencenávamos o último episódio do *Esquadrão Classe A*. No entanto, na maioria das vezes escolhíamos reprisar momentos da Segunda Guerra Mundial.* Nas visitas aos meus avôs, eu ouvia inevitavelmente "histórias de guerra" tiradas da própria experiência deles no campo de batalha. Contemplava-os admirado. "A Guerra" era apenas um ruído de fundo nas nossas infâncias sãs e felizes. Certo dia, meu avô materno contou-me uma história que mudou completamente a minha visão sobre "A Guerra". Relatou-me sobre quando ele e o seu pelotão libertaram um campo de concentração nazista. Foi a primeira e única ocasião em que falou do tema para mim, embora normalmente fosse difícil evitar que ele contasse histórias, uma vez que 30 anos servindo o Exército

---

*N.E.: Sugerimos a leitura de *Breve História da Segunda Guerra Mudial*, de Jesús Hernández, Madras Editora.

desde a fronteira noroeste da Índia até a Guerra da Coreia deram-lhe material suficiente para escrever diversos livros. O que ele me contou sobre o campo de concentração mudou minha perspectiva a respeito da guerra e, imagino, foi uma das coisas que me fez querer ser historiador. Eu era incapaz de imaginar a monstruosidade do crime que fora cometido e, menos ainda, como os responsáveis lograram escapar da Justiça. Outro acontecimento que aumentou meu interesse nos fugitivos nazistas foi um programa de televisão, inspirado no grande sucesso que foi a série *Secret Army*, chamado *Kessler*. O programa contava como Ludwig Kessler, chefe da Gestapo em Bruxelas durante a guerra, tinha se tornado um fugitivo nazista rico e bem-sucedido por volta dos anos 1980. A reportagem denunciou Kessler, que depois foi caçado.

"Por quanto tempo mais esfregarão o Holocausto nas nossas caras? Ele aconteceu há 65 anos..." "é melhor deixar em paz os cães que dormem". Esses foram apenas dois dos comentários feitos por leitores sobre um artigo publicado no *Daily Mail*, em 13 de março de 2010.[1] O artigo revelou que o governo alemão estava determinado a manter em segredo arquivos mostrando que membros do governo e pessoas do Vaticano ajudaram criminosos de guerra nazistas – incluindo Adolf Eichmann, o arquiteto do Holocausto – a fugir para a América do Sul depois da guerra. "Qual a importância real disso?", comentava um leitor. "Eichmann está morto e provavelmente os membros da Igreja que participaram disso também. Nada disso vai ajudar as almas que já faleceram." Não que todos os comentários seguissem essa linha, mas as afirmações desses leitores não eram, de modo algum, as únicas nesse sentido. Os seus autores estão enganados: ainda não podemos atirar o Holocausto no monturo da "história". O braço longo do maior mal e dos maiores malfeitores da história ainda paira sobre nós, no nosso mundo agradável do século XXI. Nem todos os nazistas marcharam para o passado. Alguns retardatários permanecem por aí, dando aos caçadores de nazistas e aos tribunais trabalho suficiente para hoje e para mais alguns anos. Este livro conta a história de alguns desses homens e mulheres. Uma quantidade surpreendentemente grande dos homens mais malignos do século XX permaneceu livre e impune por décadas depois do fim da Segunda Guerra Mundial, em 1945. A maior parte desses nazistas impenitentes morreu ao longo das décadas de 1970 e 1980 nas suas tocas na Argentina, no Paraguai e em muitos outros países de governo totalitário e sem tratados de extradição com o Ocidente. Muitos outros conseguiram voltar escondidos à vida na Alemanha e na Áustria, onde

---

1. HALL, Allan. "German fight to keep Eichmann files secret over claims officials and Vatican colluded in escape". *Daily Mail*, 13 de março de 2010.

também conseguiram fugir do passado até morrer na obscuridade. Além desses monstros, também morreram, ou se aposentaram, os caçadores de nazistas dedicados, homens e mulheres intrépidos – judeus em sua maioria – que dedicaram suas vidas a levar os fugitivos nazistas às cortes. O "pai" desses caçadores foi Simon Wiesenthal. A história, porém, não acaba por aqui: um punhado de nazistas, sobre os quais recaem acusações de crimes quase além da compreensão moderna, ainda vive. Continuam escondidos, alguns sob a proteção de governos estrangeiros, a uma distância desafiadora dos muitos países que pediram sua extradição ou prisão. Outros foram descobertos após décadas trabalhando em empregos comuns e levando vidas comuns, tendo os seus crimes expostos ao Sol da Justiça pela primeira vez apenas recentemente. Essas pessoas, por artimanhas ou sorte, fugiram de todos os caçadores de nazistas por mais de seis décadas.

Os fugitivos descritos neste livro estão na casa dos 80 ou 90 anos e, logicamente, em breve morrerão por causas naturais. Mas a pergunta é: será que a luta por levá-los a julgamento deve cessar enquanto eles ainda respiram? Por acaso a velhice é um motivo para que permitamos aos assassinos em massa morrer em paz nas suas camas, sendo que eles próprios negaram este direito a dezenas de milhares de vítimas? Por acaso nos tornamos generosos demais com esses genocidas porque a Segunda Guerra Mundial deixou rapidamente de ser uma experiência real e horrível, vivenciada por uma geração toda para diluir-se em um simples tópico nos livros didáticos (tópico, aliás, não muito bem ensinado nas escolas britânicas) e nos documentários de televisão? Recentemente, em 2008, o Simon Wiesenthal Center (SWC) iniciou uma campanha chamada "Operação Última Chance". O SWC foi fundado em Los Angeles, em 1977, e o seu nome é uma homenagem ao famoso caçador de nazistas e sobrevivente do Holocausto, Simon Wiesenthal. É uma organização internacional judaica em prol dos direitos humanos, e boa parte do seu trabalho está voltada à educação sobre o Holocausto e à tolerância. A caça aos criminosos de guerra nazistas representa hoje uma parcela muito pequena do SWC, mas é ainda uma tarefa extremamente importante. O objetivo da "Operação Última Chance" era encorajar governos e cidadãos de todo o mundo a tentar, pela última vez, fornecer informações que levassem à captura e julgamento dos criminosos de guerra nazistas remanescentes, que ainda estão foragidos no século XXI. Como mostra o recente julgamento de um ex-guarda de campo de concentração, o ucraniano John Demjanjuk (detalhado no capítulo 6), ainda há nazistas suspeitos de crime de guerra sendo levados à Justiça, confrontando e respondendo por seus crimes uma geração

depois da sua perpetração. De 1º de janeiro de 2001 até 31 de março de 2008, o total de 76 causas judiciais foram ganhas contra criminosos de guerra nazistas e seus colaboradores, quase metade delas (34) nos Estados Unidos. Os outros processos tomaram lugar na Itália (26), Canadá (6), Alemanha (3), Lituânia (2), Polônia (1) e França (1). Entre 2008 e 2009, havia 202 indivíduos no mundo todo sendo investigados por suspeitas de crimes de guerra nazistas, muitos dos quais resultaram ou vão resultar em julgamentos. Em vários outros casos – alguns deles mencionados brevemente neste livro –, os suspeitos foram investigados, mas permaneceram livres porque alguns governos usam a lei para protegê-los em vez de processá-los. Os homens e mulheres que há mais de 60 anos escapam da Justiça, porém, veem-se forçados a olhar continuamente para trás, por causa dos permanentes esforços do SWC e de jornalistas historiadores, que seguem buscando a verdade sobre essas pessoas. Assassinato em massa é um crime que não prescreve.

Um nome que aparece sempre associado a quase todos os criminosos de guerra apresentados neste livro é o do dr. Efraim Zuroff, diretor do escritório do SWC em Israel. O dr. Zuroff foi o primeiro diretor do SWC de Los Angeles e é um especialista no Holocausto, além de ser o último caçador de nazistas do mundo. Em 1986, o trabalho pioneiro de pesquisa levado a cabo por Zuroff revelou como, literalmente, centenas de suspeitos por crimes de guerra nazistas conseguiram escapar para a Austrália, o Canadá e o Reino Unido. O seu trabalho influenciou a criação de leis especiais para os crimes de guerra nazistas em cada um desses países. Após o fim do comunismo no Leste Europeu, Zuroff abriu caminho para a tentativa de persuadir antigos Estados-satélites da antiga União Soviética a começar os processos contra aqueles que colaboraram com os nazistas no extermínio dos judeus. Zuroff obteve algum sucesso, especialmente nos países bálticos: Estônia, Letônia e Lituânia.

Na Lituânia, Zuroff liderou uma comissão conjunta de sindicância entre israelenses e lituanos, a fim de interromper a reabilitação dos criminosos de guerra nazistas pelo governo. Hoje, o total de 47 reabilitações concedidas pelo governo lituânio àqueles que participaram ativamente do massacre que foi o Holocausto foram canceladas. Em 2000, Zuroff foi fundamental na denúncia de um esquema parecido na Letônia. Também teve papel importante na localização e extradição de vários criminosos de guerra, especialmente no caso do brutal ex-comandante do campo de concentração Jasenovac, na Croácia, Dinko Salic, escondido por mais de 50 anos na Argentina. Salic acabou extra-

ditado e sentenciado a 20 anos de prisão na Croácia. Autor de diversos títulos sobre a sua vida, Zuroff tornou-se o caçador de nazistas mais festejado e conhecido na mídia desde a morte de Simon Wiesenthal em 2005. A "Operação Última Chance" foi ideia sua e levou a uma série de denúncias sobre nazistas foragidos e suspeitos de crimes de guerra. É certo que a caça aos criminosos de guerra nazistas já está na prorrogação, mas o apito final ainda não soou. Se Efraim Zuroff e seus colegas continuarem envolvidos no assunto, ainda demoraremos algum tempo até ouvir o apito.

Capítulo 1

Muito Pouco e Muito Tarde

A unidade para crimes de guerra foi criada no começo da primavera de 1945. Acho que poderíamos ter pego muito mais gente naquela época, e a memória das testemunhas estaria bem melhor então. No geral, a coisa toda não deu nem para o começo [...] Foi muito pouco e muito tarde.

Tenente-coronel Ian Neilson, comandante das equipes para investigação de crimes de guerra, 1945

Bertioga, Brasil, 7 de fevereiro de 1979. O barulho de alguma coisa caindo no mar alertou seus companheiros de que algo estava errado. Era um dia muito quente, e aquele alemão distinto decidira refrescar-se um pouco nas águas do Atlântico. Ele sentia saudades da sua terra natal; falara nisso uns momentos antes de entrar na água. O sobrinho mergulhou no mar para tentar salvar o tio, mas quando conseguiu alcançá-lo, o corpo daquele senhor já estava imóvel, flutuando suavemente sobre a maré. "Tive de nadar com um braço e segurá-lo com o outro, enquanto o mar arrastava nós dois",[2] lembra o sobrinho. Depois de um esforço imenso, o sobrinho acabou conseguindo levar o corpo do velho de volta à praia. A apenas alguns metros da praia, o velho começou a lutar por sua vida, tentando nadar um pouco antes de outro AVC deixá-lo imobilizado. Já na areia quente, o médico local tentou salvá-lo fazendo massagem cardíaca e respiração boca a boca nele, mas o velho veio a falecer após um curto esboço de reação. Assim acabou a vida do dr. Josef Mengele. Ele era o fugitivo nazista mais procurado do mundo naquela época; um homem que fora caçado em vão pelos quatro cantos do mundo por seus crimes monstruosos contra a humanidade.

---

2. POSNER, Gerald L. e Ware, John, *Mengele: The Complete Story* (New York: Cooper Square Press), 2000, p. 288.

O temível Mengele conseguira escapar da Justiça. E muitos dos seus companheiros em crimes de guerra também viriam a tapear o carrasco.

O Holocausto foi um dos maiores crimes jamais perpetrados na história humana. Doze milhões de pessoas, metade delas judias, pereceram nos campos de concentração nazistas ou foram fuziladas em grandes chacinas. Dezenas de milhares de homens da SS participaram da administração do imenso sistema de campos de concentração nazistas e, por conseguinte, do assassínio programático de milhões de pessoas. Surpreendentemente, poucos deles foram punidos após o término da guerra. Muitos dos assassinos mais sanguinários e prolíficos da história desapareceram em países estrangeiros ou simplesmente voltaram para as suas casas. Os números são estarrecedores. Franz Stangl, por exemplo, comandante do campo de extermínio de Treblinka, na Polônia, era acusado da morte de *900 mil pessoas* até ser capturado em 1967. A América do Sul e o Oriente Médio tornaram-se paraísos para os fugitivos nazistas que conseguiram fugir da Europa pós-guerra, e muitos deles foram ajudados por altos eclesiásticos do Vaticano, companheiros de SS e governos estrangeiros. Em grande medida, o fato de muitos dos criminosos mais terríveis do mundo terem sido capazes de escapar da Justiça em países que não mantinham acordos de extradição foi culpa dos Aliados. Desde o começo, a caça por criminosos de guerra foi apenas uma preocupação menor para britânicos e americanos, já que ambas as nações estavam mais interessadas em preparar-se para a Guerra Fria contra a sua antiga aliada, a União Soviética. Carecendo de homens, recursos e tempo, além de não contar com qualquer vontade política para apoiá-los, os oficiais encarregados da prisão dos fugitivos enfrentavam problemas quase insuperáveis. Os Aliados haviam lançado uma rede por sobre a Europa ocidental, mas essa rede estava cheia de buracos, e a maioria dos fugitivos nazistas simplesmente escapuliu para a liberdade por meio deles. Uma vez retirado o cerco, provou-se extremamente difícil – tanto em termos logísticos como jurídicos – capturar os fugitivos, que por meio da astúcia, dos embustes e de um forte instinto de sobrevivência, constituíram uma série de esconderijos pelo mundo. Muitos desses homens caíram nas graças de governos de direita, que por sua vez ficaram felizes em poder contar com as habilidades desses ex-oficiais de SS, pagando-lhes com novas identidades e proteção.

A primeira tentativa de criar um programa para a prisão e punição dos suspeitos de crime de guerra começou, na verdade, ainda durante a guerra. Em 1942, o lorde chanceler britânico, John Simon, a maior autoridade judiciária do Reino Unido, propôs a criação da *Comissão*

das Nações Unidas para Crimes de Guerra (UNWCC, na sigla em inglês). Evidentemente, o nome não implica qualquer ligação com a atual Organização das Nações Unidas, só concebida em outubro de 1945. De fato, o nome referia-se às 26 nações então unidas na guerra contra as potências do eixo. O apoio dos americanos era vital para o sucesso do programa, mas no começo a reação dos Estados Unidos foi apenas morna. O presidente Franklin D. Roosevelt deixou claro que as únicas pessoas que deveriam ser julgadas eram os líderes do Eixo, os legisladores responsáveis por levar a Alemanha e a Europa para o abismo da guerra total. Lorde Simon discordava dos americanos. Ele queria que os perpetradores de crimes de guerra também fossem a julgamento, elevando o número de suspeitos à casa das dezenas de milhares. Os soviéticos eram natural e explicitamente contrários à criação da UNWCC, uma vez que a ideia viera de um dos seus adversários ideológicos. Como esperado, o ditador soviético Josef Stalin acabou por não se juntar à Comissão, apesar das seguidas tentativas britânicas de cooptá-lo. A sua recusa enfraqueceu muito a UNWCC e, por conseguinte, comprometeu todo o esforço organizado de caça aos criminosos de guerra nazistas. Mais tarde, os soviéticos fariam as coisas do seu jeito, com a NKVD – a polícia secreta do governo – formando unidades de investigação de crimes e realizando os seus próprios julgamentos.

De fato, os soviéticos assinaram a declaração de Moscou no fim de outubro de 1943, ao lado dos ministros do exterior dos Estados Unidos e do Reino Unido. Mas tudo o que a declaração fez foi motivar a publicação de documentos verborrágicos e cheios de retórica sobre como os Aliados "os perseguiriam [os criminosos de guerra] até os recônditos mais distantes da terra e os poriam diante dos acusadores a fim de fazer justiça". Na prática, o documento foi inútil. O ministro do exterior britânico, *sir* Anthony Eden, chegou mesmo a expressar algumas reservas sobre a assinatura da Declaração. "Estou bem longe de me alegrar com toda essa história de crimes de guerra", escreveu na ocasião. "Para ser sincero, gostaria muito de não precisar vociferar contra os criminosos de guerra, nem de prometer uma punição condigna para ter de encontrar desculpas por não ter feito nada, um ou dois anos depois". Mais tarde, pôde-se comprovar que os receios de Eden tinham algo de profético.

O primeiro encontro da UNWCC teve lugar em 19 de outubro de 1943. Logo após da abertura, a reunião logo se degenerou em conversa de botequim para advogados e burocratas. Criaram-se subcomitês que desperdiçaram horas e mais horas discutindo os pontos mais sutis da lei. Após cinco meses de deliberação, a UNWCC conseguiu apenas

iniciar as investigações acerca de míseros 60 casos, e a falta de provas fez com que a maioria deles fosse classificada na categoria C, a menos grave para crimes de guerra. Por incrível que pareça, naquele momento a UNWCC não considerou os crimes do Holocausto como "crimes de guerra", de modo que a imensidão de dolos cometidos contra os judeus europeus foi deixada de lado. Isso apesar da pressão exercida pelo Congresso Mundial Judaico, cujo prolífico trabalho de coleta de informações poderia muito bem ser útil aos investigadores de crimes de guerra. No fim das contas, a UNWCC nunca investigou a sério o Holocausto enquanto crime, o que é uma omissão chocante e perturbadora.

Uma das principais tarefas da UNWCC era criar uma lista dos criminosos de guerra procurados e distribuí-la para as equipes de investigação que cada país estava formando, na ocasião da abertura do segundo fronte, em junho de 1944, na França. Em 30 de agosto, apenas cinco dias após a liberação de Paris, durante uma coletiva, repórteres perguntaram ao presidente da UNWCC se o maior de todos os criminosos de guerra, Adolf Hitler,* aparecia na lista de procurados. Por incrível que pareça, o presidente, corando de vergonha, teve de admitir que o *Führer* estava ausente. De fato, a lista continha apenas 184 nomes. Naturalmente, a imprensa viu nisso um prato cheio e a UNWCC foi ampla e, talvez merecidamente, achincalhada pelos jornais. Em 7 de novembro, motivada pelas críticas que vinha recebendo nos meios de comunicação, a UNWCC finalmente decidiu que os crimes cometidos contra os judeus seriam classificados como crimes de guerra. Nos bastidores, membros do governo em Londres e Washington consideravam a UNWCC uma piada cara demais. A organização foi sendo deixada cada vez mais de lado; enquanto seus membros argumentavam sobre questões jurídicas complexas, a verdadeira missão de captura dos criminosos de guerra estava sendo levada a cabo por cada uma das potências aliadas. No entanto, os esforços dos aliados para capturar suspeitos de crimes de guerra nos meses finais da guerra e logo depois do seu fim foram atrapalhados desde o início por questões orçamentárias e má vontade do governo.

Foram os americanos que sugeriram uma solução mais prática para o problema da identificação dos nazistas suspeitos de crime de guerra. Enquanto os membros da UNWCC davam voltas sobre questões de procedimento legal, os americanos agiram. No outono de 1944, os americanos implementaram o Registro Central de Criminosos de Guerra e Suspeitos de Ameaça à Segurança (CROWCASS, na sigla em

---

*N.E.: Sugerimos a leitura de *Armas Secretas de Hitler*, de José Miguel Romaña, Madras Editora.

inglês), em que a tecnologia moderna estaria exclusivamente a serviço da caça aos fugitivos. Sob a direção de um britânico, o tenente-coronel William Palfrey, o centro usava um computador primitivo – a máquina perfuradora de cartões Hollerith – para reunir um índice exaustivo de suspeitos de crimes de guerra. A matéria-prima com que a máquina era alimentada consistia de "relatórios de localização" enviados pelas nações aliadas e pelos recentes campos para prisioneiros de guerra espalhados por toda a Europa ao término da guerra. Os prisioneiros alemães eram submetidos a interrogatório de rotina após a sua captura. A partir dessas informações, o CROWCASS criou listas detalhadas de suspeitos para depois distribuí-las às equipes de investigação e a outras partes interessadas. Tudo isso soava fantástico, mas a realidade prática ainda estava longe de alcançar o ideal. As restrições orçamentárias causavam problemas de atraso e carência de funcionários. E, naquele momento, eram realmente necessários determinação e apoio total dos superiores.

Os problemas do coronel Palfrey começaram logo que ele assumiu o comando do CROWCASS. Passaram-se três meses até ele encontrar um escritório grande o suficiente em Paris, o que foi um desperdício de tempo. Por fim, um edifício requisitado pelos americanos foi posto à disposição do CROWCASS, e Palfrey e as 400 francesas que operariam as máquinas de cartão mudaram-se para lá. O problema seguinte foi causado pelas próprias máquinas Hollerith, pois eram precisos 20 mil dólares de cabos especiais para instalá-las. Localizar e instalar esse cabeamento consumiu bastante tempo, sem mencionar que as máquinas frequentemente quebravam, por se tratarem de uma tecnologia complexa e não completamente testada. Outro desafio foi conseguir papel suficiente, afinal sem ele todo aquele empreendimento não faria qualquer sentido. O último obstáculo surgiu com o atraso na chegada do material vindo dos campos de prisioneiros de guerra, isto é, os relatórios acerca dos suspeitos. Esse problema começou a ser resolvido a partir de setembro de 1945, quando os relatórios passaram a inundar o escritório do CROWCASS, trazendo consigo um novo problema: o número de funcionários era pequeno demais para dar conta de processar aquela montanha de papelada.

O CROWCASS publicou a sua primeira lista em maio de 1945, mas em pouco tempo ela foi descartada, por não ser confiável. Uma nova lista com 100 mil nomes foi impressa em Londres, em setembro, mas também esta continha tantos erros que era praticamente inútil. Além disso, foram precisas muitas semanas para distribuir cópias às partes interessadas. Quando as listas finalmente chegavam

aos destinatários, a informação contida nelas já estava gravemente desatualizada. Nada disso foi culpa do coronel Palfrey; ele sempre pressionava Londres solicitando mais pessoal e apoio. No entanto, o Departamento de Guerra Britânico achava que o CROWCASS era caro demais, que fornecia quase nenhuma informação e produzia resultados escassos. Os subordinados americanos de Palfrey logo passaram a caluniá-lo e, por fim, o coronel foi discretamente tirado do comando em fins de 1945.

Em 15 maio de 1946, o CROWCASS empacotou as suas coisas e seguiu para a desolada ex-capital alemã, Berlim, onde a organização foi posta sob o comando do Conselho de Controle Aliado que governava a cidade dividida. As 400 francesas que operavam as máquinas Hollerith foram deixadas em Paris, de modo que o CROWCASS teria de funcionar com apenas um punhado de membros do exército britânico. Em determinado momento, o CROWCASS tinha apenas oito pessoas trabalhando no seu escritório. Era impossível produzir listas atualizadas nessas condições, e o CROWCASS acabou trabalhando com três ou quatro meses de atraso com relação ao programa. O novo diretor britânico, o tenente-coronel Freddie Luck, fez o possível, e Londres acabou por ceder, permitindo que 200 alemães cuidadosamente selecionados trabalhassem no CROWCASS. A penosa situação material encarada pelo CROWCASS ficou evidente em janeiro de 1947, quando Luke não pôde publicar uma "Lista de Consolidada de Procurados" com 80 mil nomes de suspeitos, por falta de fitas para máquinas de escrever. Com condições assim, não é de surpreender que os aliados tenham desperdiçado oportunidades únicas para capturar criminosos de guerra nazistas, muitos dos quais ainda estavam em campos de prisioneiros de guerra sob o seu controle direto. A falta de apoio oficial ao CROWCASS acabou minando a sua utilidade, até os aliados fecharem o seu escritório permanentemente e, por conseguinte, ajudarem muitos suspeitos de crimes de guerra a permanecerem um passo à frente da Justiça.

Se o CROWCASS foi uma oportunidade perdida, o mesmo poderíamos dizer do esforço dos Aliados por realmente prender os suspeitos de crime de guerra usando equipes de investigadores espalhadas pela Europa. A tentativa britânica foi especialmente carregada de problemas. As Equipes de Investigação de Crimes de Guerra (WCITs, na sigla em inglês) eram muito pequenas e contavam com poucos membros e equipamentos para poderem lidar com os milhares de suspeitos que circulavam pela Europa. Mais uma vez o dinheiro desempenhou um papel determinante para o êxito ou falha da operação, e o governo britânico não ofereceu o apoio financeiro necessário às WCITs.

Em 24 de abril de 1945, o quartel-general do 21º Batalhão do Exército Britânico, ao qual pertencia o marechal de campo *sir* Bernard Montgomery, aprovou a formação de duas WCITs. A sua missão era descobrir e receber provas a serem passadas para o escritório do Judge Advocate General [a máxima autoridade jurídica do exército], formado por oficiais do corpo jurídico militar, que depois procederia ao julgamento dos suspeitos por crime de guerra. Cada WCIT consistiria de seis oficiais deslocados dos seus regimentos ou batalhões de combate para atuar como detetives, ajudados por dois sargentos e três motoristas. Dispondo de um carro e um caminhão do exército, cada unidade seria móvel e capaz de perambular pelas regiões ocupadas da Alemanha e da Áustria caçando testemunhas e suspeitos. Além dos dois WCITs, os britânicos também criaram um conselho de especialistas na investigação de crimes de guerra que, teoricamente, deveria contar com um patologista do Royal Army Medical Corps [corpo médico das forças militares reais], dois fotógrafos e outros dois suboficiais. Tudo isso em teoria, pois na prática as WCITs eram como mendigos que tinham de tomar emprestado transporte, homens e equipamentos do 21º Batalhão. De fato, os britânicos marcaram um gol contra, ao reduzirem drasticamente a eficácia das WCITs desde o começo. As equipes eram claramente pequenas demais para a missão a que foram designadas. O próprio tenente-coronel L. J. Genn, comandante da WCIT nº 1, disse isso ao seu superior no Supremo Tribunal Militar, o brigadeiro H. Scott-Barrett. A principal tarefa de Genn foi investigar os crimes cometidos no campo de concentração de Bergen-Belsen, libertado pelo 21º Batalhão em 15 de abril de 1945. Embora as unidades britânicas no local já tivessem começado a coletar provas de maneira não oficial, a WCIT nº 1 ficou sobrecarregada com a vastidão dos crimes cometidos em Belsen. Por causa disso, a WCIT nº 2 assumiu todos os trabalhos de investigação no resto da Alemanha e da Áustria.

Por volta de 3 de junho de 1945, ambas as WCITs tinham apenas metade dos seus homens, ao passo que o conselho de especialistas consistia apenas do patologista, major William Davidson. Este não tardou a reclamar da falta de equipamento fotográfico, máquina de escrever, material de escritório e mapas precisos e atualizados. Além disso, tinha muitas dificuldades para conseguir homens suficientes que pudessem trabalhar na exumação de corpos das valas comuns. Tudo era uma gota d'água em um oceano de criminalidade. Têm-se inclusive notícias de um oficial da WCIT que investigava 27 suspeitos diferentes *ao mesmo tempo*.

Por volta de novembro de 1945, até o primeiro-ministro britânico, Clement Attlee, já estava preocupado com a lentidão das WCITs no trabalho de identificar criminosos de guerra nazistas. Attlee sugeriu que um novo oficial assumisse o comando das WCITs, com a condição de dar mais urgência à empresa. O novo comandante geral, tenente-coronel Ian Neilson, logo começou a montar equipes, mas estas se mostravam mais uma vez demasiado pequenas, quando comparadas ao número de suspeitos circulando pela área ocupada pelos britânicos. Um indício estarrecedor da falta de comunicação existente entre as diversas agências aliadas encarregadas de capturar e levar à Justiça os criminosos de guerra nazistas apareceu quando o coronel Neilson admitiu nunca ter ouvido falar do CROWCASS, nem ter jamais recebido uma das listas por ele divulgadas. Neilson viria a dizer mais tarde que o trabalho das WCITs teria sido em muito facilitado se tivesse recebido cópias das listas de suspeitos do CROWCASS, naquele momento crítico logo depois do fim das hostilidades na Europa. Neilson também criticaria a operação da WCIT, escrevendo que, na sua opinião, a coisa deveria estar pronta já no começo da primavera de 1945. "Acho que poderíamos ter pego muito mais gente naquela época, e a memória das testemunhas estaria bem melhor então." É difícil não concordar com a conclusão do coronel de que a culpa foi da avareza do governo britânico. "No geral, a coisa toda não deu nem para o começo, e com frequência sentíamos 'Por que estamos fazendo isso, afinal?' Era muito pouco e muito tarde."[3]

Como muitas vezes aconteceu durante a guerra, os britânicos foram superados pelos americanos em equipamentos, homens e dinheiro. A caça por criminosos de guerra nazistas não foi exceção. Os americanos botaram toda a sua unidade de contrainteligência (Counter Intelligence Corps – CIC) para trabalhar na Europa. Comparada com as WCITs, a CIC dispunha de homens e equipamentos em abundância, ainda que as suas operações tivessem um foco distinto. Os britânicos buscavam principalmente justiça para as vítimas dos crimes de guerra, capturando e julgando os suspeitos. Os americanos, por sua vez, concentravam boa parte dos seus esforços em rastrear ex-nazistas, para usá-los na sua luta contra a União Soviética. A CIC recebeu uma infinidade de recursos porque os americanos estavam desesperados por cientistas espaciais, engenheiros e médicos envolvidos em experiências com humanos e no desenvolvimento de mísseis e armas químicas e biológicas.

---

3. WALTERS, Guy *Hunting Evil: The Dramatic True Story of the Nazi War Criminals who Managed to Escape and the Hunt to Bring them to Justice* (London: Bantam Books), 2010, p. 96.

É certo que os britânicos se beneficiaram desse material mais tarde, durante a Guerra Fria, mas as informações brutas foram coletadas pelas equipes da CIC, e não por soldados britânicos. Na verdade, os americanos estavam interessados em evitar que soviéticos e britânicos tivessem acesso às informações dos prisioneiros alemães.[4]

A CIC já existia desde 1917 e, mais tarde, formaria uma parte importante do Central United States Army Intelligence and Security Command (Comando Central de Inteligência e Segurança do Exército Americano).[5] Os seus membros enfrentavam perigos ao lado das tropas comuns: durante o desembarque na Normandia em junho de 1944, por exemplo, seis equipes de CIC invadiram as praias juntamente com o exército regular, em uma operação que antecipou em muitos meses o trabalho das WCITs britânicas. Os americanos já haviam decidido que a captura de nazistas seria uma atividade lucrativa para a sua nação, uma vez que previam um combate iminente com os soviéticos após a capitulação da Alemanha nazista e a inevitável derrota dos japoneses. E esse novo combate demandaria uma tecnologia nova e arrasadora para ser vencido. Enquanto a guerra ainda tomava lugar, os destacamentos da CIC recebiam tarefas de contraespionagem e antissabotagem, bem como a missão de descobrir traidores e revoltosos.

Após a rendição alemã em maio de 1945, as equipes da CIC mudaram o seu foco e passaram a localizar deslocados de guerra. Elas procuravam criminosos de guerra nazistas e espiões inimigos entre os milhões de prisioneiros de guerra e refugiados. Ao mesmo tempo, prosseguiam com o seu trabalho normal de contraespionagem. As unidades da CIC formavam a vanguarda do avanço americano pela Alemanha e Áustria, muitas vezes tomando a frente para proteger edifícios nazistas, de modo a garantir que os documentos neles arquivados fossem usados por americanos. Os oficiais e homens da CIC agiam de uma maneira bastante diferente da dos britânicos; às vezes, encenavam execuções, valiam-se da violência e de outros métodos mais diretos para atingir as suas metas (esse tipo de ação repercutiria mais tarde nos métodos usados em Guantánamo e na prisão de Abu Graib durante a "Guerra ao Terror").[6]

Diante dos americanos estava uma tecnologia incrivelmente avançada para a época e extremamente preciosa para qualquer nação que primeiro pusesse as mãos sobre ela. Já no começo de 1943, os nazistas

---
4. JOHNSON, Brian. *The Secret War* (London: Methuen), 1978, p. 184.
5. MILANO, James V. e BROGAN, Patrick. *Soldiers, Spies, and the Rat Line: America's Undeclared War Against the Soviet* (Washington D.C.: Potomac Books), 2000.
6. SAYER, Ian e BOTTING, Douglas. *America's Secret Army: The Untold Story of the Counter Intelligence Corp* (London: Grafton Books), 1989.

tinham percebido que a guerra estava perdida. Stalingrado acabara de ser devolvida aos soviéticos após a perda de todo o Sexto Batalhão do exército. As forças alemãs continuaram a sitiar Leningrado, em um esforço desesperado que duraria 900 dias, e a ideia de conquistar Moscou tinha sido abandonada. Os alemães também sabiam que os aliados estavam planejando abrir um segundo fronte, provavelmente na França, e que as forças aéreas dos Estados Unidos e do Reino Unido estavam começando a campanha de bombardeios estratégicos por todo o Reich. Aflitos por retomar o seu domínio, os nazistas voltaram-se para uma área em que os alemães tradicionalmente se destacavam: a ciência. Eles compilaram uma lista das maiores cabeças da Alemanha, a fim de empregá-las no desenvolvimento das infames "armas V" – armas de retaliação [*Vergeltungswaffen*] –, bem como novos aviões e submarinos. Hitler acreditava firmemente que a tecnologia lhe traria vitórias e mudaria a maré a seu favor, mais uma vez. Todo esse arsenal era bem mais avançado que o dos Aliados. Ele incluía aviões a jato como Messerschmitt Me-262, os submarinos U-Boat Tipo-XXI e XXIII, a bomba voadora V-1 e o míssil balístico intercontinental V-2; os alemães contavam até com um programa de pesquisa para a bomba atômica. A compilação com os nomes de cientistas alemães foi chamada de Lista Osenberg pelos nazistas.

Em março de 1945, um técnico de laboratório polonês na Universidade de Bonn descobriu partes de uma cópia da lista de Osenberg socados numa privada.[7] Ele entregou o valioso documento ao serviço secreto britânico (MI6) que, por sua vez, passou a informação para os americanos. O major Robert Staver, chefe do setor de propulsão a jato da divisão de arsenal do Exército Americano, conseguiu compilar uma lista dos cientistas e engenheiros mais importantes da Alemanha. A ideia era criar uma unidade de elite americana para encontrar e prender esses alemães, a fim de que o seu conhecimento pudesse ser utilizado pelos Estados Unidos na fabricação de mísseis. Os dois nomes mais proeminentes da lista eram o barão Wernher von Braun e o físico nuclear Werner Heisenberg. Por meio da Operação "Paperclip" [Grampeador], os cientistas e as suas famílias foram capturados e levados aos Estados Unidos para começarem a trabalhar para os americanos. Curiosamente, o *know-how* técnico e científico obtido não foi compartilhado com os britânicos de forma alguma, apesar de a operação ter sido possível graças à MI6, que dividiu com os americanos o conteúdo da Lista

---

7. DORRIL, Steven. *MI6: Inside the Covert World of Her Majesty's Secret Intelligence Service* (London: Simon & Schuster Limited), 2000, p. 138.

Osenberg. Os físicos nucleares foram capturados por meio da Operação "Alsos", que possibilitou aos americanos descobrir a verdadeira extensão do programa de armas nucleares nazista e, evidentemente, permitiu que cientistas, outrora nazistas, levassem a cabo as pesquisas nucleares nos Estados Unidos.

Apesar de a maioria dos homens a quem os americanos "lançaram mão" nas operações Paperclip e Alsos ser constituída por técnicos e cientistas, muitos deles usaram, com frequência, o trabalho escravo dos campos de concentração para produzir armas, especialmente durante o programa para o míssil balístico V-2. Eram criminosos de guerra, mas as exigências da iminente Guerra Fria bastaram para anular quaisquer considerações morais sobre o seu emprego pelos americanos. O mesmo poderíamos dizer dos ex-agentes da Inteligência nazista. A CIC não tinha nada contra usar antigos *Abwehr* e oficiais da Gestapo, e muitos deles – como o *SS-Hauptsturmführer* Klaus Barbie (cf. a explicação da hierarquia da SS está no Apêndice 2) – ficaram felizes em oferecer os seus serviços e seu conhecimento, em troca da proteção da Inteligência americana. Como veremos mais adiante, porém, os americanos não nutriram qualquer lealdade para com os nazistas que usaram, e a CIC muitas vezes os entregou às outras nações aliadas, para que fossem punidos após já não serem mais úteis para Washington. O pragmatismo brutal da Guerra Fria dava a entender que trabalhar para os americanos poderia ser uma faca de dois gumes para muitos nazistas.

Capítulo 2

Em Fuga

A minha consciência está limpa. Eu estava apenas cumprindo meu dever...

SS-*Hauptsturmführer* Franz Stangl,
ex-comandante do Campo de Extermínio de Treblinka,
durante o seu julgamento, 1970

SS-Hauptsturmführer Franz Stangl era um homem à espera de ser descoberto, coisa praticamente inevitável, visto que ele tinha o sangue de 800 mil judeus nas mãos. Entre agosto de 1942 e agosto de 1943, Stangl fora o comandante do campo de extermínio de Treblinka, na Polônia, tendo sido responsável por ordenar todas as execuções ocorridas nesse período. Treblinka era uma fábrica de mortos: as suas câmaras de gás e seus crematórios engoliam com voracidade vagões e mais vagões cheios de judeus que chegavam, à medida que os alemães esvaziavam os guetos poloneses. Antes, Stangl havia trabalhado no campo de extermínio Sobibor, onde outros 100 mil judeus pereceram sob o seu comando. No verão de 1945, Stangl, assim como muitos outros nazistas, refugiou-se nos Alpes austríacos, uma das últimas regiões ocupadas pelos Aliados. As pequenas e belas vilas da região estavam lotadas de ex-membros da SS, todos esperando com todas as forças poder escapar da prisão. No entanto, o exército americano avançava pelo vácuo criado pela rendição alemã. Em poucos dias, patrulhas americanas vasculhavam os vales, em busca de altos oficiais nazistas suspeitos de crimes de guerra. Stangl, que à época tinha 37 anos, estava escondido na casa de um policial austríaco amigo de sua família, que vivia na cidadezinha de Altausee.

Nessa mesma época, também estavam em Altausee, o *SS-Obersturmbannführer* Adolf Eichmann, suplente de Reinhard Heydrich até o assassinato deste, em 1943, quando assumiu o seu posto e se tornou o responsável direto pela implementação da Solução Final. Eichmann era

o protótipo do burocrata nazista: um homem miúdo, calvo e de físico pouco impressionante, mas ao mesmo tempo um homem nascido para cumprir ordens e um ardoroso nacional socialista. Quando os alemães conquistaram a Hungria, em 1944, o próprio Eichmann ordenou que se enviassem 400 mil judeus húngaros para as câmaras de gás de Auschwitz-Birkenau. Guardava zelosamente o número exato de judeus assassinados: segundo seus registros, apresentados ao *Reichsführer-SS* Heinrich Himmler, as cifras eram de 4 milhões de judeus mortos nas câmaras de gás dos campos de concentração (todos eles executados sob o comando de Eichmann), mais 2 milhões fuzilados pelas unidades de ação especial *Einsatzgrüppen* na frente oriental ou mortos por doenças nos guetos e nos campos de concentração.

Altausee era um verdadeiro "quem é quem" dos criminosos nazistas procurados. Além de Stangl e Eichmann, também estava lá o sucessor de Heydrich no Departamento Principal de Segurança do Reich e chefe de Eichmann: o doutor Ernst Kaltenbrünner, austríaco monstruosamente alto e com uma cicatriz na face. Os outros nazistas pediram a Eichmann que deixasse o lugar, pois acreditavam que ele era a presa mais valiosa que os Aliados poderiam querer, sendo que um oficial da SS chegou a descrever Eichmann como a "personificação de todos os crimes" cometidos pelos nazistas. Deixando a sua esposa Vera e os três filhos na propriedade do tio na cidadezinha, e armado com uma submetralhadora, Eichmann escalou as montanhas com um pequeno grupo de companheiros da SS no intuito de lutar contra os americanos em vez de se deixarem capturar. No começo, eles viveram em uma estalagem calma e isolada, para depois passar para um vale ainda mais remoto. Nesse lugar, os outros ex-membros da SS decidiram abandonar Eichmann, restando apenas o seu ajudante, *SS-Obersturmführer* Rudolf Janisch, para lhe fazer companhia. Ambos marcharam para o norte, não sem antes desfazerem-se dos seus uniformes da SS e disfarçarem-se convenientemente como suboficiais da *Luftwaffe*.

Embora o nome de Adolf Eichmann aparecesse nas ordens que condenaram milhões a uma morte cruel, era de Franz Stangl – que antes de incorporar-se a SS fora um mero policial – a responsabilidade pela direção de uma das "fábricas da morte" da Solução Final. Em 1940, sob as ordens diretas de Heinrich Himmler, Stangl tornara-se o superintendente do Programa de Eutanásia T-4, sediado no Castelo de Hartheim, Áustria. Tratava-se de um prelúdio sangrento para o assassinato em massa subsequente. Os deficientes físicos e mentais eram assassinados em Hartheim sob os auspícios de médicos nazistas na tentativa de

eliminar todos os "defeituosos" da população.[8] No começo, Stangl hesitou um pouco para associar-se ao programa de assassinato, mas depois foi tranquilizado pelos seus superiores e, surpreendentemente, até por padres e freiras católicos que chegaram ao ponto de indicar paroquianos para serem eliminados. Mais de 70 mil "pacientes" morreriam durante o Programa T-4,[9] que continuaria ativo até pouco depois do fim da guerra, em 1945. Convencido de que as mortes eram responsabilidade dos médicos, Stangl pôs de lado as suas reservas morais e, segundo disse, cumpriu o seu dever. "Stangl não era um fanático; sempre se considerou um simples policial fazendo o seu trabalho", escreve Guy Walters no livro *Hunting Evil*. "Se alguém personificou a banalidade do mal, esse alguém foi Stangl."[10] Depois do sombrio Castelo de Hartheim, Stangl ascendeu a um papel crucial na Operação Reinhard, o plano nazista de livrar a Polônia dos judeus, de uma vez por todas.

Os campos de concentração foram instalados assim que os nazistas chegaram ao poder em 1933. Eles eram um instrumento essencial da ideologia nacional-socialista, assim como gulag para o comunismo soviético. Lugares como Dachau e Bergen-Belsen foram inicialmente campos para prisioneiros políticos, onde os inimigos do regime nazista eram castigados e submetidos a trabalhos forçados. A reeducação foi um dos princípios por trás da ideologia que deu origem aos campos de concentração. Contudo, já em 1939, o elemento de reeducação havia sido abandonado, e as condições de vida na Alemanha e Áustria pioraram visivelmente. Os presos quase sempre enfrentavam fome, doenças e torturas, e alguns deles eram executados sumariamente pelos guardas da SS. Os alemães, contudo, ainda não dispunham de um plano organizado de genocídio. Isso mudou com a Conferência de Wannsee, que tomou lugar secretamente em Berlim, em 20 de janeiro de 1942. O encontro foi presidido pelo suplente de Himmler, Reinhard Heydrich, e lançou as bases organizacionais da "Solução Final para a questão judaica", como os nazistas chamaram-na. Até aquele tempo, rondas formadas por membros alemães e estrangeiros da SS – as chamadas *Einsatzgrüppen* – já tinham levado a cabo fuzilamentos em massa de judeus por toda a Polônia. Os 3 mil homens dos *Einsatzgrüppen* passaram depois para os países bálticos e para a União Soviética, à medida que a guerra avançava,

---

8. LIFTON, Robert. *The Nazi Doctors: Medical Killing and the Psychology of Genocide* (Basic Books), 1986, p. 95-96, p. 102.
9. PROCTOR Robert N. *Racial Hygiene: Medicine under the Nazis* (Cambridge MA: Harvard University Press) 1988, p. 191.
10. WALTERS, Guy. *Hunting Evil: The Dramatic True Story of the Nazi War Criminals who Escaped and the Hunt to Bring Them to Justice* (London: Bantam Books), 2010, p. 43.

matando no total cerca de 1 milhão de pessoas na Rússia e no Leste Europeu. O fuzilamento, no entanto, não só era considerado ineficiente e um desperdício de munição valiosa, mas também acabara tendo um efeito negativo sobre o ânimo das tropas envolvidas na matança, especialmente por causa da presença de mulheres e crianças entre as vítimas. Com a típica eficácia teutônica, os alemães optaram por uma solução moderna e industrial para o problema que significava livrar-se dos judeus e de outros *"untermenschen"* da Europa. Naquela época, já haviam sido feitos testes com caminhões de gás no Leste Europeu e na União Soviética. Esse programa fora ideia de um oficial da SS chamado Walter Rauff, que mais tarde seria um dos famigerados fugitivos nazistas na América do Sul depois da guerra. Outro programa a oferecer uma solução foi o já mencionado *Aktion T-4*, o programa de eutanásia nazista que entre 1939 e 1945 eliminou 70 mil deficientes – entre homens, mulheres e crianças – centralizado pelo Hartheim Institute, onde Franz Stangl trabalhou. Também o *Aktion T-4* usou câmaras de gás.

Assim, para os dirigentes nazistas, a solução parecia óbvia: os centros de extermínio seriam construídos e equipados com câmaras de gás, de modo que os judeus e outros "indesejáveis" da Europa pudessem ser transportados até lá e assassinados. O processo ainda passaria por diversos aperfeiçoamentos, mas os fundamentos para o assassinato dos judeus já estavam acertados: o método era eficiente, custava pouco e demandava pouquíssimos homens para sua execução. Mais importante ainda era o fato de se tratar de um processo rápido, que permitia o extermínio de milhares de pessoas diariamente. Os alemães usavam os eufemismos "evacuações" e "tratamento especial" quando discutiam o seu plano.

Em 13 de outubro de 1941, o *SS-Brigadeführer* Odilo Globocnik, o comandante da polícia em Lublin, Polônia, recebeu a ordem verbal de Himmler para começar a construir o primeiro campo de extermínio às margens da cidade de Belzec. O codinome para o extermínio planejado dos judeus da Europa era Operação Reinhard, um nome talvez em homenagem a Heydrich, que em 27 de maio de 1942, em Praga, viria a ser mortalmente ferido por agentes tchecos treinados pelo exército britânico. Mais tarde, em 1942, criaram-se outros centros de extermínio: Sobibor, Treblinka e Chelmno, todos na Polônia. Auschwitz-Birkenau e Majdanek foram centros de extermínio, mas nunca deixaram de ser imensos campos de concentração para trabalhos forçados, ao passo que a única função dos novos campos era o assassinato de massa. Eles eram pequenos quando comparados com os vastos prados de Auschwitz. Os

novos campos da Operação Reinhard tinham aparência praticamente igual: a ferrovia terminava em uma rampa que dava aos barracões onde os presos eram despidos e depois levados através do "tubo", um caminho longo e estreito camuflado com ramos de pinheiro. Este, por sua vez, conduzia à área de extermínio. Os prisioneiros chegavam à câmara de gás, que no começo funcionavam com monóxido de carbono saído dos motores de tanques soviético conectados ao recinto (o gás venenoso Zyklon-B foi introduzido mais tarde em Auschwitz e depois em outros lugares). Depois de 20 ou 30 minutos, as portas da câmara de gás eram abertas e destacamentos de judeus, conhecidos como *Sonderkommando*, entravam para arrastar os corpos para fora e queimá-los em fornos crematórios gigantes. As cinzas e ossos remanescentes eram coletados e enterrados em valas enormes. Enquanto isso, outros *Sonderkommandos* revistavam os pertences dos mortos à cata de itens valiosos que eram enviados para Berlim. Com efeito, cada um desses centros de assassinato dava também lugar a inúmeros roubos perpetrados pela SS. Estas, cientes de que suas ações infringiam praticamente todas as leis da guerra, tomavam o cuidado de eliminar a maior quantidade de testemunhas possíveis durante o processo de execução. Em poucas semanas, os *Sonderkommandos* eram fuzilados e substituídos por prisioneiros recém-chegados, e seus corpos eram também reduzidos a cinzas e ossos.[11]

Um pequeno número de oficiais e suboficiais da SS supervisionava um grande contingente de guardas da SS ucranianos brutos, cujo quartel era separado do campo principal. Ao redor do campo, erguiam-se torres de vigia feitas de madeira e uma cerca parcialmente camuflada com galhos de pinheiro. Os campos da Operação Reinhard eram pequenos porque praticamente todos que neles adentravam morriam uma hora depois de desembarcar do trem.

No campo de Treblinka, Stangl perdeu rapidamente qualquer sensibilidade quanto ao assassinato em massa cometido diariamente à sua volta. "Raramente os via [os judeus] como indivíduos", Stangl narraria à sua biógrafa, Gitta Sereny. "Tratava-se sempre de uma massa enorme. Às vezes eu ficava em pé sobre os muros e os via passar pelo tubo [...] estavam nus, espremidos, correndo, sob golpes de chicote [...]".[12] A esposa de Stangl, Theresa, e suas três filhas nunca souberam dos crimes cometidos por seu marido e pai. Stangl, por sua vez, embriagava-se frequentemente, para suportar o estresse. Algumas cenas de sadismo e

---

11. VASHEM, Yad. *Aktion Reinhard*.
12. SERENY, Gitta. *Into that Darkness: An Examination of Conscience* (Vintage Books), 1983, p. 274.

brutalidade protagonizadas por homens sob o comando de Stangl em Treblinka foram tão horrendas, que ainda é difícil contá-las, mesmo após sete décadas. "Uma mãe atirou do vagão um bebê envolto em um travesseiro e gritou: 'Tome, aqui tem algum dinheiro para cuidar dele'. Imediatamente, um homem da SS correu, abriu o travesseiro, pegou a criança pelos pés e esmagou a cabeça dela contra a roda de um vagão."[13]

Stangl pôs fim a alguns dos piores excessos dos seus guardas em Treblinka logo após assumir o comando das instalações e aperfeiçoar o processo de execução. Em vez de pandemônio e assassinatos indiscriminados, na plataforma de trem em frente ao campo, Stangl criou uma falsa estação para enganar as suas vítimas e fazê-las pensar que estavam chegando a um "campo de reassentamento". Os alto-falantes tocavam música clássica, havia vasos de flores pendurados nos prédios falsos, e os guardas reduziam os gritos e a sua brutalidade. Isso deixava os judeus mais dóceis ao descerem do trem; a ilusão facilitava a tarefa de conduzi-los à câmara de gás, e eles pensavam até que tomariam um banho depois de uma longa e árdua viagem de trem.

No verão de 1945, contudo, a Operação Reinhard era apenas uma lembrança ruim para o ex-comandante de Treblinka. Franz Stangl foi preso por uma patrulha americana (ele suspeitou de que o policial que lhe abrigava o havia denunciado aos americanos) e levado a uma prisão em Bad Ischl.

Submetido pelos americanos a um interrogatório padrão, Stangl admitiu ter sido membro da SS, mas não mencionou nem o programa T-4 nem sua participação na Operação Reinhard. Em vez disso, disse aos americanos que trabalhara em atividades contra a resistência na Itália e na Iugoslávia. Com efeito, ele foi tão convincente que os seus interrogadores acreditaram. Stangl tinha mesmo servido na região, depois do fim da Operação Reinhard, de modo que podia falar a partir da sua própria experiência. Considerado inofensivo pelos americanos, ele foi transferido para o campo de prisioneiros de guerra em Glasenbach, logo ao sul de Salzburg, em julho de 1945. Lá, o ex-comandante era apenas mais um entre 20 mil antigos soldados alemães. As condições do campo eram duras e mínimas, mas Stangl ao menos conseguiu ver a esposa e, depois de alguns meses, as coisas começaram a melhorar, inclusive a comida.

Adolf Eichmann continuava pelo mundo, enquanto Stangl matava o tempo no campo de prisioneiros. Eichmann e seu ajudante Janisch foram para Salzburg; de lá, seguiram em direção ao norte, entrando na

---

13. GILBERT, Martin. *The Holocaust: The Jewish Tragedy* (London: Harperlollins), p. 399.

Alemanha. Depois de escapar por pouco várias vezes, Eichmann acabou preso depois de uma patrulha americana ter descoberto uma tatuagem com o seu grupo sanguíneo sob o seu braço esquerdo, uma exigência da SS. Em face dessa prova, Eichmann confessou ser um oficial da cavalaria chamado "*SS-Untersturmführer* Otto Eckmann". O nome foi escolhido cuidadosamente por causa da semelhança com o seu nome real. Assim, se alguém o reconhecesse em um campo e o chamasse de Eichmann, os americanos provavelmente não perceberiam. Eichmann passou por diversos campos de prisioneiros de guerra, sempre temendo ser descoberto.

As coisas começaram a complicar para ele em janeiro de 1946. A uns 50 quilômetros do campo onde estava, os julgamentos de Nuremberg aconteciam a todo vapor. O nome de Eichmann foi dito repetidamente durante o interrogatório de um de seus subordinados, o *SS-Hauptsturmführer* Dieter Wisliceny, um homem determinado a salvar o seu pescoço, cooperando o máximo com o tribunal. O papel de Eichmann como administrador do Holocausto foi completamente revelado à corte. O próprio Eichmann logo veio a saber disso, pois as notícias se espalharam rápido entre os prisioneiros de guerra. Em pânico, ele revelou a sua verdadeira identidade a diversos oficiais da SS no campo. Apesar de ser tão popular quanto a peste bubônica, os oficiais da SS concordaram em ajudá-lo. Em 5 de fevereiro de 1946, Eichmann escapou portando documentos forjados com o nome de "Otto Henninger". Imediatamente, seguiu 320 quilômetros para o sul até a cidadezinha de Prien, na Baviera, onde se escondeu na casa da irmã de um sargento da SS com quem esteve preso. Na época, Eichmann ficou a apenas oito quilômetros de distância de outro dos principais criminosos de guerra: o dr. Josef Mengele, que trabalhava em uma fazenda na aldeia de Mangolding. O número de patrulhas do exército americano na região logo convenceu Eichmann de que era hora de se mudar. Por meio de seus contatos com antigos membros da SS, encontrou um emprego como guarda florestal na cidadezinha de Eversen, perto de Hamburgo, no norte da Alemanha. Eichmann passaria despercebido por três anos em Eversen, aguardando o momento de fugir do país.

Franz Stangl, por sua vez, permaneceu no campo de prisioneiros de Glasenbach até o verão de 1947, quando os austríacos começaram a investigar o programa de eutanásia T-4. Foi uma questão de tempo até o nome de Stangl aparecer e ele ser transferido para uma prisão em Linz, para aguardar julgamento. Os austríacos cometeram o erro de transferir Stangl para uma prisão aberta, mas naquele momento nada sabiam da sua participação na Operação Reinhard. Na prisão aberta, Stangl podia até desfrutar de visitas íntimas da sua mulher. De fato, foi a sua mulher Theresa quem o persuadiu a fugir de Linz, depois que um motorista do Castelo de Hartheim foi condenado a quatro anos de prisão por ter desempenhado uma pequena função no programa de eutanásia. Evidentemente, Stangl, por ser o ex-superintendente do projeto, seria trancafiado por um tempo considerável. Em 30 de maio de 1948, Stangl, acompanhado de outro prisioneiro chamado Hans Steiner, escapou de Linz. Theresa Stangl deu ao marido algum dinheiro e joias, e o próprio Stangl havia juntado alguns mantimentos enlatados para a viagem. O seu primeiro destino foi a cidade de Graz, 210 quilômetros a oeste. Os dois homens fizeram todo o trajeto a pé, a fim de poupar dinheiro.

Outro criminoso de guerra que fugiu para Graz foi o ex-comandante Eduard Roschmann, que assumiu o comando do gueto de Riga, Letônia, em janeiro de 1943. Assim, Graz era uma cidade bastante perigosa para os fugitivos nazistas, e os britânicos estavam por lá, esperando por Roschmann. O reino de terror e morte instituído por Roschmann na Letônia foi um dos piores exemplos daquilo que um maníaco homicida fascinado pelo poder pode fazer, quando assume cargos de decisão sobre a vida e a morte de civis indefesos. Foi uma grande infelicidade o fato de Roschmann nunca ter sido levado a julgamento, mas ter morrido em liberdade na América do Sul, mais de 30 anos depois da guerra.

Roschmann viera de uma boa família; era filho do gerente de uma cervejaria na cidade austríaca de Graz. Nascido em 1908, Roschmann era jovem demais para servir na Primeira Guerra, mas pôde satisfazer seu desejo por uniformes e pela disciplina militar ao alistar-se em uma seção da Guarda Nacional austríaca em 1927, o "Fronte da Pátria". Em 1935, depois da universidade, onde se formou em Direito, trabalhara em uma cervejaria, tendo muito contato com o funcionalismo público. Depois do *Anschluss* – a anexação da Áustria pela Alemanha em 1938 –, Roschmann viria a filiar-se ao Partido Nazista, que até então era uma organização ilegal no país. No ano seguinte, ele trajou pela primeira vez seu uniforme da SS; quando a guerra contra os soviéticos começou a ser cogitada, ele já estava trabalhando no RSHA de Reinhard Heydrich, departamento responsável por todos os órgãos de segurança do Estado nazista. O burocrata Roschmann trabalhava então na *Sicherheitspolizei*, ou polícia da segurança, até ser designado para a *Sicherheitsdienst*, a temida SD, em janeiro de 1941. Logo ele passou para o quarto departamento da SD, a Gestapo, e foi subordinado ao comando da polícia de segurança e da SD na Letônia ocupada.

A população judia da Letônia foi quase que completamente exterminada em uma das piores execuções em massa da história, e Roschmann participou dos assassinatos. Os alemães criaram um grande gueto em Riga. Tratava-se, basicamente, de um bairro da cidade isolado por cercas de arame farpado e guardas armados, onde os judeus foram amontoados, dando origem a um "campo". Em 30 de novembro, e novamente em 8 de dezembro de 1941, os nazistas já tinham tirado a maior parte dos judeus daquele gueto enorme, forçando-os a marchar para fora da cidade, até a floresta de Rumbala. Lá, as vítimas eram fuziladas em grandes grupos; 24 mil homens, mulheres e crianças foram executados no total. Depois do massacre de Babi Yar, na Frente Oriental, este foi o segundo maior fuzilamento em massa levado a cabo pelas forças alemãs durante a Segunda Guerra. Apenas uns poucos milhares de judeus letões foram poupados. A SD criou então três guetos em Riga: o primeiro era o Gueto dos Homens; o segundo contava com 500 judias e ficou conhecido como Gueto das Mulheres; o terceiro e maior de todos era o Gueto Alemão, repleto de judeus da Alemanha, Áustria e República Tcheca que vinham transportados por trens de gado.

Em março de 1942, houve outro fuzilamento em massa. Roschmann participou, não como executor, mas sim como um administrador cujo trabalho era escolher as prováveis vítimas dentre os presos do Gueto Alemão. Os escolhidos eram misturados com um grupo de judeus oriundos do campo de concentração de Jungfernhof, fora de Riga. Em um ato típico de cinismo, os nazistas faziam os condenados acreditarem que estavam sendo levados para um campo com condições de vida melhores, um lugar mítico conhecido como "Dunamunde". Na verdade, 3.740 presos alemães, austríacos e tchecos – entre eles, idosos, doentes e crianças – foram transportados para a floresta ao norte de Riga e fuzilados.

Em janeiro de 1943, Roschmann foi designado comandante do gueto. Mais tarde, as suas vítimas viriam a dar-lhe a alcunha de "o carniceiro de Riga". Roschmann a suportou; ele não era o tipo de homem que executava alguém sumariamente por causa de pequenas ofensas, no que diferia do seu predecessor no comando, Kurt Krause. "Quando Krause foi substituído por Roschmann, no começo de 1943, ficamos felizes por finalmente livrar-nos daquele louco", escreveu Max Michelson. "Roschmann, como advogado, era de fato mais ponderado; menos propenso a matar no calor do momento. Roschmann, contudo, era um investigador cuidadoso e meticuloso. Fazia mais interrogatórios, acusava e prendia mais gente que Krause. No fim das contas, a nossa situação não melhorou, pelo contrário, o número de mortos sob o comando de Roschmann foi maior do que o de Krause".[14] Outros sobreviventes pintaram um retrato de um Roschmann mais trágico e menos assustador. Gertrude Schneider, sobrevivente do gueto, escreveu que Roschmann "poderia passar horas a fio apenas em pé na frente do *Kommandanteur* [o escritório administrativo alemão], sem saber o que fazer. De tempos em tempos, dava uma espiada no hospital, mas quase sempre perambulava pelo gueto, cada vez mais gordo, mais ou menos ignorado por todos".[15] Nessa época, Roschmann era apenas um *SS-Unterscharführer* (sargento), mas há indícios de que logo depois ele foi promovido a oficial.

De fato, Roschmann ordenou a execução sumária de centenas de jovens judeus após uma investigação acerca de um plano de resistência que estava sendo tramado pelos prisioneiros do gueto. Além disso, participou de diversos assassinatos. Mais tarde, Roschmann foi transferido para o campo de trabalhos forçados de Lenta, de onde enviou muitos prisioneiros para a morte na prisão central de Riga. Ainda em Lenta, também endureceu bastante o regime de trabalho dos prisioneiros, antes um pouco mais leve, pelo fato de o comandante de então lucrar com as habilidades dos artesãos e operários judeus presos ali.

No outono de 1943, Roschmann ficou responsável pelo *Kommando Stutzpunkt*, um destacamento de trabalho composto por prisioneiros judeus, cuja sinistra tarefa era exumar os milhares de corpos das pessoas fuziladas pelos nazistas nos bosques ao redor de Riga para depois cremá-los, ocultando assim os vestígios dos crimes cometidos. A cada duas semanas, todo o destacamento era fuzilado e substituído por prisioneiros recém-chegados.

As sangrentas atividades de Roschmann encontraram um fim abrupto em outubro de 1944, quando o Exército Vermelho furou a Frente Oriental e avançou rapidamente até os países bálticos. A única escapatória era fugir pelo mar até Danzig. A SS rapidamente desativou os campos de concentração e os guetos, em alguns casos levando os prisioneiros consigo. Após a rendição alemã em maio de 1945, Roschmann seguiu para sua cidade natal de Graz, na zona de ocupação britânica na Áustria. Logo a polícia do exército britânico o identificou como ex-soldado alemão, e ele foi preso e levado a um campo de prisioneiros, para ser investigado enquanto ex-militar. Lá, Roschmann deu-se conta

---

14. MICHELSON, Max. *City of Life, City of Death: Memories of Riga* (Boulder: University Press of Colorado), 2001, p. 112.
15. SCHNEIDER, Gertrude. *Journey into Terror: The Story of the Riga Ghetto* (Westport, Connecticut: Praeger), 2001, p. 75-76.

de que precisava esconder a sua identidade. Ele conseguiu passar-se por um soldado comum, e a quantidade enorme de prisioneiros tornava inviável para os britânicos examinar minuciosamente cada um deles. Assim, Roschmann foi solto sem ter sido submetido a um interrogatório mais detalhado. Todavia, enquanto isso, os investigadores dos Aliados para crimes de guerra emitiram um mandato de prisão imediato para Eduard Roschmann por causa dos assassinatos cometidos no gueto de Riga; além disso, puseram a mulher de Roschmann sob vigilância, à espera que o criminoso aparecesse. E ele apareceu, em 1947, tendo sido preso pelos britânicos assim que chegou à porta da sua casa. Dessa vez, certos da sua identidade, os britânicos enviaram-no a Dachau, o famigerado campo de concentração que ora os Aliados usavam como centro de detenção para os nazistas suspeitos de crimes de guerra. Infelizmente, como muitos dos outros nazistas que aparecem neste livro, Roschmann conseguiu escapar e fugir em 1948. Saiu da Alemanha e foi para o sul rumo à Itália, como viriam a fazer muitos outros fugitivos nazistas que ouviam falar dos "caminhos de rato" (*ratlines*, em inglês) para fora da Europa, mantidos por diversos indivíduos e grupos, entre eles até membros do Vaticano.

Franz Stangl escapou de ser preso em Graz graças ao dinheiro obtido com a venda das joias da esposa. Ainda em Graz, Stangl deparou com um velho colega da Operação Reinhard em Sobibor: o *SS-Oberscharführer* Gustav Wagner, que fora comandante suplente em Sobibor quando da execução de 200 mil judeus nas câmaras de gás. Completamente sem dinheiro, Wagner implorou a Stangl que o levasse. Assim, Stangl e Steiner ganharam um acompanhante para a parte mais difícil da sua fuga: cruzar os Alpes até a Itália. Os três tinham o objetivo de chegar a Roma, onde havia rumores de que um bispo alemão chamado Alois Hudal estava usando os seus contatos no Vaticano para ajudar os fugitivos nazistas a saírem da Europa. Os três homens da SS cruzaram 400 quilômetros a oeste até Merano, no Tirol italiano, do outro lado dos Alpes. Foi uma jornada terrível e somente a experiência de Stangl no montanhismo permitiu-lhes sobreviver a essa caminhada perigosa ao longo de uma das regiões mais geladas e inóspitas da Europa.

Stangl aventurou-se sozinho até a badalada cidade turística de Merano, a fim de tentar contato com representantes do bispo Hudal. A polícia local acabou por prendê-lo por mendicância, dada a sua aparência maltrapilha depois da rigorosa caminhada pelas montanhas. No entanto, Stangel conseguiu safar-se contando aos *carabinieri* uma história de que havia chegado ao sul em busca de trabalho para sustentar a mulher e os filhos na Áustria. Assim, no verão de 1948, Stangl e Wagner lograram chegar sãos e salvos a Roma, ao passo que Steiner decidiu retornar para a Áustria, onde se renderia aos americanos.

À época, Roma estava pululando de fugitivos nazistas, e todos recebiam ajuda de diversos grupos de católicos para fugir da Europa por meio de algum caminho de rato e iniciar vida nova em liberdade (cf. o capítulo 3). Talvez o fugitivo mais infame a valer-se de um caminho de rato foi o dr. Josef Mengele, ex-chefe dos médicos no campo feminino de Auschwitz-Birkenau. De fato, a fuga do *SS-Hauptsturmführer* Mengele tornou-se lendária.

Em 1943, Mengele, então com 32 anos de idade, havia ganhado notoriedade em Auschwitz por levar a cabo uma série de experiências pseudocientíficas de cunho racial nos prisioneiros. Ele tinha um interesse especial por gêmeos. De fato, Mengele aproveitou o período em que, junto com outros membros da SS, fazia a triagem dos prisioneiros recém-chegados – quais deles permaneceriam vivos e quais seriam destinados imediatamente à câmara de gás – para levar consigo as crianças gêmeas. Antes de Auschwitz, o médico havia estado na linha de combate como oficial-médico da Quinta Divisão de Blindados (*Panzerdivision*, em alemão) *Wiking*, no Fronte Oriental, onde a sua bravura na batalha foi reconhecida com a Cruz de Ferro, tanto de primeira como de segunda ordem. Homem sereno e charmoso, com os instintos homicidas cuidadosamente ocultos na maior parte do tempo, Mengele ostentava orgulhosamente as suas condecorações militares, o que lhe garantia certa distância com relação aos seus colegas que, em sua maioria, eram funcionários de carreira nos campos de concentração.

Mengele foi enviado para Auschwitz após um ferimento grave durante os combates na União Soviética torná-lo inapto para o fronte. Os sobreviventes lembram de Mengele em pé na estação de trens, assoviando música clássica e levando as pessoas para a morte, com calma e um sorriso no rosto. Os médicos judeus que ele obrigou a ajudar nos seus experimentos lembram-se dos seus acessos de raiva. Recordam-se também de que ele costumava brincar com as crianças internadas na sua clínica, cobria-as de cuidados, mas que também as matava sem pejos, quando isso era preciso para as suas experiências.

Mengele submetia as crianças escolhidas para as suas experiências a rigorosos exames médicos, sempre com a ajuda forçada de médicos e cientistas judeus, estes também selecionados nas rampas por onde caminhavam os recém-chegados. Muitos desses médicos judeus sobreviveram ao Holocausto; o seu testemunho é a maior fonte de provas contra Mengele. Todas as crianças eram bem cuidadas até começarem os procedimentos, então "realizavam-se cirurgias brutais e outros testes dolorosos, muitas vezes sem anestesia. Aconteciam amputações desnecessárias, perfurações lombares e injeções de tifo. As feridas das crianças eram infeccionadas, propositadamente, para que se pudesse comparar como cada um dos gêmeos reagia".[16] Muitas das crianças morriam nessa fase. Mengele costurava gêmeos pelas costas para ver se o sangue de ambos era intercambiável.

Além de conduzir essas experiências horríveis com crianças gêmeas, o médico nazista também matava crianças para fins de retalhação anatômica. Acredita-se que a maioria das 6 mil crianças (3 mil pares de gêmeos, dos quais somente 100 sobreviveram à guerra) que passaram pelas mãos de Mengele foram mortas dessa maneira. "Um responsável alegou que Mengele atirou, pelas costas, na cabeça de cem crianças que seriam usadas em suas autópsias. Ele também mencionou ter atraído algumas das crianças mais relutantes ao crematório da área de experimentos oferecendo balas e, depois, dando um tiro nelas no caminho.[17] Outro método usado por Mengele para matar crianças para os seus experimentos, procedimento testemunhado por vários médicos judeus, foi injetar clorofórmio em seus corações, causando o falecimento desse órgão. Uma das testemunhas viu Mengele matar 14 crianças ciganas dessa maneira.

A maioria dos médicos e dos outros prisioneiros que testemunharam os experimentos de Mengele não tem qualquer dúvida de que o médico nazista era louco. "Nunca aceitei que Mengele acreditasse fazer um trabalho sério – não da forma descuidada como ele o executava. Ele só estava exercendo o seu poder. Mengele administrava um açougue e realizava cirurgias importantes sem anestesia", revelou o sobrevivente Alex Dekel. "Uma vez testemunhei uma operação de estômago em que Mengele removia pedaços do órgão sem qualquer anestesia. Outra vez, ele tirou um coração, novamente sem anestesia. Era aterrorizante. Mengele foi um médico que se tornou mau por causa do poder que recebeu. Ninguém o questionava. 'Por que esse morreu? Por que aquele faleceu?' Os pacientes não contavam para ele. Mengele dizia que fazia aquilo em nome da ciência, mas era maldade dele."[18]

---

16. POSNER, Gerald L. and WARE, John. *Mengele: The Complete Story* (New York: Cooper Square Press), 2000, p. 39.
17. Ibid, p. 37.
18. "Dr. Josef Mengele, Ruthless Nazi Concentration Camp doctor – The Crime Library on truTV.com." Disponível em <http://www.crimelibrary.com/serial_killers/history/mengele/research_5.html>, acesso em: 4 de dezembro de 2010.

No início de janeiro de 1945, o Exército Vermelho soviético avançava rapidamente pela Polônia. Diante disso, a SS destruiu as câmaras de gás e os crematórios em Auschwitz-Birkenaum, retirando depois os prisioneiros que ainda podiam andar a caminho do Reich. Mengele fugiu com as anotações detalhadas das suas pesquisas em 27 de janeiro. Foi transferido para o campo Gross Rosen, na Baixa Silésia, onde trabalhou como médico de campo. Enquanto o campo era desativado, no fim de fevereiro de 1945, Mengele trabalhou em outros campos de concentração por curtos períodos de tempo antes de se unir à unidade médica do exército regular, em 2 de maio, com o objetivo de se entregar aos americanos.

Quando Mengele foi levado como prisioneiro pelos americanos, ele não ocultou prontamente sua identidade, mas tal era a confusão naquele momento que, infelizmente, não se olhou com cuidado para esse criminoso de guerra. Ele foi liberado em junho de 1945 com documentos em nome de "Fritz Hollmann". De julho de 1945 a maio de 1948, Mengele, um dos fugitivos nazistas mais procurados, foi um simples trabalhador rural em uma fazenda na Baviera. Manteve contato com sua esposa e filho, e um amigo antigo da família ajudou-o a fugir da Europa. O destino era a Argentina, e para lá viajou o médico, com o possível apoio discreto da ODESSA. Passou por Sterzing e Merano, até chegar a Gênova, onde tomou um navio para a sua liberdade.

Em 1950, o antigo chefe de Mengele, Adolf Eichmann, chegou à Itália passando-se por um refugiado alemão, com o nome de "Riccardo Klement". Tinha escapado por uma rota de fuga pelo nordeste da Alemanha. Na Itália, foi recebido por um frade franciscano, que trabalhava para Alois Hudal, bispo responsável por uma rota de fuga por meio de caminhos de rato. O prelado deu a Eichmann um passaporte da Cruz Vermelha e um visto para a Argentina em nome de "Klement". Com esses documentos, como veremos no próximo capítulo, Eichmann pôde reservar ele mesmo uma passagem de navio para a América do Sul. No dia 14 de julho de 1950, Eichmann tomou o navio e, nos dez anos seguintes, desapareceu complemente dos radares dos serviços de inteligência do Oriente e dos caçadores de nazistas, levando uma vida despretensiosa e trabalhando em vários bicos.

A facilidade com que muitos suspeitos nazistas de crimes de guerra fugiram da Europa nos anos seguintes à Segunda Guerra Mundial é surpreendente. No entanto, quando consideramos a quantidade limitada de grupos de investigação dos Aliados, particularmente daqueles criados pelos britânicos, é compreensível entender como a sorte favorece os maus. Contudo, o aspecto mais curioso da história de fugas de fugitivos nazistas da Europa é que o generoso apoio dado a muitos deles, de diferentes grupos, veio principalmente de membros da Igreja Católica: bispos, padres, frades e freiras ajudaram diretamente alguns dos piores assassinos em massa da história a fugir da Justiça, usando para isso a proteção do Vaticano e o seu dinheiro para organizar uma série de rotas de fuga bem administradas com destinos por todo o mundo. Essas são merecidamente chamadas de "caminhos de rato".

Capítulo 3

Caminhos de Rato e Esconderijos

> *Eu não sentia nada [...] Era como qualquer outro emprego. No fim do dia, nunca falávamos de trabalho; apenas bebíamos e jogávamos baralho.*[19]
>
> SS-Oberscharführer Gustav Wagner,
> Comandante-suplente de Sobibor em entrevista
> a BBC no Brasil, 1979

Por que alguém quereria ajudar genocidas a fugir da Justiça? O fato de, ao fim da guerra, muitas pessoas e organizações terem ativamente colaborado com a fuga de criminosos verdadeiramente monstruosos indica que, apesar da fragorosa derrota dos nazistas, ainda havia muitos adeptos fervorosos de Hitler e da sua ideologia racial. Quando os colaboradores não eram nazistas, eram pessoas atrás de tirar proveito dos avanços tecnológicos e científicos alcançados pelos nazistas à custa de montanhas de cadáveres judeus. Muitos pensavam não haver qualquer dilema moral em ajudar os fugitivos nazistas a saírem da Europa, ainda que estes fossem criminosos bastante conhecidos e procurados avidamente pelos investigadores. É difícil saber com precisão o número exato de indivíduos e organizações que trabalharam para escamotear fugitivos nazistas até a liberdade. Trata-se de uma lista que inclui associações de veteranos nazistas de guerra, agências ligadas ao serviço de inteligência americano, governos estrangeiros e talvez, no que seria o caso mais surpreendente, o Vaticano.

De fato, muitos dos fugitivos nazistas possuíam ou informações valiosas para a luta contra o comunismo soviético, ou o conhecimento e a experiência necessários aos inúmeros regimes praticamente fascistas de todo o mundo. Em grande medida, foi por causa dessas razões, emi-

---

19. ARAD, Yitzhak. *Belzec, Sobibor, Treblinka: The Operation Reinhard Death Camps* (Indiana University Press), 1987, p. 191f.

nentemente pragmáticas, que milhares de nazistas receberam ajuda para permanecer em liberdade. Não por acaso, os roteiros de fuga seguidos pelos nazistas eram chamados de "caminhos de rato", rotas que saíam dos campos britânicos e americanos de prisioneiros de guerra na Alemanha e na Áustria, descendo até a Itália, para depois desembocarem na América do Sul ou no Oriente Médio.

Muitíssimos fugitivos nazistas aproveitaram-se do caos e da confusão que se seguiram à derrota no verão de 1945, para simplesmente desaparecerem; boa parte deles ficou desaparecida para sempre. Dentre os criminosos que usaram os caminhos de rato para escapar com segurança logo após o fim da guerra, estão, como vimos no capítulo anterior: o *SS-Hauptsturmführer* dr. Josef Mengele, procurado por suas experiências médicas desumanas com crianças em Auschwitz-Birkenau; *SS-Obersturmbannführer* Adolf Eichmann, administrador geral do Holocausto; e *SS-Hauptsturmführer* Franz Stangl, ex-comandante dos campos de Sobibor e Treblinka, na Polônia, onde mais de 1 milhão de judeus foram assassinados. Outros nazistas importantes a valerem-se dos caminhos de rato foram o *SS-Hauptsturmführer* Klaus Barbie, oficial da SD cuja atuação lhe angariou a alcunha de "o carniceiro de Lyon"; o *SS-Standartenführer* Walter Rauff, um dos ajudantes mais próximos de Reinhard Heydrich e inventor dos caminhões de gás, que abriram caminho para as câmaras de gás de Auschwitz; e, também, o sutil e refinado *SS-Hauptsturmführer* dr. Aribert Heim, médico cujo apelido foi "Dr. Morte" por causa das suas experiências com prisioneiros judeus dos campos de concentração de Mauthausen e Ebensee.

A participação do Vaticano na fuga de fugitivos de justiça nazistas foi bem documentada ao longo das últimas décadas. Muitos historiadores chegaram a afirmar que o Vaticano era a favor dos nazistas durante a Segunda Guerra e que o papa Pio XII mantinha relações cordiais com Hitler e o seu ministro do Exterior, Joachim von Ribbentrop. Alguns dizem mesmo que o Vaticano esforçou-se pouco para evitar o extermínio dos judeus europeus por, no fundo, também ser antissemita e encorajar a Solução Final. No entanto, o que se pode afirmar com toda a certeza é a atuação de uma alta figura do Vaticano: o bispo Alois Hudal, que ajudou e propiciou a fuga da justiça de muitos criminosos de guerra nazistas.

Austríaco de Graz, nascido em 1885, Hudal era o reitor do *Pontificio Collegio Teutonico di S. Maria dell'Anima*, em Roma, um seminário para padres alemães e austríacos. Com a rendição das forças alemãs sob o comando do marechal de campo Albert Kesselring, no norte da

Itália, em maio de 1945, Hudal e outros padres que falavam alemão passaram a atender os prisioneiros de guerra detidos nos campos britânicos e americanos da região. Para irmos direto ao assunto, Hudal valeu-se do seu cargo para ajudar os procurados nazistas a escapar. Ele considerava os caminhos de rato uma "forma de caridade para com essas pessoas necessitadas, pessoas sem qualquer culpa que estavam destinadas a serem bodes expiatórios para as falhas de um sistema maligno".[20] Dentre os mais famosos foragidos ajudados por Hudal estão os já mencionados Franz Stangl e Adolf Eichmann, bem como o *SS-Hauptsturmführer* dr. Alois Brunner, responsável pelo transporte de 128.500 judeus para os campos de morte, e o *SS-Oberscharführer* Gustav Wagner, ex-comandante suplente do campo de extermínio de Sobibor, na Polônia, onde 200 mil judeus pereceram nas câmaras de gás. Ao receberem a notícia de que o bispo Hudal e os seus colegas queriam ajudar os prisioneiros alemães, muitos oficiais nazistas apressaram-se em fazer contato. Esses oficiais ainda não tinham sido identificados pelas autoridades aliadas; antes da captura, eles haviam trocado seus uniformes especiais por uniformes de soldados comuns, sendo que muitos deles usavam a identidade de outras pessoas ou deram entrada no campo com nomes falsos. Na confusão do pós-guerra, com milhões de prisioneiros alemães, poderiam passar-se meses até que se descobrisse quem era quem. Além disso, a maior parte dos criminosos fazia planos para escapar dos campos o mais rápido possível, apesar de os investigadores aliados já estarem atrás dos criminosos de guerra foragidos. Tudo o que os fugitivos queriam era uma nova identidade, dinheiro e uma viagem segura para fora da Europa, para um país simpático e, sobretudo, que não mantivesse tratados de extradição.

    O bispo Hudal emitiu uma documentação de viagem autêntica, mas com nomes falsos, para um seleto grupo de fugitivos nazistas, além de lhes dar dinheiro. Tratava-se de documentos oficiais emitidos pela *Commissione Pontificia d'Assistenza* (uma organização do Vaticano para refugiados). Isto é: ou Hudal usava ilegalmente os documentos do Vaticano para pôr em prática seu próprio plano, ou ele era um simples agente do papa, que levava a cabo os desejos do Vaticano. Esses documentos não eram passaportes, de modo que os nazistas não poderiam deixar o país. No entanto, esses papéis lhes permitiam conseguir um passaporte de refugiado no Comitê Internacional da Cruz Vermelha (CICV), que por sua vez poderia ser usado na solicitação de vistos para países estrangeiros. Na teoria, o CICV deveria verificar os antecedentes

---

20. GODMAN, Peter. *Hitler and the Vatican*, (New York, Free Press), 2004, p. 53.

dos solicitantes, mas a palavra de um padre – e ainda mais a de um bispo proeminente – bastava para os burocratas suíços. Foi assim que muitos fugitivos nazistas famosos receberam novas identidades e novos documentos de trabalho do Vaticano e puderam simplesmente desaparecer da Europa.

Havia também na Itália outros padres implicados na manutenção de caminhos de rato. Um grupo pequeno mas influente de padres croatas pertencentes à ordem franciscana, sob a liderança do padre Krunoslav Draganovic, mantinha uma organização parecida com a de Hudal. Com sede no seminário *San Girolamo degli Illirici*, em Roma, o padre Draganovi e seus companheiros eram responsáveis por um caminho de rato que ia da Áustria até o porto italiano de Gênova. O caminho de rato de San Girolamo, no começo, ajudava apenas ex-membros da Ustaše a escapar, ou seja, fascistas croatas similares aos camisas negras, que colaboraram com os nazistas na perseguição de judeus. Um dos foragidos mais famosos a usar esse caminho de rato foi o ditador da Croácia durante a guerra, Ante Pavelic. Os fugitivos recebiam a ajuda de padres para cruzar a fronteira com a Áustria e depois se esconderem na Itália, quase sempre em propriedades do Vaticano. Uma vez que sua documentação de viagem ficava pronta, os fugitivos iam às ocultas até Gênova, onde já tinham passagens reservadas em navios que partiam para a América do Sul. Quando a polícia do exército britânico quis revistar o mosteiro de San Girolamo, com base em indícios válidos de que o lugar escondia criminosos de guerra procurados, o Vaticano lhe negou autorização. Os britânicos não puderam fazer nada na ocasião, pois a Cidade do Vaticano era uma nação neutra, portanto, não estava sujeita ao controle ou à ocupação dos Aliados.

Por incrível que pareça e apesar dos esforços britânicos por interromper o caminho de rato de San Girolamo, um dos principais motivos para o êxito dessa rota de fuga era a ajuda secreta dos americanos. No verão de 1947, o serviço de inteligência do exército americano usava San Girolamo para "evacuar" alguns dos seus próprios homens: nazistas que foram trabalhar para os Estados Unidos logo após sua captura, quase sempre em troca de uma imunidade contra processos pelos seus crimes de guerra. A União Soviética exigia que os Estados Unidos entregassem centenas de criminosos de guerra nazistas para julgá-los pelos crimes cometidos na Rússia, mas os americanos tinham a intenção de usá-los para os seus próprios fins na Guerra Fria, que começava a ficar quente. A maior parte dos nazistas conduzidos por caminhos de rato pela inteligência americana era composta por cientistas alemães.

A Operação Paperclip viria a ser responsável pela "evacuação" de 765 ex-nazistas, que trabalhariam para os Estados Unidos em programas aeroespaciais e de armamentos. Apenas a grande quantidade de cientistas nazistas capturados e enviados secretamente para os Estados Unidos pode explicar como os americanos foram capazes de pisar na Lua em 1969, parcos 24 anos após a derrota alemã. As experiências nazistas com humanos nos campos de concentração alargaram o conhecimento acerca dos extremos que o corpo humano pode suportar. Esses dados foram fundamentais para que fosse possível enviar homens ao espaço o mais rápido possível. Os soviéticos fizeram a mesma coisa com cientistas nazistas capturados pelo Exército Vermelho.

A Operação Paperclip trabalhava sob o Departamento de Serviços Estratégicos (OSS, na sigla em inglês) por meio da Agência Conjunta para Objetivos de Inteligência (JIOA, na sigla em inglês), tendo recebido a autorização do presidente Harry S. Truman em agosto de 1945. Cientistas famosos – como o barão Wernher von Braun, inventor do míssil balístico V-2 usado contra o Reino Unido, Arthur Rudolph e Hubertus Strughold – tiveram os passados "limpos" pelo serviço de inteligência americano, que substituiu os dados antigos por falsos históricos de trabalho.[21] Muitos dos 765 cientistas nazistas levados à América realizaram experiências com humanos, além de terem usado mão de obra escrava dos judeus para os seus projetos durante a guerra. No entanto, tudo isso foi simplesmente apagado das suas fichas. Um bom exemplo da atitude dos americanos para com os criminosos de guerra nazistas é o caso do dr. Kurt Blome. Durante a guerra, Blome detinha os cargos de ministro suplente da Saúde do Reich e diretor geral para pesquisa do câncer, no Conselho de Pesquisa do Reich. Ambos serviam para ocultar o seu verdadeiro projeto de pesquisa: armas químicas e biológicas. A partir da Universidade de Posen, na Polônia ocupada, o dr. Blome dirigia um instituto de pesquisa, nos moldes das infames instalações japonesas em Pingfan, na Manchúria, conhecido como Unidade 731. Os alemães e os japoneses promoviam intercâmbio de funcionários, dados e amostras entre as suas unidades. Blome recebeu autorização para realizar experiências com humanos tanto em Dachau quanto em Auschwitz. Ele infectava os presos com os diferentes tipos de praga e também com malária, além de pesquisar sobre o cólera, o antraz e o tifo. Alguns prisioneiros morreram após terem sido expostos a gases neurotóxicos, como o Tabun e o Sarin. O dr. Blome fugiu de Posen

---

21. HUNT, Linda. *Secret Agenda: The United States Government Nazi Scientists, and Project Paperclip, 1945 to 1990* (London: St. Martins Press), 1991.

pouco antes da chegada do Exército Vermelho, em março de 1945, mas não teve tempo de cuidar para que as instalações fossem destruídas, de modo que os soviéticos as encontraram intactas. Ficou óbvio para os soviéticos que o corpo médico nazista de Posen estivera realizando experiências com humanos.

Blome foi levado ao tribunal de Nuremberg, sob risco de receber pena de morte, em 1947, no episódio que ficou famoso como o Julgamento dos Médicos. Surpreendentemente, o cientista foi inocentado de todas as acusações contra si. Supõe-se que Blome livrou seu pescoço do cadafalso por ter concordado em dar aos americanos informações sobre as experiências que realizara com humanos e ajudá-los a desenvolverem o seu próprio programa de guerra biológica. De fato, em 1951, ele foi contratado oficialmente pelos americanos, para trabalhar em um centro de pesquisa na Alemanha Ocidental. Depois de extraírem tudo o que podiam de Blome, os americanos o entregaram à França, onde ele foi julgado pelos seus crimes de guerra e sentenciado a 20 anos de prisão. Blome faleceu em 1969.

Muitos dos cientistas alemães levados aos Estados Unidos nunca foram a julgamento. Os últimos nazistas capturados pela Operação Paperclip faleceram apenas no começo do século XXI, muitos deles cobertos de honra pelos Estados Unidos, por suas conquistas científicas. Werner Dahm, por exemplo, cientista aeroespacial que ajudou a construir o V-2, recebeu uma medalha da NASA, por seus serviços excepcionais, em 2003, graças às suas contribuições para o programa espacial americano. Ele morreu no Alabama, em 2008, aos 90 anos. Apesar de a maioria dos protegidos pela Operação Paperclip ser formada por cientistas como Wernher von Braun, alguns nazistas bastante detestáveis também fizeram parte do programa.

Não eram apenas os Estados Unidos que estavam interessados no conhecimento tecnológico e na experiência militar dos nazistas durante o pós-guerra. Diversos países recrutaram fugitivos nazistas. Um deles chegou a organizar uma rede de caminhos de rato na Europa, mais uma vez usando a Igreja Católica para acobertar suas operações: a Argentina, na época sob a ditadura populista de Juan Perón. O historiador Uki Goñi demonstrou que Perón encorajava vivamente criminosos de guerra nazistas e fascistas a mudarem-se para o país.

Em janeiro de 1946, o bispo argentino Antonio Caggiano, então bispo de Rosario e líder da Ação Católica argentina, foi até Roma para ser ungido cardeal pelo papa. Fundada em 1867, na Itália, a Ação Católica é uma organização que procura encorajar a influência católica na sociedade. Em Roma, o cardeal Caggiano encontrou-se com o cardeal francês Eugène Tisserant e entregou-lhe uma mensagem, em que Perón pedia para os fascistas franceses mudarem-se para a Argentina.[22] Logo após a visita de Caggiano ao Vaticano, uma série de criminosos de guerra franceses, ex-membros do governo colaboracionista de Vichy, desembarcaram na Argentina. Todos haviam recebido passaportes por meio do CICV em Roma devidamente carimbados com vistos argentinos de turismo. O primeiro criminoso de guerra a chegar foi Eugène Deurotine, que mais tarde viria a ser condenado *in absentia* a 20 anos de trabalhos forçados por um tribunal francês.

Em todo caso, é bastante difícil provar que havia uma ligação entre o caminho de rato mantido por Hudal e o papa. O monsenhor Karl Bayer, alto eclesiástico do Vaticano, admitiu à escritora Gitta Sereny, nos anos 1970, ter colaborado com os caminhos de rato e afirmou que Pio XII apoiou ativamente os esforços para salvar foragidos nazistas: "O papa dava dinheiro para isso; às vezes a conta-gotas, mas o dinheiro vinha", teria afirmado.

Havia muito que os alemães tinham estabelecido redes de inteligência na América do Sul. O *SS-Hauptsturmführer* Siegfried Becker foi o mais bem-sucedido agente de Himmler na região; era um homem com 31 nomes falsos e codinomes. Os alemães mantinham relações amistosas com os governos da região, entre eles o argentino, com sede em Buenos Aires. Em fevereiro de 1946, o presidente Perón nomeou um antropólogo, Santiago Peralta, como comissário da imigração e o ex-agente do Ministério Exterior alemão, Rodolfo Freude, como chefe da inteligência. Esses dois homens montaram uma equipe de resgate composta por agentes secretos e "assistentes" de imigração, muitos deles criminosos de guerra procurados, para transportar fugitivos nazistas para a Argentina, no intuito de beneficiar a nação. Outra prova da dimensão da influência nazista na Argentina peronista é o *SS-Hauptsturmführer* Carlos Fuldner, argentino de descendência alemã e oficial da SS, que organizava fugas a partir de escritórios em Madri, Gênova, Roma e Berna. Freude, por sua vez, coordenava o trabalho dos oficiais de imigração de inteligência a partir do seu escritório na Casa Rosada, o palácio presidencial argentino. Tratava-se de uma rede bem-organizada de rotas de fuga, que era oficialmente sancionada pelo governo argentino e tolerada pelo Vaticano, que talvez até a financiasse.

---

22. ROHTER, Larry. "Argentina, a Haven for Nazis, Balks at Opening Its Filesr", *New York Times*, 7 de março de 2003.

Uki Goni é o primeiro a dar provas cabais da ligação entre caminhos de rato seguidos por nazistas e o governo argentino. O exemplo do *SS-Hauptsturmführer* Walter Kutschmann – responsável pela morte de milhares de pessoas quando era chefe da Gestapo na cidade então polonesa de Drohobycz, amigo íntimo e companheiro de viagem da estilista Coco Chanel – é uma comprovação da teoria de Goñi. O famoso caçador de nazistas Simon Wiesenthal localizou Kutschmann na Argentina e ele foi devidamente preso no dia 28 de junho de 1975. O nazista havia fugido para a Argentina disfarçado com o hábito de um monge carmelita. No entanto, a polícia soltou Kutschmann em pouco tempo, pois o dossiê do seu caso foi "perdido" pelo tribunal. A papelada reapareceu cinco anos depois... dentro do cofre do juiz. Além disso, Goñi descobriu que a licença para dirigir táxi de Kutschmann fora deferida por ninguém menos que Fernando Imperatrice, membro da assessoria pessoal do presidente Perón. Kutschmann morreu em liberdade na Argentina, em agosto de 1986.

Goñi teve sorte em descobrir todas essas informações, até porque em 1955 membros do governo peronista fizeram literalmente uma queima de arquivo em todos os registros de imigração dos criminosos de guerra nazistas, a fim de apagar qualquer vestígio quando o seu governo caísse. Contudo, restaram formulários suficientes para que Goñi pudesse tirar fortes conclusões sobre Perón nos caminhos de rato nazistas. "O simples fato de colocar os dados dos formulários de imigração em uma planilha eletrônica permitiu que Goñi descobrisse que os arquivos de Erich Priebke (cf. capítulo 9) e do dr. Josef Mengele tinham números consecutivos, apesar de um ter chegado à Argentina sete meses depois do outro." Goñi aprofundou suas pesquisas e encontrou provas ainda mais impressionantes: "na época em que foram feitas as solicitações, o Departamento de Imigração abria 500 arquivos novos por dia. Isso indica que a mesma pessoa fez a solicitação em nome dos dois criminosos de guerra ao mesmo tempo ou, pelo menos, analisou ambas em conjunto, o que é uma prova óbvia de um esforço organizado em favor dos fugitivos nazistas".

A pergunta que permanece é: por que Perón flertava com nazistas e os encorajava a imigrar para seu país? Entre agosto de 1946 e o começo dos anos 1950, cerca de 300 suspeitos por crimes de guerra entraram legalmente na Argentina, muitos deles valendo-se de documentos fornecidos por Hudal ou pelo pe. Draganovic, na Itália; muitos outros chegaram por meio das rotas estabelecidas por Carlos Fuldner e seus comparsas. Perón não era nazista e, embora o seu governo tenha sido muitas vezes acusado de fascismo, na verdade, as coisas não eram bem assim. Perón era um líder populista, com uma ideologia extremamente flexível, que fez alianças com comunistas, judeus e também fascistas. O nazismo não era muito popular entre os militares e os direitistas argentinos, especialmente porque era uma ideologia bastante contrária à Igreja. A Argentina era mais simpática para com o fascismo italiano e espanhol, que respeitavam a Igreja Católica. O motivo para o flerte com os nazistas talvez tenha sido mera conveniência. Não era segredo para ninguém que os cientistas e engenheiros nazistas estavam à frente do restante do mundo durante a última parte da guerra: eles desenvolveram aviões a jato revolucionários, submarinos e mísseis balísticos conhecidos como armas V (as armas de retaliação). Perón queria mão de obra qualificada e tecnologia avançada para seu país, de modo que o seu desejo imitava as tentativas dos Aliados de usar a tecnologia alemã para obter vantagens sobre os seus rivais da Guerra Fria. A já mencionada Operação Paperclip foi o paradigma da ambiguidade americana na tarefa de capturar os criminosos de guerra. Mais de três quartos dos 765 cientistas, engenheiros e técnicos alemães levados para os Estados Unidos eram ex-membros do partido nazista ou da SS. Todos ganharam imunidade contra os processos por crimes de guerra, embora a maioria deles tivesse sangue judeu nas mãos. Os alemães também conferiram imunidade a todos os médicos e cientistas militares japoneses que participaram da infame Unidade 731 da Manchúria, embora eles tivessem desenvolvido doenças mortais e armas químicas e biológicas, causando nesse processo dezenas de milhares mortes de prisioneiros de guerra e civis chineses, russos e aliados. Além do mais, como veremos no caso de Klaus Barbie, os Estados Unidos não eram contrários ao emprego de criminosos de guerra nazistas como agentes de inteligência durante os primeiros estágios da Guerra Fria, e muitos criminosos de guerra alemães ganharam proteção por trabalhar na unidade de contrainteligência do exército americano (CIC), precursora da atual inteligência militar do país. Um dos mais notórios agentes foi o ex-oficial da SS, o barão Otto von Bolchwing, antes um dos principais assistentes de Adolf Eichmann.

Perón planejava autorizar a imigração de 4 milhões de europeus para a Argentina, em levas de 30 mil por mês, ao longo do período imediatamente após o fim da guerra. Embora isso nunca tenha acontecido, os nazistas que de fato chegaram ao país permitiram a Perón fabricar o seu próprio avião de guerra a jato, um feito notável para uma nação sul-americana, para a época e até para hoje.

Havia ainda outras organizações ativas na Europa depois da queda da Alemanha nazista que se dedicavam a conduzir os fugitivos até países seguros onde pudessem começar vidas novas. Um dos grupos mais nefastos e misteriosos a ser identificado foi a *Organisation der ehemaligen SS-Angehörigen* (Organização de ex-membros da SS), mais conhecida pela sigla ODESSA, imortalizada pelo romance *O dossiê ODESSA*, de Frederick Forsyth, que mostrava essa organização fazendo planos para a criação de um Quarto Reich. Há muita controvérsia em torno da ODESSA, com décadas de discussões acaloradas no jornalismo e na comunidade acadêmica dos historiadores sobre a própria existência da ODESSA e, caso ela tenha existido mesmo, qual a real extensão da sua organização e poder. O famoso caçador de nazistas Simon Wiesenthal afirmou que a ODESSA fora criada em 1946 pelos próprios criminosos de guerra, para ajudar os fugitivos nazistas. Tanto a rede de TV alemã ZDF, depois de pesquisar o assunto, como outros ex-membros da SS afirmaram que a ODESSA nunca foi uma organização secreta mundial e centralizada, mas o conjunto de diversas organizações – algumas secretas e outras não –, que colaboravam com o caminho de rato mantido por Hudal no Vaticano e com os outros, criados pelos governos latino-americanos e até pela CIA. Franz Stangl, o ex-comandante de Treblinka, que escapou por um caminho de rato da Europa até o Brasil, alegou que a ODESSA nunca existiu. De fato, nunca surgiu "A" prova da existência da ODESSA, como a escritora Gitta Sereny, que fez uma longa entrevista com Stangl, descobriu em 1974. "Os promotores da Comissão de Ludwigsburg para investigação de crimes nazistas – que sabem exatamente como certos indivíduos, hoje na América do Sul, viveram e foram financiados no pós-guerra – vasculharam de cabo a rabo todos os seus milhares de documentos e disseram não poder identificar a ODESSA." Sereny continua: "Não que isso seja de extrema importância; é certo que havia diversos tipos de organizações de ajuda a nazistas depois da guerra – seria surpreendente que não houvesse".[23]

No romance de Forsyth *O Dossiê ODESSA*, um jovem jornalista alemão chamado Peter Miller procura incansavelmente pelo "Carniceiro de Riga", Eduard Roschmann. Forsyth estava sem ideias em 1970, desde o tremendo sucesso de *O Dia do Chacal*, e estava sob pressão de seu editor. Revolvendo os seus miolos, o escritor lembrou-se de ter ouvido falar de uma obscura organização nazista, durante o período que passou como jornalista na Alemanha; o nome dessa organização

---
23. SERENY, Gitta. *Into that Darkness: An Examination of Conscience* (Vintage Books), 1983, p. 274.

era ODESSA. A partir disso, ele construiu a sua história de perseguição, em que Miller ergue-se contra a sinistra ODESSA e divulga seus planos diabólicos. No começo, Forsyth não tinha ideia de nome para o comandante do campo nazista. Este surgiu durante uma visita a Viena e ao escritório de Simon Wiesenthal. O grande caçador de nazistas sugeriu que Roschmann seria o vilão perfeito, e Forsyth teve de concordar. "Achei a ideia bastante original, porque se tratava de um homem que nem sonharia me processar por calúnia no Supremo Tribunal". Naquele tempo, Roschmann estava, como veremos, escondido na Argentina. Mais importante que o enredo de um suspense excepcional, foi o impacto que o livro teve sobre o público e o fato de a ODESSA passar a ser vista como uma organização real. O historiador Guy Walters, autor de *Hunting Evil*, escreveu que "*O Dossiê ODESSA* é responsável por propagar a ideia de que existe uma organização chamada 'ODESSA'".

Um ex-oficial do OSS e membro da Comissão para Crimes de Guerra dos Estados Unidos, Joseph Wechsberg, afirmou em 1967 que, na sua opinião, os nazistas começaram a planejar um Quarto Reich logo após a queda do Terceiro. No mundo inteiro, mas especialmente na América do Sul, havia comunidades alemãs bastante unidas entre si, e muita gente abertamente nazista estava nelas. Essas "colônias" alemãs viriam a ser extremamente úteis para os fugitivos nazistas. "Os nazistas decidiram que era o momento de estabelecer uma rede clandestina de fuga ao redor de todo o mundo. Eles usaram os alemães contratados para dirigir os caminhões de entrega do jornal *Stars and Stripes*, do exército americano, na *Autobahn* que vai de Munique a Salzburg." Wechsburg estava na verdade descobrindo outro caminho de rato. "Os motoristas usaram nomes falsos para candidatar-se ao emprego [no exército americano], e os americanos em Munique não se esforçaram para checá-los com cuidado. [...] Arranjaram-se *Anlaufstellen* (pontos de contato) ao longo da fronteira entre a Áustria e a Alemanha [...] Em Linden, perto da Áustria e da Suíça, a ODESSA montou uma empresa de 'importação e exportação' com representantes no Cairo e em Damasco."[24] O problema do relato de Wechsberg reside no fato de ele assumir que a ODESSA realmente existiu. Nazistas importantes como Franz Stangl e Adolf Eichmann negavam a existência da entidade, talvez por motivos óbvios, e os diários de Heinrich Himmler não trazem qualquer menção sobre ela, o que é estranho; na condição de chefe de todo o império da SS, ele deveria saber de algo. Gitta Sereny propõe a hipótese de que,

---

24. WIESENTHAL, Simon. *The Murderers Among Us* (New York: McGraw-Hill), 1967, p. 82.

embora existissem algumas organizações nazistas para ajudar na fuga de foragidos, muitos dos criminosos escaparam graças ao caos que se seguiu ao fim da guerra e à incompetência do Vaticano, da Cruz Vermelha e do exército americano em investigar a fundo as pessoas que lhes pediam ajuda para conseguir novos documentos. Talvez o bispo Alois Hudal tenha sido o principal colaborador para a fuga de criminosos nazistas pelo sul da Europa, ajudando muitos deles a chegar com segurança à América do Sul. Mas ele com certeza não era a ODESSA.

Talvez Frederick Forsyth tenha compreendido melhor a natureza da ODESSA hoje, 40 anos depois de ter escrito o seu romance campeão de vendas. À época em que escreveu o seu livro, precedido por um minucioso trabalho de pesquisa por toda a Europa, o autor acreditava mesmo que a ODESSA fosse uma organização real. Agora, ele considera a entidade como uma coisa mais informal: "Sem dúvida, existia algo que os alemães chamariam de *Netzwerk*, uma rede [...] Mas era algo como um grupo de ex-colegas de escola. Seria mentira dizer que não existiu. Trata-se daquelas coisas de amigo, de ajudar fulano de tal, porque ele está em dificuldades".

Além do Vaticano, da ODESSA, do governo argentino e do serviço de inteligência do exército americano, havia outras agências e organizações colaborando com a fuga de criminosos nazistas. A Organização Gehlen foi uma delas. O major-general Reinhard Gehlen era o mais destacado dirigente do serviço de inteligência do exército alemão; terminada a guerra, ele foi capturado pelos americanos, mas graças à sua cooperação, recebeu autorização para montar o seu próprio serviço de inteligência na Alemanha Ocidental, a fim de ajudar os Estados Unidos na luta contra a União Soviética. A Organização Gehlen estava repleta de antigos *Abwehr* – ex-oficiais da inteligência alemã –, bem como de ex-membros da SS e da Gestapo. Simon Wiesenthal já afirmou que essa organização trabalhava em conjunto com a CIA e com a ODESSA na tarefa de ajudar ex-nazistas a fugir da Justiça. Tal informação, provavelmente, é falsa e está mais para uma invenção de Wiesenthal, cuja autopromoção às vezes chegava a ser escandalosa. A Organização Gehlen formou, sem sombra de dúvida, o núcleo do atual serviço de inteligência alemão, o BND, do qual Gehlen foi o diretor, desde a criação do órgão, em 1956, até a sua a aposentadoria em 1968. Wiesenthal também identificou diversas outras organizações que acreditou serem a ODESSA, como a *Spinne* ("Aranha") e o *Sechsgestirn* ("Constelação de Seis Estrelas"). Em 9 de julho de 1979, o carro-bomba usado em um atentado em Paris contra os caçadores de nazistas franceses Serge e Beate

Klarsfeld trazia um bilhete em que a ODESSA assumia a responsabilidade pelo ato, embora a veracidade dessa afirmação seja discutível.

De fato, mais de uma organização já alegou – ou ainda alega – ser um braço da ODESSA ou ter algum tipo de contato com a misteriosa entidade. A *Stille Hilfe für Kriegsgefangene und Internierte* ("Ajuda Silenciosa a Prisioneiros de Guerra e Pessoas Detidas") é uma delas. Conhecida simplesmente como *Stille Hilfe* ("Ajuda Silenciosa"), passou a existir oficialmente em 1951, na cidade de Munique, embora provavelmente agisse em segredo desde pelo menos 1946. Fundada pela princesa Helene Elisabeth von Isenburg, sabe-se que foragidos nazistas como Josef Mengele, o *SS-Standartenführer* Walter Rauff, Johann von Leers e Adolf Eichmann receberam sua ajuda para chegar à América do Sul. Parece que a Stille Hilfe tinha ligações com Hudal e o caminho de rato do Vaticano e, talvez, com a ODESSA. Trata-se de uma organização sem fins lucrativos existente até hoje, sendo a princesa von Isenburg escolhida para ser a sua primeira presidente, em razão de seu bom trânsito na aristocracia alemã, nos círculos conservadores da classe média alta e também na Igreja Católica. Outros fundadores da entidade foram o *SS-Standartenführer* Wilhelm Spengler, chefe de departamento no Escritório Central de Segurança do Reich (RSHA), e o *SS-Obersturmbannführer* Heinrich Malz, conselheiro pessoal de Ernst Kaltenbrünner, o chefe do RSHA e assistente de Himmler. Ao longo da década de 1990, a Stille Hilfe ainda recebia doações que giravam em torno de 60 e 80 mil euros. Desde 1992, os seus 40 membros são presididos por Horst Janzen. Um dos seus membros modernos mais proeminentes é Gudrun Burwitz, filha de Heinrich Himmler e defensora declarada do neonazismo na Alemanha atual.

Outra organização surgida no começo da década de 1950 foi a *Hilfsgemeinschaft auf Gegenseitigkeit der Angehörigen der ehemaligen Waffen-SS* ("Associação de Ajuda Mútua de Ex-membros da Waffen-SS"), mais conhecida pela sigla HIAG. É possível que ela mantivesse contato com a ODESSA e a Stille Hilfe. No seu auge, nos anos de 1960, a HIAG chegou a contar com mais de 70 mil membros. Ela dava assistência a veteranos da SS, e chegou mesmo a pedir que estes voltassem a gozar de *status* de veteranos, a fim de poderem receber pensões. Diferentemente dos militares que serviram nas forças armadas regulares da Alemanha, os ex-membros da SS não recebem pensão do governo alemão, pelo fato de a SS ter formado o braço militar do partido nazista, além de ter sido declarada ilegal pelas autoridades aliadas, quando da ocupação em 1945. A HIAG encerrou as suas atividades em 1992.

As operações para garantir a segurança dos fugitivos nazistas tiveram um êxito impressionante no período logo após o fim da guerra; uma prova odiosa da ineficácia dos Aliados em impedir a fuga de tantos suspeitos por crimes de guerra. De acordo com o historiador Paul Manning, no total, cerca de 10 mil ex-militares alemães encontraram refúgio na América do Sul após se servirem dos caminhos de rato para escapar. Milhares de outros foram para o Oriente Médio e muitos deles se alistaram na Legião Estrangeira, que pouco perguntava sobre o seu passado e a sua participação na guerra antes de aceitá-los. Muitos destes últimos morreram na Indochina nos anos 1950, lutando no que seria o prelúdio da sangrenta Guerra do Vietnã, pois uma França desesperada tentava reafirmar a sua autoridade colonial sobre bem-organizados rebeldes nativos, com a determinação de criar repúblicas comunistas independentes.

Alguns fugitivos nazistas viveram décadas sem ser perturbados. Apesar de terem sido localizados por caçadores de nazistas, nunca foram julgados no seu país pelos crimes que cometeram, já que os seus países de residência não mantinham tratados de extradição com a Alemanha. Os israelenses tentaram fazer justiça por outros meios, recorrendo a assassinatos e sequestros, a fim de punir pelo menos alguns dos inúmeros genocidas que andavam livres por aí, muitas vezes cercados de luxo em seus novos países. Alguns foragidos morreram em liberdade e outros, que estão vivos até hoje, talvez nunca compareçam ao tribunal para responder pelos seus crimes. O destino de diversos membros já falecidos do alto escalão nazista revela como nações estrangeiras os abrigaram e protegeram, depois de eles terem conseguido fugir da Europa.

Uma vez instalados na América do Sul, vários desses criminosos tratavam de manter o máximo de discrição possível. Embora estivessem relativamente seguros nas ditaduras, a maior parte deles continuava a usar nomes e documentos falsos; às vezes, mudavam de endereço ou mesmo de país com frequência, com o intuito de despistar eventuais perseguidores.

Franz Stangl chegou a Damasco, capital do Protetorado Francês da Síria, em setembro de 1948. Hudal já lhe arranjara emprego em uma tecelagem. O ex-comandante assistente de Sobibor, Gustav Wagner, chegou à cidade ao mesmo tempo e logo passou a levar uma vida tranquila. Stangl, por sua vez, estava determinado a trazer a esposa Theresa e as três filhas para viverem consigo o mais rápido possível. Trabalhou duro e tratou de juntar dinheiro para pagar-lhes a viagem da Áustria até Damasco, passando pela Itália. Em maio de 1949, a família Stangl foi reunida em Damasco; Theresa não teve qualquer problema para deixar a Itália, apesar de ser esposa de um dos maiores criminosos da Segunda Guerra.

A família Stangl, então, viveu um período de grande felicidade e bem-estar: Franz, por ora, não tinha medo de ser preso e punido, todos estavam relativamente bem e a relação entre o casal ficava cada vez melhor. Contudo, logo após a chegada de Theresa à Síria, o dono da tecelagem em que Stangl trabalhava faleceu e o nazista ficou desempregado. Stangl custava a encontrar um emprego decente, de modo que por algum tempo o sustento do lar ficou a cargo de Theresa, que passou a trabalhar como massagista. A família vivia em uma pensão repleta de alemães vivendo na Síria sob nomes falsos, um indício de que quase todos eram também fugitivos nazistas. Stangl estava cercado de incertezas, pois todos eram cuidadosos em evitar conversas e, caso abrissem uma exceção, usavam nomes falsos. Em dezembro de 1949, as coisas melhoraram quando o chefe da família encontrou um emprego de engenheiro na Companhia Imperial de Fiação. O novo trabalho permitiu à família mudar-se para um apartamento amplo e aconchegante na parte velha de Damasco. Mas a atenção indesejada que um vizinho dedicava à sua filha de 14 anos convenceu Stangl de que era hora de deixar a Síria. Ele decidiu ir para a América do Sul e enviou Theresa a diversos consulados, a fim de descobrir que país aceitaria a família.

Stangl julgou que o Brasil era a nação mais receptiva e, assim, preencheu os formulários da imigração dizendo-se engenheiro. O pedido foi aceito pelo governo e a família Stangl tomou um barco para Santos, com escala em Gênova, na Itália, sem que nenhum dos membros tivesse usado algum nome falso.

Stangl pagou pela viagem para o Brasil com as suas economias, de modo que estava praticamente falido quando chegou ao país. Engolindo o orgulho, esse homem – antes alto oficial da SS e comandante de um campo de concentração, com poder sobre a vida e a morte de centenas de milhares de pessoas – teve de resignar-se mais uma vez a um emprego em uma tecelagem por dois anos, enquanto construía a sua casa em São Bernardo do Campo, na região metropolitana de São Paulo.

Muitos outros criminosos nazistas viviam na América do Sul na mesma época. O número de foragidos aumentara com rapidez, especialmente na Argentina, por desejo do presidente Perón e pela ajuda do bispo Alois Hudal e o seu caminho de rato no Vaticano. Um dos fugitivos mais notórios a receber a ajuda de Hudal foi um aristocrata prussiano, filho de um general: Ludolf von Alvensleben, comandante do *Selbstschutzen* – uma força paramilitar da Prússia Ocidental – durante a invasão da

Polônia pelos alemães em 1939. O *Selbstschutz* agia com as unidades de fuzilamento dos *Einsatzgrüppen*; ambas as organizações tinham a missão de exterminar uma grande quantidade de poloneses considerados ameaças à supremacia nazista: judeus, membros da nobreza, professores e acadêmicos, comunistas, militares, entre outros. As unidades de von Alvensleben executaram pelo menos 4.247 pessoas até o fim da campanha polonesa, valendo-se de métodos deliberadamente cruéis e sádicos. "Os fuzilados recebiam ainda golpes de pá ou rifle, para morrerem mais rápido; às vezes, chegavam mesmo a ser enterrados vivos", informa um estudo sobre as ações do *Selbstschutz*, que assassinaram um total estimado de 82 mil pessoas na Polônia em 1939. "As mães tinham de jogar os filhos nas valas comuns, antes de elas próprias serem fuziladas. Mulheres e crianças eram estupradas antes da execução [...] Até os alemães ficavam horrorizados com tais atrocidades."

Ex-assistente de Heinrich Himmler, von Alvensleben assumiu o comando de algumas unidades da Polícia de Segurança da SS (*Sicherheitsdienst* ou SD) na Crimeia, depois de a Alemanha invadir a União Soviética em 1941; nessa ocasião, seus homens cometeram ainda mais crimes contra a humanidade sob as suas ordens. Em abril de 1945, von Alvensleben foi capturado pelos britânicos e mantido no Campo de Neuengamme, de onde fugiu. No começo de 1946, ele e a família já estavam na Argentina, graças aos documentos do Vaticano recebidos de Hudal e outras pessoas envolvidas com os caminhos de rato. Nada mais se soube de von Alvensleben até 27 de novembro de 1952, quando o presidente Perón concedeu-lhe a cidadania argentina, sob o nome bem apropriado de "Carlos Lucke" ("Carlos Sortudo"). Perón o colocou no cargo de inspetor de caça e pesca na represa do Rio Tercero, na província de Córdoba. Von Alvensleben morou em Buenos Aires até julho de 1956; depois, foi para a cidade de Santa Rosa de Calamuchita, onde até hoje é lembrado com afeto por muitos dos moradores mais velhos. Em janeiro de 1964, um tribunal de Munique emitiu um mandato de prisão para von Alvensleben, pelo assassinato de pelo menos 4.247 pessoas durante o período em que comandou a *Selbstschutz*, na Polônia. A Argentina, no entanto, não tinha um tratado de extradição com a Alemanha Ocidental, nem vontade de entregar von Alvensleben para julgamento. Assim, simplesmente ignoraram todas as representações feitas pelos diplomatas da Alemanha Ocidental. Von Alvensleben morreu em liberdade na Argentina, no dia do seu aniversário, em 1970.

Em fevereiro ou outubro de 1948, Eduard Roschmann, o ex-comandante do Gueto de Riga, na Letônia, completou a sua jornada por um dos caminhos de rato que levavam à capital da Argentina. Em Buenos Aires, ele arranjou um emprego numa importante companhia de importação e exportação e manteve extrema discrição. Casou-se em 1955, mas como já era casado, a união foi anulada por bigamia menos de três anos depois. Em seguida, em 1968, Rochsmann obteve o que seria a sua salvaguarda para toda vida: a cidadania argentina, sob o nome falso de "Federico Wagner".

Já então se faziam esforços para a sua identificação e captura. A Alemanha Ocidental emitira um mandato de prisão em 1959 por bigamia. Um ano mais tarde, os austríacos também organizaram as suas provas e emitiram um mandado para Roschmann, pelas mortes de pelo menos 3 mil judeus entre 1938 e 1945, quando ele era supervisor de trabalhos forçados em Auschwitz (depois de fugir da Letônia), e pelo assassinato de pelo menos 800 crianças com menos de 10 anos. Infelizmente, a Áustria era notória pela incapacidade de concluir os seus processos judiciais, de modo que a tarefa de prender e julgar o Carniceiro de Riga recaiu sobre os alemães. Em 1963, a Corte Distrital de Hamburgo emitiu um mandato de prisão contra Roschmann, por uma série de crimes de guerra. O problema, no entanto, era que Roschmann estava escondido e seguro na Argentina, país que na época não se dispunha a cooperar com a caça de criminosos de guerra nazistas. Apenas em outubro de 1976 a embaixada da Alemanha Ocidental em Buenos Aires conseguiu entrar com um pedido formal de extradição no Ministério do Exterior argentino. Mesmo acreditando tratar-se de uma atitude inútil – pois a Argentina não mantinha tratado de extradição com a Alemanha Ocidental –, os magistrados alemães repetiram o pedido em maio de 1977. Para grande surpresa não só dos alemães, mas também do pessoal do Ministério do Exterior argentino, o escritório do presidente anunciou que ia analisar o pedido de extradição. Foi sugerido que naquele período a Argentina estava recebendo muitas críticas à sua política interna por causa das suas violações aos direitos humanos, sendo que muitos membros do governo eram considerados antissemitas. A devolução do "Carniceiro de Riga" ajudaria um pouco a restaurar a reputação do governo. No entanto, os argentinos cometeram o grande erro de não prender Roschmann, que, devidamente informado do seu provável destino se continuasse no país, fugiu pela fronteira com o Paraguai. Tudo indica que veio a falecer a 8 de agosto de 1977, em Assunção, capital do Paraguai. Levou tempo até que alguém aparecesse para identificar o corpo.

Muitos chegaram a especular – inclusive o famoso caçador de nazistas Simon Wiesenthal – se Roschmann tinha mesmo morrido. Como nunca mais se ouviu falar de Roschmann, parece bastante seguro assumir que ele era mesmo o homem falecido em Assunção, portando documentos com o nome de "Federico Wagner". As teorias de que Roschmann – ou uma organização sombria do tipo da ODESSA – teria assassinado alguém de aparência e idade semelhantes ultrapassam os limites da credibilidade e enquadram-se melhor à ficção. Roschmann não era da cúpula nazista, nem era rico. Tratava-se de um homem que passara três décadas fugindo, e isso o matou.

Por outro lado, Adolf Eichmann finalmente começou a acertar as contas com a Justiça, em 11 de maio de 1960, à porta da sua modesta casa na Rua Garibaldi, em Buenos Aires. Em um episódio de contornos cinematográficos, Eichmann foi sequestrado por um esquadrão de agentes secretos israelenses. Eichmann estivera na mira do povo judeu – e de Wiesenthal especialmente – desde a década de 1950. Em 1954, Wiesenthal recebeu informações confiáveis de que Eichmann estava vivendo em Buenos Aires. O Mossad – serviço de inteligência de Israel – também recebera informações nesse sentido, de modo que logo se iniciou uma longa operação, com o objetivo de identificar e capturar o homem que orquestrou o Holocausto e levá-lo a julgamento em Jerusalém.

Eichmann, que viajara com documentos fornecidos por Hudal, arranjou emprego tão logo chegou à Argentina. Sob o nome de "Riccardo Klement", Eichmann recebeu a ajuda do ex-oficial da SS, Carlos Fuldner, para conseguir emprego em uma hidrelétrica teuto-argentina, chamada CAPRI, situada a cerca de 800 quilômetros a nordeste de Buenos Aires, na pequena província de Tucumán. Eichmann começou como assistente administrativo e a sua dedicação e eficiência renderam-lhe uma rápida promoção. Ele morava em uma casa simples e alugada, andava a cavalo pela região das cordilheiras e aprendeu a falar espanhol. Em 1952, Eichmann já se sentia tão seguro no seu novo país que entrou em contato com a esposa, por meio da rede de nazistas; em junho do mesmo ano, ela partiu para o porto de Gênova com os três filhos. Os meninos viajaram usando o sobrenome verdadeiro do pai, ao passo que a mulher usou seu nome de solteira. Caso estivessem os agentes da inteligência observando a família, teriam seguido o grupo diretamente até o seu esconderijo na Argentina.

A chegada da mulher e dos filhos a Buenos Aires em julho de 1952 marcou a reunião da família; havia cinco anos que Eichmann não via a esposa. No entanto, a CAPRI foi à bancarrota no começo de 1953, de modo que o ex-oficial viu-se forçado a mudar-se com a família para Buenos Aires, onde alugou uma quitinete no bairro pobre de Olivos. Foram tempos difíceis para a família Eichmann, cada um dos negócios que Adolf tentou iniciar – entre eles uma lavanderia, uma loja de tecidos e uma criação de coelhos – faliu. O desespero da família foi apenas aliviado pelo nascimento do quarto filho do casal, Ricardo, em 1953.

Após anos de luta, Eichmann conseguiu, em março de 1959, um emprego de mecânico na fábrica da Mercedes-Benz ao norte de Buenos Aires. Em 1960, a família mudou-se para uma pequena casa térrea, construída por Adolf e os filhos em um terreno comprado por Eichmann na Rua Garibaldi. O lugar era bastante precário e carecia de água encanada e eletricidade. Homem de rotina, todo fim de tarde Eichmann descia em um ponto de ônibus e caminhava 100 metros até a sua casa. Antes de entrar para o jantar, ele verificava a sua plantação de verduras e dava uma volta na casa. Foi essa rotina precisa que permitiu aos agentes do Mossad enviados por Israel terem tempo de sobra para planejar o sequestro. No fim de tarde do dia 11 de maio de 1960, Eichmann chegou ao ponto um pouco mais tarde que o habitual. No caminho de casa, notou um carro americano estacionado a uns 20 metros do seu portão; o capô estava aberto e alguns homens mexiam no motor. Quando Eichmann passou ao lado do carro, um dos homens virou-se e perguntou-lhe algo em espanhol. Ao parar para responder, o homem agarrou-lhe os braços e ambos caíram na calçada. Os outros agentes do Mossad rapidamente carregaram o aterrorizado Eichmann para o banco de trás do carro, que saiu em alta velocidade. Levaram poucos segundos para Eichmann perceber que os seus sequestradores eram judeus. Tirado da Argentina em segredo por um avião da El Al especialmente reservado para a operação, Eichmann desembarcou em Jerusalém para ser julgado por seus crimes. No dia 1º de junho de 1962, aos 56 anos, Eichmann foi enforcado. Seu corpo foi cremado e as cinzas lançadas ao mar, para garantir que nunca existiria um memorial ao homem que matou milhões de judeus com uma assinatura.

O ex-comandante de Treblinka, Franz Stangl, era austríaco, de modo que competia às autoridades da Áustria capturá-lo e julgá-lo. Viena, contudo, nada fez até 1961, quando finalmente emitiu um mandado de prisão para Stangl. Os crimes cometidos por Stangl nos campos de Treblinka e Sobibor eram muito conhecidos na época, o que torna difícil entender por que os austríacos não tinham pedido a sua prisão antes. Diferentemente da maioria dos outros fugitivos nazistas, Stangl não fez nada para esconder a sua identidade, quando chegou ao Brasil vindo da

Síria. Em agosto de 1954, ele chegou mesmo a registrar os seus dados no consulado austríaco. Talvez a Áustria tenha demorado a localizá-lo pelo fato de o seu sobrenome ser bastante comum. Além disso, embora os crimes cometidos sob o seu comando fossem conhecidos, o nome do homem que os ordenara não era tanto assim. Guy Walters, no livro *Hunting Evil*, até sugere que diplomatas austríacos talvez tenham acobertado a localização de Stangl, protegendo-o dos esforços pela sua captura. Isso, porém, não é prova de que os austríacos estivessem mancomunados com os nazistas; na verdade, tudo indica que eles apenas não tinham interesse em caçar um conterrâneo, por crimes cometidos em uma época que o povo austríaco queria deixar para trás.

Assim, as autoridades austríacas cruzaram os braços e nada fizeram para prender Franz Stangl. De fato, foi o caçador de nazistas Simon Wiesenthal quem lhes forneceu provas de que Stangl estava vivendo e trabalhando no Brasil; as provas, aliás, podem ter vindo do ex-genro de Stangl, Herbert Havel, que andava ressentido com o sogro.

Até a emissão do mandado de prisão em 1961, Stangl vivera bem abaixo do radar da maioria dos caçadores de nazistas. Antes, no fim do ano de 1955, ele fora acometido de uma doença misteriosa. A sua esposa, Theresa, mais uma vez tivera de tomar a frente da família e conseguira um emprego de escritório na fábrica da Mercedez-Benz em São Paulo. Como parte da sua recuperação, Stangl montara uma pequena oficina na sua casa, onde manufaturava bandagens para os hospitais brasileiros. Em outubro de 1959, a esposa – por meio dos seus contatos nas indústrias automotivas alemãs – lhe conseguiria um emprego na Volkswagen. Stangl começou como engenheiro, mas logo foi promovido a chefe da manutenção preventiva, ganhando um alto salário. A soma dos salários de ambos permitiu à família mudar-se para o Brooklin, um bairro melhor em São Paulo, onde construíram outra casa. A atitude de Franz diante da perspectiva de prisão era fatalista: "Se chegar o dia, vou me render. Não quero fugir", disse à esposa. Registrar-se no consulado austríaco com o nome verdadeiro era uma prova de que Stangl não tinha, como Eichmann e Mengele, a intenção de tornar-se um fugitivo.

Entre outubro de 1964 e agosto de 1965, tiveram lugar os julgamentos de Treblinka, em Düsseldorf, Alemanha Ocidental. O fato recebeu ampla cobertura da impressa mundial; ao fim dos julgamentos, oito ex-membros da SS foram condenados a penas, que iam de quatro anos à prisão perpétua. O nome de Stangl obviamente ganhou destaque nos tribunais, visto que ele tinha sido comandante do campo. Mas, apesar de ele viver com o seu nome verdadeiro no Brasil, do registro no consulado em São Paulo e da correspondência regular que mantinha com amigos e parentes da Áustria, ninguém informou o paradeiro do homem responsável pela morte de 900 mil pessoas. Stangl acompanhou com grande interesse a prisão e o julgamento de Adolf Eichmann em Jerusalém. Ele lia com sofreguidão os jornais de Viena e até comprou livros sobre Eichmann, embora o assunto fosse um tabu na família. Outro genocida, Josef Mengele, ao saber do julgamento de Eichmann, começou imediatamente a temer por sua segurança e começou a traçar planos de fuga, para um país que não mantivesse tratados de extradição. Stangl não fez isso: simplesmente continuou a ir diariamente para o seu emprego na Volkswagen, como o bom e eficiente trabalhador que sempre fora.

Um dos homens atrás de Stangl era Simon Wiesenthal. Anos depois do desfecho do caso, ele viria a dizer que a primeira dica do paradeiro de Stangl lhe fora dada por um primo da esposa do ex-comandante de Treblinka, que o visitara no seu escritório em Viena. Alguns historiadores põem em dúvida essa versão; eles creem que Wiesenthal inventou-a para encobrir as origens mais prosaicas da dica. Segundo o caçador de judeus, esse parente de Stangl acabou falando demais sem querer, revelando que Stangl estava vivo e bem, com seu trabalho de mecânico na fábrica da Volkswagen em São Paulo. Wiesenthal também disse que um ex-nazista viera lhe procurar, oferecendo informações em troca de dinheiro. Depois de negociações, o desleixado ex-membro da Gestapo contou que Stangl morava em São Paulo. É muito provável, porém, que a pessoa a delatar Stangl tenha sido o seu ex-genro, Herbert Havel, que já havia ameaçado denunciar a família depois da separação tempestuosa de uma das filhas de Stangl.

A popularidade que Wiesenthal deu ao caso levou a Alemanha Ocidental a solicitar ao governo brasileiro a extradição de Stangl. Os brasileiros colaboraram em tudo, e Stangl foi preso pela Polícia Federal, em 28 de fevereiro de 1967, em uma operação vexante para o ex-comandante de Treblinka, que foi arrancado do carro, em frente à sua casa, quando voltava de um bar com uma das filhas. Em 22 de junho, ele foi extraditado para a Alemanha Ocidental a fim de ser julgado pelo assassinato de 900 mil homens, mulheres e crianças. Diante dos juízes, Stangl reconheceu a sua participação nas mortes, mas montou a que se tornaria conhecida como a "Defesa de Nuremberg": como outros nazistas no Tribunal Militar Internacional, ele alegou que apenas "seguira ordens". "A minha consciência está limpa", afirmou, sentado no banco dos réus em 1970, "Eu estava apenas cumprindo o meu dever". Para a infelicidade dele, porém, esse tipo de defesa já tinha sido considerada inadmissível em Nuremberg, pois todo soldado tem o direito, garantido pelo Direito Internacional e pelas Leis de Guerra, de negar-se a cumprir qualquer ordem considerada imoral. E não pode haver ordem mais imoral que a dada por Himmler – assassinar quase 1 milhão de civis em câmaras de gás – e cumprida por Stangl, com entusiasmo e sem questionamentos. Como esperado, Stangl foi declarado culpado e sentenciado à prisão perpétua no dia 22 de outubro de 1970. Tivesse ele sido julgado logo ao fim da guerra, a sua pena seria o enforcamento. Em 28 de junho de 1971, Stangl morreu de parada cardíaca na prisão de Düsseldorf, aos 63 anos de idade. Poucas horas antes da sua morte repentina, ele concedera à escritora Gitta Sereny a sua entrevista final. Sereny a considerou como o momento em que Stangl esteve mais perto de assumir a responsabilidade pelos terríveis crimes que cometera. "Na verdade, eu também tenho culpa", disse Stangl. "Porque a minha culpa... a minha culpa... apenas agora, nessas conversas, eu falei tudo pela primeira vez..."

Enquanto isso, Mengele continuava a levar uma vida encantada na América do Sul, enturmando-se com a alta sociedade dos cafés portenhos, bem diferente da vida mais marcada por aperto econômico, solidão e isolamento que Eichmann levara.

O "Anjo da Morte" nunca demonstrou qualquer sinal de arrependimento pelos seus terríveis crimes. "As cartas e anotações de Mengele confirmam que a sua consciência política e cultural permaneceu presa ao ano de 1945 e que ele nunca foi capaz de admitir nada de reprovável nas atrocidades cometidas dentro do seu laboratório em Auschwitz. Ele acreditava apenas estar matando pessoas já sentenciadas à morte."

Mengele começou a vida em Buenos Aires trabalhando na construção civil, mas logo depois usou o dinheiro da sua família para comprar metade de uma empresa farmacêutica, a Fadro Farm. Divorciado da primeira esposa, casou-se com Martha Mengele, viúva do seu irmão mais novo. As bodas foram realizadas no Uruguai, após as quais Martha e o filho de 14 anos, Dieter, passaram a morar com Mengele.

Durante o seu período na Argentina, Mengele manteve contato com outros altos oficiais nazistas. Entre eles estava um dos mais habilidosos pilotos da *Luftwaffe*: Hans-Ulrich Rudel, homem que recebera a Cruz de Cavaleiro da Cruz de Ferro, com Folhas de Carvalho, Espadas e Diamantes, a mais alta condecoração do Reich. Mengele também montara uma clínica onde praticava, entre outras coisas, abortos ilegais; chegou até a ser preso pela polícia por um curto período de tempo depois da morte de uma das suas pacientes.

Quando Adolf Eichmann foi sequestrado à porta da sua casa em Buenos Aires por agentes israelenses, em 1960, Mengele passou a temer por si. O medo era justificado, pois o Mossad tinha mesmo o identificado, mas decidiu não capturá-lo por ora. Além disso, eles já tinham Eichmann em um esconderijo na cidade e seria difícil para o serviço de inteligência de Israel levar dois conhecidos criminosos de guerra nazistas, ao mesmo tempo, para fora do país sem ser descoberto pelas autoridades. Um dos agentes do Mossad chegou a ver Mengele na rua, e isso foi o mais perto que os israelenses estiveram de prendê-lo. Mengele reagiu imediatamente a essa ameaça real fugindo para o Brasil e, depois, para o Paraguai, onde obteve um passaporte paraguaio sob o nome de "José Mengele". Nesse país, viveu na colônia alemã de Hohenau. O ditador paraguaio, Alfredo Stroessner, era descendente de alemães e recrutara muitos nazistas para ajudá-lo em seu governo. Depois de um tempo, Mengele voltou ao Brasil e começou a trabalhar como administrador de uma fazenda na cidade de Nova Europa, no interior do Estado de São Paulo. A fazenda onde morava era propriedade da família Stammer, constituída por imigrantes húngaros, que desconheciam a verdadeira identidade de Mengele, mas obviamente imaginavam tratar-se de um fugitivo nazista.

Em 1974, a relação de Mengele com os Stammer terminou. A crescente paranoia do alemão de ser sequestrado pelos israelenses fizera dele um funcionário difícil e desaforado. Hans-Ulrich Rudel, bastante ativo entre os ex-companheiros nazistas, sugeriu a Mengele mudar-se para a Bolívia, onde ficaria próximo de Klaus Barbie, o chefe da SD na França durante a guerra, conhecido como o "Carniceiro de Lyon" e ex-informante da CIC. O "Doutor da Morte" rejeitou a ideia e foi morar em uma casa modesta, em um subúrbio de São Paulo. Em 1977, o seu filho Rolf, do primeiro casamento, foi visitá-lo em segredo no Brasil. O rapaz ficou estarrecido ao descobrir que o pai continuava um nazista empedernido e pronto para justificar as suas experiências odiosas com crianças em Auschwitz.

Mengele faleceu aos 67 anos, enquanto nadava na praia de Bertioga, Brasil, no dia 7 de fevereiro de 1979. As causas podem ter sido afogamento ou um derrame. Foi enterrado com o nome de "Wolfgang Gerhard", identidade falsa que vinha usando desde 1976. Em 1985, a polícia da Alemanha Ocidental, que havia emitido um mandato de prisão para ele décadas antes, invadiu a casa de um amigo da família Mengele na cidade natal do médico, Günzburg. Lá, descobriu-se vasta documentação relativa às mais de três décadas que Mengele passara fugindo, inclusive com detalhes sobre o seu enterro no Brasil. Em 6 de junho de 1985, as autoridades brasileiras permitiram que o suposto túmulo de Mengele fosse aberto e o corpo exumado e examinado. Os exames forenses concluíram que os restos mortais muito provavelmente eram do nazista; em 1992, um teste de DNA confirmou essa probabilidade, resolvendo para sempre a dúvida sobre a sua sobrevivência. Mengele conseguiu passar 34 anos em fuga.

Um ponto macabro a marcar o fim desta história: os ossos de Mengele estão armazenados no Instituto Médico Legal de São Paulo porque a família dele se recusou a retirá-los.[25] Em certo sentido, os ossos de Mengele representam a história dos fugitivos nazistas; assim, como os restos mortais do médico ainda não são um caso encerrado, tampouco o é a quantidade de nazistas que andam soltos por aí, mesmo mais de seis décadas após o fim da guerra.

---

25. SIMONS, Marilise. "Remains of Mengele Rest Uneasily in Brazil". *New York Times*, 14 de março de 1988.

SS Capítulo 4

Kamaradenwerke

A minha principal questão na época era o fato de os fuzilamentos significarem um fardo considerável para os homens encarregados da tarefa. O uso dos caminhões de gás livrou-os desse fardo [...]

Ex-SS-Standartenführer Walter Rauff, sobre a evolução das câmaras de gás. Chile, 1972.

Ao longo dos anos 1980 e 1990, outros fugitivos nazistas foram morrendo em liberdade na América do Sul. Embora todos tenham sido caçados por governos europeus, pelos israelenses e por cidadãos interessados na sua punição, apenas um importante criminoso nazista foi arrastado para a Europa a fim de ser julgado por seus numerosos crimes; os demais encontraram abrigo e proteção sob o guarda-chuva de ditaduras, ou continuaram a mudar-se de um lugar para outro com uma frequencia capaz de tirar os perseguidores da sua trilha mais de uma vez. Um desses últimos foi o ex-companheiro de Franz Stangl no assassinato em massa de judeus: o *SS-Oberscharführer* Gustav Wagner.

Antigo primeiro-sargento e segundo homem na hierarquia do Campo de Extermínio de Sobibor, na Polônia, Wagner escapara da Europa ao lado do seu ex-superior, Stangl, com a ajuda de dignitários do Vaticano durante a sua jornada. Em 12 de abril de 1950, Wagner tornara-se um residente permanente do Brasil sob o nome de "Günther Mendel".

O seu velho chefe Stangl havia sido preso e extraditado para a Alemanha Ocidental pela polícia brasileira em 1970. Wagner, no entanto, teve mais sorte. Permaneceu à vontade no Brasil durante a maior parte da década de 1970, mas, em 30 de maio de 1978, a polícia também o capturou. Os governos de Israel, Áustria e Polônia solicitaram a sua extradição, mas as autoridades brasileiras rejeitaram o pedido. Em 22 de junho de 1979, também a Alemanha Ocidental teve o seu pedido de extradição negado. Wagner tinha plena consciência das maquinações jurídicas armadas contra ele e, por isso, decidiu dar um passo à frente da lei: no mês de outubro de 1980, Gustav Wagner foi encontrado morto em um apartamento de São Paulo; a causa da morte foi uma facada no peito.[26] O advogado do nazista alegou que seu cliente cometera suicídio, embora a hipótese de assassinato não tenha sido descartada. Afinal, a muitos dos interessados no caso, parecia que Wagner poderia contar para sempre com a indiferença do judiciário brasileiro para proteger-se da extradição. Além disso, se confirmada, esta não terá sido a primeira vez que um fugitivo nazista é assassinado. Israel já o fizera pelo menos uma vez, quando ordenou ao Mossad assassinar Herberts Cukurs, um herói nacional da Letônia e membro dos *Einsatzgrüppen* responsáveis pelas mortes de mulheres e crianças, por meio das ações do famigerado Comando Arajs em 1941. Cukurs foi morto pelos agentes israelenses no Uruguai, em 1965.[27]

Outro importante fugitivo nazista a conseguir escapar da prisão por meio de um caminho de rato foi o *SS-Standartenführer* Walter Rauff. Nas décadas de 1970 e 1980, Rauff era considerado o principal criminoso de guerra nazista a continuar em liberdade. Coronel da SS, a sua carreira envolveu-o em algum dos piores crimes cometidos durante a Segunda Guerra. Rauff fora assistente do homem de confiança de Himmler, Reinhard Heydrich, entre 1938 e 1942, quando este foi assassinado. Rauff começou como oficial da *Sicherheitsdienst*, a temida Polícia de Segurança da SS. Nesse primeiro momento, em 1940, Rauff comandou a SD na Noruega ocupada. Entre os anos de 1941 e 1942, Rauff já fazia parte dos planos para a Solução Final, trabalhando no desenvolvimento dos caminhões de gás usados para matar centenas de milhares de judeus na União Soviética, antes da criação das câmaras de gás em alguns campos de concentração e extermínio. "Com a ajuda de um montador de chassis berlinense, Rauff supervisionava a modificação de inúmeros caminhões, para que a fumaça do escapamento fosse desviada para câmaras herméticas na parte de trás do caminhão", informou um relatório do MI5 sobre Rauff. "As vítimas morriam por intoxicação ou asfixia, por causa do monóxido de carbono acumulado no baú do caminhão, enquanto este se dirige para o lugar onde elas seriam enterradas. Os caminhões podiam transportar entre 25 e 60 pessoas por

---

26. YITZHAK, Arad. *Belzec, Sobibor, Treblinka: The Operation Reinhard Death Camps* (Indiana University Press), 1987.
27. WALTERS, Guy. *Hunting Evil: The Dramatic True Story of the Nazi War Criminals who Escaped and the Hunt to Bring Them to Justice* (London: Bantam Books), 2010, p. 452-464.

vez".²⁸ Em 1972, um jornalista perguntou a Rauff sobre a sua participação na criação dos caminhões de gás e se ele tivera alguma dúvida de que esses veículos substituiriam os fuzilamentos em massa levados a cabo pelas unidades do *Einsatzkommando*. "Não posso dizer", respondeu Rauff, então vivendo em Santiago do Chile. "A minha principal questão na época era o fato de os fuzilamentos significarem um fardo considerável para os homens encarregados da execução. O uso dos caminhões de gás livrou-os desse fardo [...]."

Entre 1942 e 1943, Rauff foi responsável pelo assassinato de mais de 2.500 judeus na Tunísia. A sua unidade havia exportado a Solução Final para o norte da África tão logo os britânicos sucumbiram a Erwin Rommel em Tobruk, no mês de junho de 1942. Por volta do ano de 1943, Rauff esteve em Milão, onde comandou todas as operações da Gestapo e da SD no noroeste da Itália. Foi capturado em maio de 1945, junto com muitos outros oficiais da SS, no Hotel Regina, de Milão, por tropas britânicas, que tiveram de forçar passagem em meio a uma multidão de pessoas furiosas e prontas para linchar os alemães escondidos no prédio.

Rauff foi enviado para um campo de prisioneiros de guerra em Rimini. Lá, foi considerado um caso especial pelo bispo pró-nazista Alois Hudal e, depois de fugir do campo e passar por vários conventos católicos, chegou às ocultas em Genova, onde recebeu a sua documentação falsa. Em 1948, Rauff já estava em Damasco, capital da Síria, onde foi contratado como oficial do serviço de inteligência sírio e tornou-se conselheiro militar do presidente Hosni Zaim. Houve um golpe de Estado no ano seguinte, e Rauff teve sorte de escapar com vida, pois todas as pessoas ligadas ao regime anterior foram assassinadas. Rauff cruzou a fronteira para o Líbano e de lá partiu para a Itália, onde graças ao seu passaporte falso ganhou um visto para o Equador. O incrível era que o nazista recebia ajuda do Mossad, que o usava como agente duplo, para ajudá-lo a penetrar nos países árabes. Israel, assim como os Estados Unidos, não punha reparos em recorrer a ex-nazistas quando o contexto político favorecia isso.

Em 1958, Rauff apareceu no Chile, onde trabalhou de gerente em uma fábrica de caranguejos em conserva, em Punta Arenas, extremo sul do país. O governo da Alemanha Ocidental sabia da sua localização e solicitou a extradição ao governo chileno, a fim de julgar o nazista por seus crimes. Em dezembro de 1962, Rauff foi preso pela polícia do

---

28. Security Service – MI5, "5 September 2005 releases: German intelligence officers", file ref. KV / 1970a, *'Walter Rauff'*.

Chile. Tudo indicava que ele ia passar o restante da vida atrás das grades em uma prisão da Alemanha Ocidental. No entanto, mesmo com a sua detenção, a suprema corte chilena indeferiu o pedido de extradição em 1963. Rauff estava novamente em liberdade. A Alemanha Ocidental pressionou o presidente Salvador Allende, mas ele se negou a reverter a decisão da corte. Mais tarde, quando o General Augusto Pinochet assumiu o controle do Chile, Rauff viu-se de volta ao centro do poder e passou a servir como conselheiro do serviço chileno de inteligência. Pinochet resistiu a todas as tentativas da Alemanha Ocidental para extraditar o foragido, sendo que a última delas ocorreu em 1983. Em 14 de maio de 1984, Walter Rauff faleceu de câncer de pulmão, em um hospital particular de Santiago. Nazista impenitente até o último dia de vida, o seu funeral foi um grande evento neonazista na cidade; um lembrete repulsivo da ajuda que tais países prestaram aos homens mais procurados do mundo.

O caso de outro fugitivo nazista bastante conhecido, no entanto, teve um desfecho mais satisfatório: o antigo *SS-Hauptsturmführer* Klaus Barbie, o "Carniceiro de Lyon", foi capturado e julgado por seus crimes. O caso de Barbie é um exemplo gráfico de como um criminoso de guerra foragido recebia ajuda dos americanos para escapar por um caminho de rato. Barbie tinha sido oficial da SD e chefe das operações contra a Resistência Francesa. Também ordenara ataques a judeus franceses e supervisionado a deportação de milhares deles para campos de concentração, inclusive o infame envio de 48 órfãos franceses de Izieu às câmaras de gás em Auschwitz.

Depois da guerra, Barbie permaneceu escondido até abril de 1947. Mais tarde, soube-se que ele era um agente do 66º Batalhão da Unidade de Contrainteligência (CIC) do Exército dos Estados Unidos, um dos muitos ex-membros da Gestapo e da SD usados pelos americanos nas primeiras fases da sua guerra ideológica contra a União Soviética.[29] Barbie mostrou-se um diferencial excelente para os americanos; por anos, ele comandou uma rede de espiões espalhados por França, Alemanha Ocidental e Oriental. Os americanos confiavam nele. Em 1949, porém, os franceses descobriram Barbie e, não sem motivo, exigiram que ele fosse entregue às autoridades francesas, para ser julgado pelos crimes cometidos na França ocupada. Os americanos temeram que a entrega de Barbie manchasse a reputação do seu serviço de inteligência militar, pois seria a prova de que eles empregavam fugitivos nazistas. Além disso, o

---

29. BOWER, Tom Bower, *Klaus Barbie, The Butcher of Lyons* (New York: Pantheon Books), 1984.

"Carniceiro de Lyon" conhecia muitos segredos que os americanos não tinham interesse em dividir com a França. Assim, os Estados Unidos ignoraram os pedidos da França e recorreram ao caminho de rato mantido pelo padre croata Krunoslav Draganovic. O gesto dos americanos, na prática, significou conceder a Barbie imunidade contra processos franceses pelas atrocidades que cometeu durante a guerra.

Em 1951, Barbie desembarcou na Argentina, com a mulher e duas crianças a tiracolo, para logo se mudar para a Bolívia, onde viveu sob o nome "Klaus Altmann". Na Bolívia, Barbie viveu exposto, colaborando diretamente com a ditadura fascista que governava o país. Embora tenha tido a identidade confirmada pelos caçadores franceses de nazistas Serge e Beate Klarsfeld, em 1971, o governo boliviano não demonstrou interesse em extraditá-lo. De fato, Barbie tomou parte no chamado "Golpe da Cocaína", em 1980, quando Luis García Meza Tejada tomou o poder. Barbie trabalhou para o serviço boliviano de inteligência, para o qual planejou a criação de campos de concentração para abrigar prisioneiros políticos e formulou técnicas de tortura eficazes, baseadas na sua experiência da Gestapo em Lyon. Além disso, fez fortuna administrando uma companhia de exportação de armas, que desviava armamentos fabricados pela Bélgica e Suíça para Israel, país que teve a importação de armas embargada depois da Guerra dos Seis Dias. No entanto, bastou apenas outro golpe de Estado para que a decadência de Barbie na Bolívia começasse.

No dia 19 de janeiro de 1983, Barbie foi preso pelo novo governo do presidente Hernán Siles Zuazo e em seguida extraditado para a França. O retorno de Barbie à França causou sensação no país, calando fundo na alma da nação que começava a lidar com o seu complicado passado colaboracionista. A volta de Barbie aos holofotes causou grande embaraço aos Estados Unidos; o Departamento de Estado não hesitou em emitir um pedido formal de desculpas à França, por atrasar em 33 anos a ação da Justiça em Lyon. Em 1984, Barbie foi a julgamento nessa cidade, mas permanecia um nazista empedernido: "Não há crimes de guerra", foi uma frase famosa sua. "Há apenas atos de guerra". Diante da acusação da promotoria francesa por crimes de guerra, ele diria: "Cumpri o meu dever. E esqueci. Se eles não esqueceram, o problema é deles". No dia 4 de julho do mesmo ano, Barbie foi declarado culpado por crimes de guerra e sentenciado à prisão perpétua. Antes de ser retirado da corte para cumprir a sua sentença, afirmou: "Quando eu estiver diante do trono de Deus, serei julgado inocente". Sete anos mais tarde, ele morreria na sua cela em Lyon, vítima de leucemia, de modo que se fez alguma justiça àqueles que padeceram por suas mãos.

Alguns criminosos nazistas conseguiram permanecer nos seus países natais e, graças a uma mistura de indiferença judicial e solidariedade humana tosca, conseguiram escapar de qualquer punição. O caso do antigo *SS-Oberscharführer* Karl Frenzel é um excelente exemplo disso. Embora suboficial com a patente de primeiro-sargento, era o terceiro na hierarquia de comando de Sobibor, trabalhando sob as ordens do já mencionado Gustav Wagner. Frenzel chegou ao campo em 28 de agosto de 1942, pronto para pôr em prática a Operação Reinhard. Assumindo o posto de comandante do Campo nº 1, Frenzel foi responsável por ordenar a morte de 150 mil judeus nas câmaras de gás, nos fuzilamentos ou em outras formas de "punição". Segundo testemunhas, Frenzel também executou pessoalmente seis judeus.

Em 1966, Frenzel foi sentenciado à prisão perpétua, em um julgamento realizado na Alemanha Ocidental para punir os responsáveis pelas mortes em Sobibor. Após servir apenas 16 anos, Frenzel foi solto em 1982, por um detalhe técnico no processo, mas foi preso e novamente julgado pouco tempo depois. Declarado culpado e mais uma vez sentenciado à prisão perpétua, nunca cumpriu a sua pena: a corte o liberou, supostamente por causa do seu mau estado de saúde, e o homem saiu livre. Esse "mau estado de saúde", porém, não impediu o nazista de viver mais 14 anos em liberdade. Os últimos anos da sua longa vida foram passados em uma agradável casa de repouso na cidade de Garbsen, próxima a Hannover, onde veio falecer em 1996, aos 85 anos de idade.

Outro caso ainda mais recente é o do *SS-Standartenführer* dr. Martin Sandberger, que faleceu enquanto este livro era escrito. O seu caso demonstrou que muitas vezes o importante não é o que se conhece, mas quem se conhece. Se alguma vez os contatos familiares ajudaram algum nazista a livrar-se da prisão foi neste caso.

Dizem que vale a pena ter amigos nos altos escalões, e Martin Sandberger tinha muitos. Martin Sandberger fora comandante do *Sonderkommando* 1a, dos *Einsatzgrüppen* nos países bálticos. Foi responsável direto por milhares de mortes mas, no fim das contas, safou-se sem maiores complicações por suas boas relações com a elite governante da Alemanha Ocidental. Sandberger nasceu em 1911 e teve a sorte de ser filho de um dos diretores de um gigante conglomerado industrial alemão – a IG Farben. Nazista ardoroso desde 1931, alistou-se na SS cinco anos mais tarde. Em 1938, já obtinha a patente de *Sturmbannführer* (major) na polícia de segurança da SS, a SD, e os cargos de juiz assistente, médico, jurista e conselheiro do governo. Em junho de 1941, Sandberger foi posto à frente do *Sonderkommando* 1ª, parte dos *Einsatzgrüppen* A, encarregado de cumprir a assim chamada "Ordem do *Führer*" ao pé da letra e liquidar todos os judeus que encontrasse pelo caminho, à medida que a Alemanha incursionava na União Soviética. A sua unidade entrou em Riga, na Letônia, ao lado do *Sonderkommando* 2. Em conjunto, ambas as unidades incendiaram sinagogas, assassinaram 400 judeus e trataram de incitar grupos de letões antissemitas a promover *pogroms*. Em julho de 1941, a unidade de Sandberger passou à Estônia, e os seus homens fuzilaram 474 judeus e 684 comunistas, bem como numerosos ciganos e deficientes mentais. Sandberger também foi responsável direto pelo envio de 5.377 pessoas para os campos de concentração, sendo que muitas delas acabaram mortas.

No dia 10 de setembro de 1941, Sandberger promulgou uma ordem geral para a prisão de judeus, sendo que a sua unidade enviou 450 deles para um campo de concentração em Pskov, na Rússia, onde todos foram executados. Os superiores de Sandberger estavam extremamente satisfeitos com os seus feitos nos países bálticos e o promoveram a *Standartenführer* (coronel). Em 3 de dezembro de 1941, Sandberger assumiu o posto de chefe da SD na Estônia, retornando à Alemanha apenas em 1943. No outono, Sandberger foi enviado para o sul da Itália, onde assumiu o posto de chefe da Gestapo na cidade de Verona. Entre as suas responsabilidades estavam a prisão de judeus do norte do país e a sua deportação para Auschwitz para extermínio. Sandberger foi extremamente eficiente e enviou às câmaras de gás de Birkenau trens lotados de homens, mulheres e crianças.

Em janeiro de 1944, Sandberger foi alçado ao posto de chefe da Divisão A do Serviço de Inteligência Internacional da SS, parte do Departamento IV do Escritório Central de Segurança do Reich (RSHA). Nesse cargo, respondia diretamente ao *SS-Grüppenführer* Walter Schellenberg, o principal espião de Himmler. Sandberger mantinha os registros financeiros nacionais e internacionais da organização e servia de elo entre esta e o *Reichsführer*-SS, ou seja, o próprio Himmler. Após ser capturado pelos britânicos em 1945, Sandberger tentou usar os segredos a que teve acesso no serviço de inteligência para adiar, ou mesmo evitar, um julgamento por crimes de guerra. No começo, essa tática foi bem-sucedida: os britânicos, bem como os americanos, estavam mais que abertos a ex-agentes da inteligência alemã dispostos a revelar os seus segredos e ajudar no combate aos soviéticos. No entanto, a proposta foi por água abaixo quando todo o horror perpetrado pelos *Einsatzgrüppen* veio à tona no Ocidente e ficou claro que seria um constrangimento político deixar alguém como Sandberger longe dos tribunais.

Durante os julgamentos dos *Einsatzgrüppen*, ocorridos em Nuremberg entre 1947 e 1948, Sandberger foi acusado de crimes contra a humanidade, crimes de guerra e de pertencer à organização ilegal, a SS. O réu negou qualquer responsabilidade pelos assassinatos cometidos por sua unidade nos países bálticos, tentando pôr a culpa na polícia alemã e em membros rebeldes da guarda estoniana. O argumento foi rejeitado pelos juízes. Sandberger também alegou ter prendido e enviado 450 judeus para o campo de concentração de Pskov, com o intuito de protegê-los da infame "Ordem do *Führer*", acrescentando que não tinha conhecimento de que todos seriam executados. Com efeito, Sandberger disse ser responsável "apenas" pelas mortes que podiam ser-lhe atribuídas diretamente: cerca de 300 ou 350 pessoas. "Apesar dos protestos do réu contra os testemunhos contrários a si, as provas documentais e o seu próprio testemunho deixam evidente que ele trabalhou voluntariamente para executar a Ordem do *Führer*", foi a conclusão da corte. Como esperado, Sandberger foi declarado culpado de todas as acusações e condenado à forca, em setembro de 1947. O nazista, contudo, não tinha a intenção de aparecer no seu encontro com o carrasco, e o tribunal não contara com o apoio da sua família poderosa. A pena de morte foi confirmada em 1949, mas Sandberger, mais uma vez, não foi executado. Em 1951, a sentença foi subitamente comutada por prisão perpétua, por uma comissão de clemência sob a autoridade direta do alto comissário americano para a Alemanha, John J. McCloy.

McCloy havia obtido o cargo por pressão política do senador William Langer, do Estado da Dakota do Norte. Muitos dos eleitores de Langer tinham origem alemã, e parece que vários deles achavam que a pena de morte só devia ser dada aos nazistas mais importantes; segundo eles, sentenciar à morte os peixes pequenos envolvidos no Holocausto era antidemocrático e "antiamericano". Todavia, a verdadeira pressão para tirar Sandberger da forca veio da Alemanha. O pai do nazista era diretor de produção aposentado da IG Farben, empresa que construiu de propósito a sua fábrica de Monowitz, próxima a Auschwitz, para aproveitar-se do trabalho escravo dos prisioneiros. Ora, esse senhor valeu-se da sua influência considerável sobre o então presidente da Alemanha Ocidental, Theodor Heuss, para salvar o filho da punição merecida. Heuss entrou em contato com o embaixador americano James B. Conant e pediu-lhe clemência para Sandberger. Quem recusaria o pedido de um presidente? Certamente não os Estados Unidos, desejosos de manter a

Alemanha Ocidental ao seu lado, na guerra contra o comunismo. Para garantir ainda mais a salvação do filho, o pai de Sandberger conseguiu angariar bastante apoio entre a elite governante poderosa da Alemanha, tendo inclusive recebido cartas do ministro da Justiça, Wolfgang Hausmann, e do político Martin Haug. Outro apoiador foi o renomado advogado e vice-presidente do Parlamento, Carlo Schmid, que chegou a ponto de preocupar-se com as condições da prisão de Sandberger em Landsberg e discursou a favor da comutação da sua pena para prisão perpétua.

Em fins de 1957, Sandberger era apenas um dos quatro criminosos de guerra ainda atrás das grades das prisões da Alemanha Ocidental, um indício odioso da falta de interesse oficial dos alemães em punir os genocidas que viviam no país. Os amigos poderosos da família Sandberger, no entanto, logo fizeram com que o número de prisioneiros caísse para três, quando juízes da Alemanha Ocidental ordenaram a soltura do nazista, em 9 de janeiro de 1958. Em uma virada surpreendente dos fatos, um genocida, cujos crimes lhe valeram a pena de morte alguns anos antes, passou a estar livre para viver o restante dos seus dias na riqueza e no conforto, graças à cínica "reabilitação" que lhe foi garantida pelos amigos da sua família. Sandberger viveria mais 52 anos. No dia 30 de março de 2010, faleceu em Stuttgart, com a idade avançada de 98 anos, o que fez dele um dos poucos criminosos da SS a ter visto o século XXI. Não foi, contudo, o último comandante de um *Einsatzkommando* a sobreviver. Acredita-se que outro membro importante dos "grupos de ações especiais" de Himmler estivesse vivo, enquanto eu escrevia este livro, em 2010.

O dr. Hermann Hubig nasceu em 12 de março de 1912, e entre junho de 1941 e outubro de 1942 comandou um *Einsatzkommando*, durante a invasão alemã à União Soviética. Nacional-socialista de longa data, filiou-se ao Partido Nazista em 1933 e na SS em 1936. Genocida empedernido, Hubig passou um tempo trabalhando no Escritório Central de Segurança do Reich, mais especificamente no Departamento VI B (Serviço de Inteligência Internacional), com jurisdição sobre a Alemanha e a Itália. Em seguida, assumiu o comando do *Einsatzkommando* A, no dia 15 de setembro de 1941. A partir de 16 de outubro de 1942, o já *Sturmbannführer* Hubig é posto à frente do *Einsatzkommando* 1b.

Após a sua promoção a *SS-Standartenführer*, Hubig assumiu a chefia da SD em Praga. Hubig escapou de ser preso no fim da guerra, mudou o nome para "Helmut Haller" e simplesmente desapareceu. Os israelenses e os caçadores de nazistas creem que está vivo, mas pouco se sabe da sua vida e do que fez depois da guerra. Se realmente estiver vivo, já terá passado os 98 anos de idade, o que é possível. No fim das contas, Martin Sandberger chegou até essa idade e muitos outros fugitivos nazistas mencionados neste livro estão vivos, bem e na casa dos 90 anos. Todavia, a questão do destino do dr. Hubig permanece, por ora, em aberto.

Capítulo 5

O Dr. Morte

Ele matava o prisioneiro com uma injeção, cortava-lhe a cabeça e a deixava cozinhando por horas no crematório, até que toda a carne se desprendesse do crânio. Depois, preparava-o para servir de enfeite em sua mesa e nas de seus amigos.

Declaração de Josef Kohl, sobrevivente do campo de concentração de Mauthausen, sobre o dr. Aribert Heim, 18 de janeiro de 1946.

O coração do cineasta britânico Dov Freedman acelerava no peito, enquanto ele observava atentamente o ancião que caminhava com dificuldade em direção à porta de um casarão na estância termal alemã de Baden-Baden, em 2008. Freedman estava produzindo um documentário chamado *The Last Nazis* para a BBC e, até então, estivera seguindo o famoso caçador de nazistas israelense Efraim Zuroff, em sua tentativa de capturar o mais importante criminoso de guerra nazista, supostamente em liberdade. Freedman tinha 33 anos e estava dentro de um carro estacionado em uma rua bela e arborizada da cidade, quando lhe pareceu ter encontrado a sua presa. "A parte mais arrepiante foi quando vimos aquele velho", recordaria Freedman tempos depois. "Zuroff não estava conosco, porque chamaria muito a atenção, com os seus quase dois metros e o seu quipá na cabeça. Nós queríamos filmar a casa discretamente. Foi quando o meu diretor de fotografia disse: 'Não quero bancar o engraçadinho, mas tem um homem muito velho indo para a casa'. Vimos o homem e a mulher que o acompanhava; sabíamos que era a ex-esposa de Heim. Por cinco ou dez minutos pensamos que bem poderia ser ele."[30]

---

30. KASRIEL, Alex. "We scoured the world for Dr Death", de Alex Kasriel, Jewish Chronicle, 17 de setembro de 2009.

Os esforços de Zuroff e Freedman para encontrar o antigo *SS-Hauptsturmführer* dr. Aribert Heim, a quem a História chama de "Dr. Morte", levara-os ao Chile e à Alemanha, por uma trilha de pistas e rumores. A caçada a Heim tornara-se semelhante à procura pelo Monstro do Lago Ness. No Chile, havia pessoas afirmando terem visto recentemente um homem alto, falante do alemão, extremamente velho e com uma cicatriz no queixo: uma descrição perfeita do procurado número 1 do Simon Wiesenthal Center. Zuroff sabia que a filha ilegítima de Heim – Waltrauid – vivia em uma pequena cidade no sul do Chile chamada Puerto Montt, onde informantes locais disseram ter visto um homem que se encaixava na descrição de Heim. "A primeira coisa que pensei ao chegar no Chile foi que ali seria um bom lugar para esconderijo", disse Freedman. "Ele não apenas está distante da Europa e dos horrores da Segunda Guerra, mas também está separado do resto do continente pela Cordilheira dos Andes."[31] Tudo parecia bom demais para ser verdade e, com o oferecimento de uma recompensa de 315 mil euros, por informações que levassem à captura do "Dr. Morte", muita coisa estava em jogo. A filha de Heim finalmente concordou em conversar com Zuroff, afirmando nunca ter conhecido o pai, nem saber nada sobre o paradeiro dele. O caçador de nazistas sabia que a família de Heim era rica. Com efeito, esse é o principal motivo para se acreditar que ele ainda está vivo, mesmo que contando com 96 anos quando este livro foi escrito. As contas bancárias de Heim contêm quase 2 milhões de euros e foram congeladas pelo governo alemão, quando ele fugiu, no começo da década de 1960. Os seus filhos poderiam requisitar essa quantia, se pudessem oferecer uma prova da morte do pai, mas o dinheiro permanecia intocado até 2010. Para muitos, inclusive Zuroff, o fato de ninguém da família de Heim ter solicitado a fortuna constitui uma prova cabal de que o maligno médico continua vivo.

Dr. Zuroff ficou curioso para visitar a bela cidade de Baden-Baden, onde Aribert Heim trabalhou em paz na sua clínica de ginecologia, até ser identificado como criminoso de guerra e ter de fugir. A casa da família Heim era uma mansão branca, de estilo vitoriano, situada em um bairro calmo e repleto de verde; a ex-esposa de Heim ainda vivia nela. Ao ver a casa, Zuroff deu-se conta de que Heim poderia muito bem ter sido sustentado pela família, ao longo dos 50 anos que passou fugindo da justiça. Talvez Heim tivesse mesmo voltado escondido a Baden-Baden, a fim de viver em paz e liberdade os seus últimos anos, depois de

---

31. Ibid.

décadas enganando o mundo sobre o seu paradeiro. Zuroff recebera a informação de que um ancião alto estava morando na mansão da família Heim. As coisas pareciam estar fáceis demais. No fim, tratou-se apenas de mais uma pista fria. "Mostramos a filmagem para Zuroff e ele não achou que o velho fosse Heim", contou Freedman. "Faz 40 anos que ninguém vê uma foto dele".[32] O homem da filmagem era, na verdade, o novo marido da ex-esposa de Heim, por acaso também outro médico alto e aposentado. "Houve momentos nesses 12 meses em que eu realmente achei que Zuroff encontraria o cara", disse o cineasta, "mas você fica empolgado demais, quando está muito envolvido no assunto".[33]

Em março de 1979, o dr. Heim escreveu: "Logo em 1961 já me tinham prevenido de que eu não teria a mínima chance de um julgamento justo por minha época no KZ ["campo de concentração"]. Mesmo que só uma pessoa depusesse contra mim, disse quem me alertou, o seu testemunho seria tido como verdade".[34] Era extremamente difícil para ele provar, com as suas réplicas por escrito, as acusações de crime de guerra trazidas a partir da década de 1960, que era inocente das "calúnias" contidas nos "testemunhos", que começaram a surgir já em 1946.

O que fez Aribert Heim para ganhar a alcunha de "Dr. Morte" no campo de concentração de Mauthausen? De acordo com as testemunhas e caçadores de nazistas como Efraim Zuroff, Heim não passava de um sádico, que gostava de provocar dor nos prisioneiros judeus indefesos, sem qualquer motivo médico. O dr. Josef Mengele submetia judeus a dores excruciantes durante procedimentos que, para o médico, constituíam um verdadeiro programa de pesquisa médica, ainda que pervertidos e imorais. Heim, por sua vez, sequer camuflava as suas atividades com o rótulo de "pesquisa". Um dos atos sádicos associados a Heim desde Mauthausen era o seu gosto por decapitar prisioneiros, para depois usar os crânios como enfeite para a sua mesa de trabalho. Em janeiro de 1946, um sobrevivente de Mauthausen, Josef Kohl, fez a investigadores britânicos o primeiro relato que mencionou a decapitação de prisioneiros: "O dr. Heim tinha o costume de olhar os dentes dos prisioneiros, para saber se todos estavam em perfeitas condições. Se sim, ele matava o prisioneiro com uma injeção, cortava-lhe a cabeça e deixava-a cozinhando por horas no crematório, até que toda a carne

---

32. Ibid.
33. Ibid.
34. "From the Briefcase of Dr Aribert Heim". *New York Times*, 4 de fevereiro de 2009.

se desprendesse do crânio. Depois, preparava-o para servir de enfeite na sua mesa e nas dos seus amigos".[35]

Heim é um homem de dois metros de altura. Estudou medicina em Viena, formando-se em 1939. Nascido na cidadezinha austríaca de Bad Radkersburg, seu pai fora chefe de um distrito da *Gendarmerie*, a polícia local. Em 17 de abril de 1940, Heim apresentou-se para receber treinamento no Batalhão de Reserva da SS *Deutschland*, em Munique, e, de acordo com um histórico pessoal que escreveu à mão décadas mais tarde, serviu na invasão da França apenas como "motorista". No dia 1º de agosto de 1940, ele foi promovido a *SS-Untersturmführer* (segundo-tenente) do Batalhão Médico de Praga. Mais tarde, passou para o departamento cirúrgico da Cruz Vermelha de Belgrado, na então Iugoslávia. Heim foi transferido em abril de 1941de volta para a Alemanha, onde começou a trabalhar no campo de concentração Oranienburg, próximo a Berlim. Ali, segundo diz, foi apenas assistente do departamento cirúrgico. Heim permaneceu em Oranienburg até 19 de junho, quando foi realocado para o campo de concentração de Buchenwald, onde alega ter sido apenas "médico dos soldados que guardavam o campo".[36] Um dia depois de sua chegada a Buchenwald, o seu irmão mais velho foi morto em batalha em Creta, onde servia como paraquedista da *Luftwaffe*. O próximo posto que Heim assumiria, em 14 de julho de 1941, foi na *Leibstandarte-SS Adolf Hitler* do distrito de Lichterfelde, regimento de elite responsável pela segurança do *führer*. Mais uma vez, Heim escreveu no seu histórico ter servido apenas como oficial-médico. Em todo caso, ele também relata que foi emprestado a Mauthausen, em outubro de 1941, para trabalhar como oficial-médico junto aos guardas alemães e como cirurgião na enfermaria para os prisioneiros. Heim alega ter passado apenas sete semanas em Mauthausen. Essas sete semanas, porém, bastaram para que ele se tornasse conhecido no sistema de campos de concentração e recebesse o apelido de "Dr. Morte".

Alega-se que Heim trabalhava ao lado do farmacêutico de Mauthausen, o *SS-Obersturmbannführer* Erich Wasicky, em uma série de experiências que pareciam ter o objetivo de determinar quanto tempo diferentes substâncias levavam para produzir uma parada cardíaca em pessoas. Heim foi acusado de matar numerosos "pacientes" injetando-lhes diversas substâncias venenosas no coração, inclusive gasolina. O austríaco Wasicky, por sua vez, era um colega de trabalho que participava da

---

35. MEKHENNET, Souad; KULISH, Nicholas. "Uncovering Lost Path of Dr Aribert Heim, a Most Wanted Nazi Doctor in Egypt", *New York Times*, 5 de fevereiro de 2009.
36. "From the Briefcase of Dr Aribert Heim". *New York Times*, 4 de fevereiro de 2009.

triagem e execução de prisioneiros nas câmaras de gás, tanto em Mauthausen como no Castelo de Hartheim, onde os alemães conduziam o T-4, seu programa ilícito de eutanásia, sob a supervisão de Franz Stangl. Wasicky serviu em Mauthausen, entre os anos de 1941 e 1944; participou diretamente nos testes de caminhões de gás levados a cabo por Walter Rauff, como parte do Programa T-4. Doze mil pessoas morreram em caminhões de gás, ao passo que mais 3.100 foram executadas nas câmaras de gás do Instituto Hartheim. De fato, Wasicky foi o médico da SS responsável pela instalação de câmaras de gás em Hartheim e Mauthausen. Além disso, era ele quem entregava as latas de Zyklon-B aos suboficiais da SS que, por sua vez, atiravam os cristais por uma abertura no teto da câmara, para matar quem estivesse dentro dela.

Por ser farmacêutico, Wasicky era obviamente a pessoa mais indicada para ajudar Heim nas suas supostas experiências, conduzidas no hospital de campanha em 1941. Ao contrário do colega, porém, não conseguiu fugir do país ao fim da guerra. Foi preso e julgado por assassinato em um tribunal militar dos Estados Unidos em 1945. Declarado culpado em 13 de maio de 1946, Wasicky foi enforcado na prisão de Landsberg, Alemanha, em 28 de maio de 1947.

Karl Lotter, prisioneiro judeu destinado a trabalhos forçados no hospital de campanha em Mauthausen, afirma ter testemunhado Heim matar um dos outros prisioneiros. Segundo Lotter, o dr. Heim demonstrou interesse em um prisioneiro de 18 anos, encaminhado ao hospital para ser tratado de uma inflamação no pé. Heim parece ter ficado fascinado com o fato de o rapaz ter bom estado de saúde, mesmo estando em um campo de concentração. Heim fez-lhe perguntas sobre a sua vida e descobriu que o prisioneiro era jogador de futebol. Ainda segundo o testemunho de Lotter depois da guerra, Heim deu ordens para que o prisioneiro fosse anestesiado e posto em uma mesa de operação. Heim então tratou de abrir-lhe o ventre e remover os rins, para depois castrá-lo. Por fim, Lotter afirma, Heim decapitou o rapaz. Algum tempo depois, o seu crânio apareceu na escrivaninha de Heim, servindo como peso de papel. Um ato como esse não pode ser nada mais que sadismo, carente de qualquer motivo médico. Decapitações e pesos de papel humanos são duas coisas lembradas por vários dos sobreviventes de Mauthausen que puderam observar as atividades de Heim. Em 1950, Lotter disse sob juramento: "Ele [Heim] precisava da cabeça por causa dos dentes perfeitos. Dentre todos os médicos de Mauthausen, o dr. Heim era o mais terrível".

Menos de um ano após as idas e voltas de Efraim Zuroff e Dov Freedman entre Chile e Alemanha à caça de Aribert Heim, um homem entregou uma velha e poeirenta maleta em couro a um correspondente do *New York Times* no Cairo, Egito. O exame do conteúdo da maleta parecia resolver o mistério da vida de fugitivo levada por Heim que, ainda segundo informações encontradas na maleta, teria falecido havia mais de uma década. Alguns oficiais da polícia forense alemã receberam autorização para viajar até o Egito e verificar a história. Depois de uma análise cuidadosa da maleta e do seu conteúdo, declararam: "A análise do pó mostrou que a maleta está mesmo há anos no norte da África".[37] Além disso, confirmaram que a caligrafia nos documentos era de Heim. Rüdiger, um dos filhos de Heim, já havia dito antes que o pai tinha se estabelecido no Cairo, onde veio a falecer em 1992 por causa de um câncer retal. Rüdiger chegou mesmo a afirmar que estava ao lado do pai no leito de morte. Mais interessante, porém, é a sua alegação de que o pai teria se convertido ao islã e mudado o nome para Tarek Hussein Farid, nome com o qual deu entrada no hotel Kasr el Madina, onde passou a última década da sua vida. Os proprietários desse hotel, a família Doma, encontraram a maleta no apartamento de Heim e guardaram-na. Só mais tarde é que a entregaram à sucursal do Cairo do *New York Times*.

A maleta continha um tesouro de documentos, entre eles artigos manuscritos por Heim sobre o tema que parece ter sido a sua obsessão: "A Décima Terceira Tribo de Israel" ou "O Império Casar". Também havia um estudo sobre o antissemitismo, um dos últimos temas que se esperaria que um criminoso de guerra nazista viesse a abordar. Esse estudo, datilografado em inglês, lista detalhadamente o número de judeus no mundo entre 1939 e 1947, incluindo na conta os 6 milhões exterminados pelos nazistas, o número total de "árabes semitas" e o "número total de habitantes da Palestina em 1918". Heim criou até uma lista de correio para distribuir o seu estudo, incluindo nela o nome de líderes mundiais e políticos americanos. A principal tese por trás da sua pesquisa parecia ser refutar a ancestralidade semita de um povo, que ele chama de cazares, ou "judeus não semitas". Segundo Heim, os descendentes dos cazares russos vivem nos Estados Unidos e formam o "lobby judeu". Tudo indica que o "Dr. Morte" queria denunciá-los como judeus fraudulentos. Ele chegou até a escrever uma carta de apresentação para o seu estudo, em que dizia aos seus destinatários: "deveriam estar cientes dos verdadeiros fatos da história e não esconder as suas identidades".[38]

---

37. ATRUSH, Sameral –; SPENCER, Richard. "Nazi fugitive "Dr Death" Aribert Heim identified in Egypt by briefcase documents", *Telegraph*, 14 de agosto de 2009.
38. HEIM, Dr. Aribert. "Report Antisemitism 1977", Extraído de: *"From the Briefcase of Dr Aribert Heim", New York Times*, 4 de fevereiro de 2009.

A maleta também continha réplicas de Heim às acusações feitas contra si por sobreviventes judeus de Mauthausen, um histórico pessoal da sua vida até a década de 1950, documentos para solicitações de visto em nome de "Ferdinand Heim" e "Tarek Hussein Farid", e um atestado de óbito egípcio neste nome emitido em 1992. A maleta continha até uma cópia de um artigo de 1979 da revista *Der Spiegel* sobre a atuação de Heim nos campos de concentração; o alvo da reportagem tinha sublinhado em vermelho todas as passagens de que discordava, acrescentando a palavra "calúnia" em alemão no canto superior esquerdo da página.

"Fico feliz pela confirmação de que meu pai viveu no Egito e tenho esperança de que em breve a sua morte será comprovada oficialmente",[39] declarou Rüdiger Heim. Essa comprovação, contudo, não veio até 2010, 19 anos após a suposta morte no Cairo.

Com base nos documentos encontrados na maleta de Heim, parecia que a comprovação da morte seria algo bastante simples. Seria de esperar que Rüdiger e seu irmão reclamassem para si a fortuna congelada do pai, mas isso até agora não foi feito. A análise da caligrafia não deixa dúvidas de que a letra nos documentos dentro da mala é mesmo de Aribert Heim. É a foto dele que aparece na papelada para a residência permanente no Egito, emitida entre 1963 e 1967; o número do passaporte, o lugar de nascimento (Bad Radkersburg, Áustria) e a data de nascimento (28 de junho de 1914) também conferem com os dados de Heim. O mais importante, no entanto, é o fato de uma série de documentos relacionados à permanência de certo alemão chamado "Tarek Hussein Farid", emitidos a partir de 1982 e presentes na maleta, também corresponderem exatamente aos dados de Heim. Um atestado de morte para Farid, de 10 de agosto de 1992, também é parte dos conteúdos da maleta, algo bem conveniente.

Caso fossem necessárias mais provas da identidade de "Ferdinand Heim", a maleta ainda trazia numerosos comprovantes das transferências de dinheiro para o Banco Nacional do Egito para Aribert Heim, feitas pela sua irmã, Herta Barth, em dezembro de 1970. "Não duvidamos de que a maleta pertenceu a Heim, nem de que ele esteve no Egito", declarou Efraim Zuroff em 2009. "Só não concordamos em que há provas de que ele morreu lá. Não há corpo, não há lugar de enterro, não há nenhuma prova de que ele morreu no Egito."[40]

---

39. ATRUSH, Sameral –; SPENCER, Richard. "Nazi fugitive "Dr Death" Aribert Heim identified in Egypt by briefcase documents", *Telegraph*, 14 de agosto de 2009.
40. Ibid.

Zuroff sempre mostrou que, se Heim está mesmo morto, por que mais de 2 milhões em euros continuam parados nos bancos alemães, sem que ninguém da família os vá reclamar? A maleta de Heim, e o seu conjunto de documentos, cheira a armação. Talvez Heim tenha sido enviado para outro lugar, com a ajuda da sua família. Talvez esteja no Chile, onde tem uma filha e um genro. Acaso a maleta não teria sido entregue para tirar os caçadores de nazistas da trilha?

Mais adiante retomaremos a questão da falta de cadáver levantada por Zuroff. Dov Freedman, por sua vez, também tem as suas dúvidas: "É uma história sombria. Há muita incerteza. Rüdiger afirma que Heim se converteu ao islã e estaria vivendo no Cairo. Chega a ser perfeito demais não haver outra pessoa para confirmar a história. O Egito é famoso por ser um lugar de difícil acesso. Tentamos ir para o Cairo e confirmar a história, mas negaram os nossos vistos".[41]

Um dos documentos encontrados na maleta era uma cuidadosa refutação, escrita por Heim em alemão, de todas as acusações por crimes de guerra feitas contra ele por sobreviventes judeus de Mauthausen. "Pensemos nessa acusação de eu – por puro tédio – ter submetido jovens a cirurgias forçadas sem anestesia, simplesmente para matá-los, ao arrancar órgãos vitais como coração, fígado, baço e intestino; tudo com a intenção de possuir crânios para fins pessoais", escreveu Heim em 19 de março de 1979. "Acaso um médico poderia ser acusado de algo mais cruel do que essas brutalidades e bestialidades?".[42] Heim irava-se especialmente com as acusações feitas por Simon Wiesenthal: "Em 1978, Wiesenthal disse na televisão que quando eu extraía os órgãos dessas pessoas, eu o fazia sem anestesia, ou seja, eu as tratava pior que um açougueiro ao matar animais. Nesse caso, eu teria de tê-las amarrado na mesa e, ainda assim, os seus gritos seriam ouvidos por todo o campo de concentração".[43] Heim disse ao seu filhor Rüdiger que ele tinha mesmo pensado em retornar voluntariamente à Alemanha, em 1979, para limpar o seu nome em um julgamento. Mais tarde, porém, passou a acreditar que o testemunho das vítimas judias seria considerado irrefutável e que, por isso, ele passaria o resto da vida atrás das grades.

Outro documento escrito por Heim, desta vez em inglês, era uma descrição detalhada dos seus afazeres diários em Mauthausen. Nota-se claramente a sua intenção de demonstrar que era apenas um simples

---

41. KASRIEL, Alex. "We scoured the world for Dr Death". Jewish Chronicle, 17 de setembro de 2009.
42. "From the Briefcase of Dr Aribert Heim". New York Times, 4 de fevereiro de 2009.
43. Ibid.

oficial-médico cumprindo as tarefas a que fora destinado: "O meu trabalho começava às 8 horas da manhã com o tratamento de soldados no quartel, que ficava fora do campo de prisioneiros. Essa visita durava cerca de duas horas. Em seguida, eu passava ao tratamento dos prisioneiros na enfermaria do campo, fazendo às vezes pequenas cirurgias de [...] furúnculos, abscessos. Depois, visitava a internação da enfermaria. Era assim que eu passava o período da manhã, das 8 às 13 horas".

Segundo essa descrição, as tardes de Heim também eram simples e nada controversas. "Pela tarde, mais visitas médicas aos soldados e aos pacientes da internação. Às vezes, eu verificava o muco cervical das mulheres no bordel e visitava parentes doentes dos soldados."

Heim admite apenas duas cirurgias mais complicadas durante as sete semanas que passou em Mauthausen: "Além disso, eu realizei duas operações de emergência, a saber: uma apendicectomia em uma prisioneira do bordel do campo e uma operação (hérnia e intestino) em um prisioneiro de 70 anos, que morreu logo depois da cirurgia por problemas de circulação".[44]

Heim nega veementemente que o campo tivesse a política de matar os seus prisioneiros como parte da Solução Final: "Durante a minha estada, entre os meses de outubro e novembro de 1941, não havia qualquer ordem para a eutanásia dos prisioneiros doentes e incapazes. Não se faziam triagens nem se injetavam substâncias letais nos prisioneiros".[45]

Heim punha muita ênfase nas suas negativas, dizendo nunca ter feito nada de errado. No entanto, todas as suas refutações parecem ter sido escritas enquanto ele estava escondido e usando um nome falso. A "defesa de Nuremberg", vale lembrar, já havia sido rechaçada pelos tribunais décadas antes: "Fui enviado para o Campo M. [Mauthausen], para servir de médico aos soldados que o guardavam e fiz o melhor que pude na enfermaria do campo. Não fui responsável pelas coisas que aconteceram ali, que podem ter tomado lugar durante a minha ausência, já que eu era médico apenas dos soldados".

A última frase não deixa de ser contraditória; afinal, Heim dizia algumas linhas antes que parte dos seus deveres era atender os prisioneiros. E o médico conclui: "Todos os outros fatos relatados no processos são tão novos para mim quanto para as autoridades que investigam o caso. Declaro isso como se estivesse sob juramento [...]".[46]

---

44. Ibid.
45. Ibid
46. Ibid.

Heim escreve que saiu de Mauthausen em 24 de novembro de 1942, para juntar-se ao hospital de campanha da SS em Viena. Por nove meses, ele seria um dos médicos no conselho responsável pela triagem de jovens alistados na SS. No dia 1º de setembro de 1942, ele foi promovido ao posto de *SS-Obersturmführer* (tenente). Como Josef Mengele, Heim também esteve em combate e, por pouco mais de dois anos, serviu na Sexta Divisão Montanhesa *Nord* da SS na Frente Oriental, primeiro no norte da Finlândia, onde foi ferido em ação. Recebeu a Cruz de Ferro de Segunda Classe, por sua bravura sob fogo cruzado, um distintivo da infantaria de assalto e um distintivo negro de ferido. Mais uma promoção vem em 20 de abril de 1944, agora para o posto de *SS-Hauptsturmführer* (capitão). Logo depois, Heim é enviado para a Frente Ocidental, nas montanhas dos Vosges (França), onde permaneceu de 1º de janeiro até 15 de março de 1945, quando foi capturado pelo exército americano.

Como muitos outros nazistas suspeitos de crimes de guerra, Heim não foi a julgamento enquanto permaneceu prisioneiro dos americanos. No meio da confusão que reinou ao fim das hostilidades, e com literalmente milhões de prisioneiros nas mãos dos Aliados, os criminosos de guerra viram que era relativamente fácil passar-se por outras pessoas de diferentes divisões do exército. No seu relato, Heim afirma que trabalhou como médico nos hospitais de campanha para os prisioneiros de guerra na França, entre 1945 e 1946, para, mais tarde, ser mantido em um campo na Alemanha, antes de ser solto em 1947.

Em 1948, vemos Aribert Heim clinicando em Bad Nauheim e no vilarejo de Jagstfeld, na Alemanha. Heim também jogava hóquei no gelo, em um clube da primeira cidade. Curiosamente, o médico tinha sempre o cuidado de não aparecer em nenhuma das fotografias tiradas da equipe. Essa parecia ser a única precaução que tomava para não ser preso por seus crimes de guerra. Entre 1950 e 1962, Heim clinicou em um hospital feminino de Ludwigshafen, passando mais tarde para Baden-Baden. Na época, publicou artigos sobre ginecologia em diversas revistas médicas, todos assinados com o seu verdadeiro nome. Em 17 de janeiro de 1957, Heim ganhou a cidadania alemã e já era suficientemente rico para comprar todo um prédio de apartamentos em Berlim; os aluguéis lhe davam dinheiro para manter uma vida bastante confortável na sua mansão em Baden-Baden. Como já dissemos, o dinheiro juntado por Heim nas décadas de 1950 e 1960 soma quase 2 milhões de euros, e todo ele está congelado nas suas contas bancárias, até que um dos seus filhos possa provar a morte do pai e reclamar o valor. O próprio Heim deixou de ter acesso a esse dinheiro desde os anos 1970, de modo que teve de receber ajuda financeira da família e de fontes desconhecidas para manter-se no seu esconderijo.

Heim só tomou ciência de que estava sendo procurado por crimes de guerra em 1961, quando o seu nome surgiu em depoimentos de sobreviventes de Mauthausen. A sua fuga no ano seguinte deveu-se mais à sorte que ao planejamento. Heim continuou trabalhando em Baden-Baden até ser alertado por um ex-nazista de que ele não teria um julgamento justo. "Ainda assim, não queria acreditar nisso e fiquei em casa", escreveu em 1979. "No outono de 1962, a polícia não conseguiu me prender simplesmente porque eu não estava em casa na hora".[47] Parece que Heim estava em Frankfurt desde maio de 1962, e foi lá que ele escreveu um novo testamento, dividindo os seus bens entre as suas duas irmãs e os seus dois filhos, já que estava divorciado. Também este documento foi achado na maleta poeirenta do Cairo em 2009. Outros documentos encontrados no Egito apontam que Heim fez a sua primeira solicitação de residência no país em 1963, sob o nome de "Ferdinand Heim",[48] sendo "Ferdinand" o seu nome do meio. De acordo com esses mesmos documentos, Heim pôde viver dos aluguéis recebidos do seu prédio de apartamentos em Berlim até a década de 1970, quando o governo da Alemanha Ocidental congelou as suas contas. Comprovantes de transferência bancária encontrados em 2009 mostram claramente que a sua irmã lhe mandava dinheiro.

Diante disso, o que dizer dos anos que Heim viveu às ocultas no Egito? O governo egípcio permanece hipersensível ao tema dos criminosos nazistas acobertados em seu país, chegando ao ponto de negar patentemente a presença do "Dr. Morte" nas suas terras. "Bobagem", disse certa vez o general Hamdi Abdel Karim, ministro do Interior. "Não há provas de que ele esteve aqui. Essa história é uma invenção". O Egito, assim como o Brasil e a Argentina, tem um passado sombrio envolvendo abrigo a foragidos nazistas. Heim, por sua vez, deve ter desfrutado de uma companhia familiar no Cairo dos anos 1960, pois muitos nazistas já estavam trabalhando para o governo egípcio.

Nas nações árabes, muitos líderes viam com bons olhos o ataque alemão aos judeus; para eles, o Holocausto era aceitável e inclusive ajudaria a resolver a questão palestina. Em fevereiro de 1945, diante da inevitável derrota dos alemães, Síria, Egito, Líbano e Arábia Saudita declararam guerra à Alemanha, com o intuito de serem aceitos como membros da nova ONU. Os seus governos, contudo, permaneceram, na

---
47. Ibid.
48. Ibid.

maioria dos casos, simpáticos aos nazistas. Como a Argentina de Perón, esses países decidiram empregar os fugitivos nazistas para os seus fins. Ao passo que Perón queria cientistas e engenheiros, o presidente egípcio Gamal Abdel Nasser queria os especialistas na propaganda feita por Goebbels*. Comentava Nasser: "Usaremos os serviços daqueles que conhecem a mentalidade dos nossos inimigos". O termo "inimigos" era usado por Nasser para referir-se ao nascente estado judeu de Israel, que faz fronteira com o Egito na Península do Sinai. Nasser abriu as portas do seu país para fugitivos nazistas e, mais tarde, rejeitou todos os pedidos de extradição feitos para que fossem julgados na Europa, inclusive os dos seus aliados na União Soviética e no Leste Europeu. Em 1953, enquanto ainda circulavam rumores de que Hitler continuava vivo, um importante jornal egípcio convidou pessoas de destaque para escreverem cartas ao *führer*. Anwar al-Sadat, que viria a ser presidente entre 1970 e 1981, escreveu: "Meu caro Hitler! Parabéns do fundo do meu coração. Mesmo que você pareça derrotado, você é na verdade um vencedor. Você conseguiu criar divergências entre o velho Churchill e os seus aliados, os Filhos de Satã [...]".[49]

O presidente Nasser ofereceu refúgio para alguns dos mais odiosos criminosos nazistas. Um deles foi Franz Bartel, que havia trabalhado como subchefe da Gestapo na cidade polonesa de Katowice. Em 1959, ele era um dos membros do departamento para assuntos judaicos do Ministério egípcio da Informação no Cairo, sob o nome de "El Hussein". O seu antigo chefe, outrora *SS-Standartenführer* Rudolf Mildner, também estava no Cairo. Mildner também tinha sido chefe de departamento político em Auschwitz, com a função de interrogar prisioneiros. Ao longo da sua carreira na ativa, mais de 2 mil poloneses foram executados sob seu comando. Em setembro de 1943, Mildner assumiu a chefia da Gestapo na Dinamarca, mas os judeus locais já tinham sido prevenidos sobre as apreensões alemãs e fugiram para a Suécia neutra. Depois dessa falha, Mildner foi transferido para a cidade de Kassel e depois para Viena, onde ficou na chefia da SD. Foi finalmente capturado em Linz, na Áustria, pelas tropas americanas em maio de 1945. Testemunhou contra o seu superior, Ernst Kaltenbrünner, nos Julgamentos de Nuremberg. Depois de ser liberado, em 1949, fugiu para o Egito, a fim de escapar de processos por crimes de guerra.

---

*N.E. Sugerimos a leitura de *Doutor Goebbels – Vida e Morte*, de Roger Manvell e Heinrich Franhel, Madras Editora.
49. TRAFFORD, David. "Beyond the Pale: Nazism, Holocaust denial and the Arab world", de David Trafford, *Searchlight*, junho de 2001.

Outro foragido nazista a trabalhar para o governo egípcio foi o antigo *SS-Untersturmführer* Wilhelm Bockler, fundamental na erradicação do Gueto de Varsóvia em 1944. No Cairo, ele trabalhava para o departamento para Israel do Ministério da Informação. Médicos também marcavam presença. Além de Heim, o antigo médico-chefe de Buchenwald, Hans Eisele, permaneceu no Cairo até a morte, em 1965. O antigo *SS-Gruppenführer* Alois Moser tornou-se instrutor de grupos de jovens paramilitares no Cairo, e Erich Altern (sob o nome de "Ali Bella"), ex-chefe regional da SD na Galícia (Europa Central), foi recrutado como instrutor nos acampamentos terroristas palestinos. A lista de ex-nazistas no Egito era longa e permanece extremamente embaraçosa para o atual governo egípcio, por isso as negações absolutas.

O regime antijudeu e anti-Israel chefiado pelo Coronel Nasser no Egito chegou ao ponto de adotar a ideologia nazista. Por exemplo, em 1959, criou-se no Cairo o Instituto para o Estudo do Sionismo, entidade que empregou diversos homens que trabalharam com Goebbels no Ministério da Propaganda alemão; entre eles estava Luis Heiden, tradutor de *Mein Kampf* para o árabe. Os livros foram distribuídos gratuitamente para os oficiais do exército egípcio.

O regime de Nasser também mantinha contatos com grupos neonazistas, incluindo-se aí a Frente Nacional Britânica. Muitas nações árabes passaram a negar o Holocausto. Em 1976, o representante saudita na ONU proferiu um discurso no qual afirmou que o diário de Anne Frank era uma falsificação e as câmaras de gás, uma invenção da "mídia de massas sionista".[50] Os sauditas chegaram mesmo a financiar o neonazista americano William Grimstad com 25 mil dólares, para que ele escrevesse uma coletânea de citações antissemitas ao longo da história. Na década de 1980, a Frente Nacional Britânica recebeu fundos das embaixadas da Líbia e da Síria em Londres.

Apesar de o Egito ter recentemente negado, existem montes de provas de que Heim esteve no Cairo. Jornalistas entrevistaram muitos habitantes da região, e todos eles se recordam de um "alemão" alto, até hoje lembrado com carinho por muitos dos que o conheceram, como a família Doma. Heim teria morado no hotel dessa família os dez anos que precederam a sua "morte". Segundo os egípcios que o conheceram, Heim caminhava horas todos os dias pelas abarrotadas ruas do Cairo. Os seus trajetos incluíam a mesquita de al-Azhar e uma passada no J. Groppi Café, onde comprava bolos para presentear os amigos e doces para os

---

50. Ibid.

filhos deles. As crianças chamavam Heim de "Tio Tarek".[51] Mahmoud Doma, filho do dono do hotel onde Heim morou, disse: "Ele era como um pai. Ele me amava e eu o amava".[52] Doma tem na lembrança um homem gentil, amigável e que falava árabe, inglês e francês, além do seu alemão nativo; um homem que estudava a sua versão em árabe do Alcorão; um homem que amava as crianças. No verão, Heim comprou uma rede e raquetes de tênis e improvisou uma quadra no telhado do hotel. Ali o médico jogava tênis com Doma e as outras crianças até o pôr do sol.

O aspecto mais problemático da história de Aribert Heim no Egito não foi a sua vida no Cairo, mas as circunstâncias da sua dita "morte" e do seu enterro. "Foi durante as Olimpíadas", disse Rüdiger sobre o falecimento do pai em 1992. "Havia uma televisão no seu quarto e ele estava assistindo às Olimpíadas. Isso o distraía. Ele deveria estar com dores muito fortes".[53] Os documentos médicos encontrados na maleta de Heim indicam que ele estava passando por um tratamento de câncer retal desde 1990 até a sua suposta morte. O atestado de óbito emitido registra que "Tarek Hussein Farid" tinha 81 anos de idade, mas Heim tinha na verdade 78 em 1992. De acordo com Rüdiger, seu pai deixou instruções para que o seu corpo fosse doado para a ciência, mas esse pedido era extremamente difícil de ser atendido em um país islâmico, onde o corpo não pode ser profanado e deve ser enterrado o mais rápido possível. Por isso, Rüdiger conta que ele e o amigo de seu pai Mahmoud Doma subornaram um dos chefes do hospital para poder enterrar o corpo na cripta da família Doma. No entanto, quando as autoridades descobriram a tentativa de ambos, forçou Rüdiger a enrolar o corpo do pai em lençóis brancos e pô-lo em um caixão simples de madeira, posteriormente enterrado em um jazigo comum e sem nome no Cairo. Se isso for verdade, não há qualquer chance de os investigadores virem a encontrar os restos mortais de Heim e realizar um teste de DNA para confirmar a sua morte, como fizeram no caso de Josef Mengele. "Penso que há mais coisa nessa história que ainda não sabemos", disse Dov Freedman. "Não sei se Heim ainda está vivo, mas penso que o seu filho Rüdiger sabe mais do que revelou. Infelizmente, é provável que nunca descubramos".[54]

---

51. MEKHENNET, Souad; KULISH, Nicholas. "Uncovering Lost Path of Dr Aribert Heim, a Most Wanted Nazi Doctor in Egypt", *New York Times*, 5 de fevereiro de 2009.
52. Ibid.
53. Ibid.
54. KASRIEL, Alex. "We scoured the world for Dr Death". *The Jewish Chronicle*, 17 de setembro de 2009.

Os passos de Rüdiger Heim depois disso levantaram suspeitas em não poucos caçadores de nazistas. No verão de 2008, ele tentou que o seu pai fosse declarado oficialmente morto, a fim de herdar a vultosa soma de dinheiro congelada nas contas bancárias da Alemanha. Rüdiger declarou que doaria tal quantia para caridade. Depois da descoberta da maleta cheia de documentos, que teve a sua autenticidade comprovada pela polícia alemã, Rüdiger disse que tentaria mais uma vez conseguir que o pai fosse declarado oficialmente morto. Zuroff disse que esse último desdobramento da caçada por Aribert Heim levantou "mais questões do que respondeu. Não há corpo, não há cadáver, DNA, túmulo – não podemos assinar embaixo de uma história como essa só porque ela parece ser uma semiexplicação plausível. Tenha presente que essas pessoas têm o interesse escuso de ser declaradas mortas. Tudo se encaixa perfeitamente nessa história, e aí está o problema: ela é perfeita demais".[55]

Guy Walters no seu livro *Hunting Evil* afirma que, na sua opinião, Heim morreu mesmo no Egito em 1992. Com efeito, Walters gasta muitas páginas do seu livro para criticar o saudoso Simon Wiesenthal; e a sua atitude para com o seu sucessor – Efraim Zuroff – é parecida. Para esse autor, a viagem de Zuroff para a Argentina e o Chile, em julho de 2008, não passou de "publicidade para promover o Wiesenthal Center, cujas principais atividades são combater o antissemitismo e defender Israel. A busca por nazistas é uma atividade de menor importância, mas é muito boa para 'fortalecer a marca'".[56] Walter afirma que a relutância de Zuroff em aceitar a "prova" da morte Heim é fruto do seu desejo egoísta de manter o "Dr. Morte" vivo na imaginação pública, pois "nazistas mortos não podem mais ser caçados, e sem nada para procurar, logo os caçadores de nazistas ficarão sem emprego"[57]. Walters não leva em conta os criminosos de guerra nazistas muito mais jovens, que Zuroff denunciou – muitos deles aparecem nas últimas páginas deste livro. Efraim Zuroff pode até gostar de estar na mídia, mas obteve resultados. E certamente não são os menores deles manter o interesse do público mundial nesses criminosos e renovar o desejo das pessoas em verem esses homens e mulheres diante da Justiça. É verdade que o dr. Heim representa o último foragido nazista de maior patente ainda em liberdade, mas o trabalho de Zuroff em encontrar os subalternos do mal foi

---

55. WROE, David. "Son of "Dr Death" Aribert Heim to escape charges for concealing Nazi father's existence", *The Telegraph*, 5 de fevereiro de 2009.
56. WALTERS, Guy, *Hunting Evil: The Dramatic True Story of the Nazi War Criminals who Escaped and the Hunt to Bring Them to Justice* (London: Bantam), 2009, p. 573.
57. Ibid. p. 573.

bastante frutuoso. Como é obvio, dentro de uma década provavelmente todos os criminosos nazistas remanescentes terão morrido de velhice, o que deixaria Zuroff sem emprego. Mas ainda restam uns anos de janela para que alguns dos piores criminosos da história possam ser levados à corte da opinião pública. Zuroff deveria ser parabenizado em vez de fustigado; ele é um dos últimos homens influentes que realmente se preocupa em fazer alguma justiça àqueles que sofreram e morreram no Holocausto.

Zuroff sabe que, se Aribert Heim ainda estiver vivo, são muito exíguas as chances de levá-lo a julgamento antes que a natureza siga o seu curso. Se estiver vivo, o médico já estará em idade bastante avançada, e o tempo estará acabando para ele e para os homens à sua procura. Se ele não morreu no Cairo em 1992, então provavelmente morrerá em liberdade em algum outro esconderijo incógnito.

Capítulo 6

A Realidade de *O Leitor*

Você não deve falar de coisas como essas, nunca. Isso é passado.

Antiga *SS-Helferin* Elfriede Rinkel, guarda no campo de concentração de Ravensbrück. São Francisco, 2006.

"Aqui, por mais de um acre de extensão, há mortos e moribundos pelo chão. Não se pode diferenciar um do outro...",[58] relatou o famoso repórter da BBC Richard Dimbleby, em 15 de abril de 1945, direto do famigerado campo de concentração de Bergen-Belsen, na Alemanha. Os homens da 11ª Divisão de Blindados do Exército Britânico se depararam com uma visão que nenhum daqueles jovens soldados viria a esquecer. "Os vivos estavam deitados com a cabeça apoiada nos cadáveres; ao redor deles movia-se a aterradora e fantasmagórica procissão de pessoas macilentas e perdidas, sem o que fazer e sem esperança de vida, incapazes de sair da frente, incapazes de olhar a terrível visão diante dos seus olhos [...]", continua Dimbleby. "Aqui nasceram bebês, coisas murchas e miúdas, que não podiam sobreviver [...] Uma mãe, enlouquecida, gritou com um sentinela britânico, para que lhe desse leite para ela dar ao filho. Depois, forçou aquela pequenez entre os braços do soldado e saiu correndo soltando gritos terríveis. O soldado abriu os panos que envolviam o bebê e descobriu que a criança estava morta havia dias. Esse dia em Belsen foi o mais horrível da minha vida".[59]

Bergen-Belsen, que não era campo de concentração, tinha se tornado, mais para o fim da guerra, em um depósito de dezenas de milhares de prisioneiros subnutridos e doentes, trazidos de campos de concentração mais ao leste, para evitar que fossem libertados pelo Exército Vermelho que avançava com rapidez. Fundado como um campo

---

58. DIMBLEBY, Richard. "Liberation of Belsen". *BBC News*, 15 de abril de 1945.
59. Ibid.

de trabalhos forçados no fim da década de 1930, a situação de Belsen mudou drasticamente com a chegada de um novo comandante em dezembro de 1944: *SS-Hauptsturmführer* Josef Kramer,[60] vindo direto de Auschwitz, onde fora responsável pelas câmaras de gás. Embora não existissem câmaras de gás em Belsen, havia fornos crematórios e brutalidade e inanição suficientes para garantir que as chamas se mantivessem acesas com os corpos de pessoas inocentes.

O campo de concentração Belsen continha judeus, ciganos, tchecos, poloneses, cristãos antinazistas e homossexuais. Sob o comando de Kramer, a população de prisioneiros estava em 15.257, sendo que as instalações foram projetadas para 10 mil. No dia 1º de março de 1945, o número de prisioneiros já tinha subido para 41.520; no dia 15 de abril do mesmo ano, quando foi liberado, Belsen estava abarrotado com mais de 60 mil pessoas. Rebentara uma epidemia de tifo, e a maioria do pessoal da SS tinha fugido, deixando os prisioneiros à própria sorte. Kramer permaneceu no campo, com oito voluntários da SS, para *ajudar* os britânicos e passar-lhes sem solavancos o cuidado do campo. O incrível é que os guardas da SS não se deram conta de que seriam considerados responsáveis pela estarrecedora tragédia que tomou lugar dentro dos odiosos portões de Belsen. Entre os guardas que permaneceram no campo para receber os britânicos, encontrava-se um grupo de mulheres cujas atividades ficariam tristemente famosas por seu sadismo e brutalidade.

Na imaginação popular, os perpetradores do pior crime da história geralmente são homens, mas as mulheres tiveram um papel determinante no extermínio dos judeus; em muitos casos essas mulheres, quase sempre jovens, rivalizavam e até superavam os seus colegas soldados da SS em sadismo e crueldade. A praticamente desconhecida atuação das mulheres na SS ganhou certa publicidade nos últimos tempos com o lançamento do filme *O leitor*, baseado no livro de mesmo nome escrito pelo alemão Bernhard Schlink.[61] Diferentemente da simpática guarda da SS "Hanna Schmitz" retratada no romance de Schlink, as trabalhadoras dos campos de concentração estavam entre os seres humanos mais desprezíveis que já viveram.

Era bastante pequena a porcentagem de mulheres servindo de guardas em campos de concentração: 3.700 entre 55 mil homens. As

---

60. Kramer foi julgado culpado de crimes de guerra e enforcado em Hamelin, em dezembro de 1945, aos 39 anos de idade, pelo famoso carrasco britânico Albert Pierrepoint.
61. SCHLINK, Bernhard. *The Reader* (London: Phoenix), 2008.

primeiras guardas femininas foram recrutadas em 1938, mas o recrutamento feminino aumentou consideravelmente em 1943, quando a SS enfrentou a falta de guardas masculinos diante de um sistema de campos de concentração gigantesco. Menos de um ano mais tarde, o *Reichminister* Albert Speer ordenou que a Alemanha estivesse pronta para a "Mobilização para a Guerra Total". Os anúncios nos jornais atraíram muitas moças operárias e de classe média baixa: enfermeiras, governantas, empregadas de fábrica, cabeleireiras, condutoras de bonde e professoras primárias. Muitas já tinham passado por uma doutrinação pesada na Liga das Moças Alemãs, versão feminina da Juventude Hitlerista. Muitas outras mulheres foram recrutadas à força em fábricas por ordem expressa de Speer.

As mulheres não podiam se alistar na SS propriamente ditas, que eram apenas para homens. Elas entraram então para a SS-*Gefolge* ("Comitiva da SS"), uma organização de serviço e apoio constituída apenas por mulheres. O treinamento durava de quatro semanas a seis meses e, em geral, tomava lugar no campo de Ravensbrück, perto de Berlim. As moças aprendiam sobre a corrupção da República de Weimar, como castigar prisioneiros e detectar sabotagens ou queda de rendimento no trabalho. Uma recruta lembrou-se anos mais tarde que cada membro do seu esquadrão tinha de espancar um prisioneiro judeu como parte do treinamento. Poucas se recusavam. Casaco cinza-esverdeado, saia, um distintivo com a águia da SS, botas pretas bem lustradas e uma boina enfeitada com uma águia prateada e uma caveira em posição um tanto lasciva; essas mulheres logo receberam diversas alcunhas dos prisioneiros por sua brutalidade. Levavam consigo uma pistola mantida em um coldre pendente da cintura e um chicote de couro ou um bastão, armas suficientes para fazer de algumas verdadeiros monstros. Também é fato terem sido comuns as relações sexuais entre homens e mulheres da SS nos campos de concentração, muitas vezes consideradas uma maneira fácil de aliviar a pressão dos assassinatos diários. "Elas foram completamente atraídas pela ideologia da SS, interessavam-se por esse modo de vida e concordavam com ele", escreveu o especialista em nazismo Eugen Kagan em um relatório de 1945 para o exército americano sobre as guardas femininas dos campos de concentração. "Ali, o "filho da mãe" interior de cada uma daquelas mulheres podia ser projetado em outras pessoas e chutado, com um entusiasmo que abriu uma avenida para o sadismo"[62].

---

62. HALL, Allan. "Nazi Women Exposed as Every Bit as Bad as Hitler's Deranged Male Followers", *Daily Mail*, 12 de fevereiro de 2009.

Seria uma generalização afirmar que todas as guardas femininas da SS eram sádicas e brutais; havia uma ou duas exceções a essa regra. Klara Kunig trabalhou como guarda de Ravensbrück e de um subcampo deste, chamado Dresden-Universelle, em meados de 1944. A chefe das guardas relatou que Kunig era educada demais para com os prisioneiros, não batia neles e que, em geral, tentava tratá-los como seres humanos. Como esperado, Kunig foi demitida em janeiro de 1945, tendo provavelmente morrido no bombardeio britânico a Dresden, que ocorreu logo depois.

Infelizmente, moças como Kunig eram completas exceções à regra. Uma das mais famigeradas mulheres da SS era uma jovem loura chamada Irma Grese. Conhecida como a "Bela Fera", ela trabalhou em Ravensbrück, Auschwitz e na seção feminina de Belson. Em 1943, em Auschwitz, Irma foi responsável por 30 mil mulheres prisioneiras que, muitas vezes, espancava e, não raro, matava a esmo com um tiro da sua pistola automática. "Todos os dias as cabanas eram rigorosamente checadas", escreveu a prisioneira judia Hanna Levy-Hass, no dia 6 de novembro de 1944, em um diário secreto que ela mantinha em Belsen. "As inspeções eram feitas por Irma Grese [...] uma jovem da SS, a 'ratinha cinza', de aparência elegante e atraente no seu uniforme bem ajustado e com as suas botas de cano longo belas e brilhantes. Arrogante e barulhenta, ela irrompe pela porta da cabana acompanhada de um soldado e o líder judeu do campo". O comportamento de Grese tinha um deliberado ranço de malícia: "A 'ratinha cinza' faz gestos exagerados, tem chiliques provocadores e solta gritos teatrais e calculados de horror sempre que vê pratos mal lavados ou uma cama feita sem o cuidado necessário. Ela é ótima em esbofetear o rosto das pessoas, de modo a produzir um estalo alto [...] rápida e subitamente, sem tirar a luva [...] o seu objetivo é intimidar, atormentar e humilhar".[63] Capturada em Belsen, no mês de abril de 1945, Grese foi condenada à morte pelo Tribunal militar britânico e enforcada pelo famoso carrasco Albert Pierrepoint, em dezembro do mesmo ano. Ela tinha 22 anos. Até hoje dizem que o seu fantasma assombra Belsen.

Outro exemplo de guarda feminina selvagem e repelente foi Ilse Koch, conhecida por suas vítimas como a "Cadela de Büchenwald". Ela era esposa do comandante do campo, o *SS-Hauptsturmführer* Karl Otto Koch. Costumava espancar e atirar nos prisioneiros, forçar uns a estuprar os outros na frente de todos. As cabeças cortadas de prisioneiros

---

63. *Diary Notes of Hanna Levy-Mass, September 1944-April 1945*, 6 *November 1944*, Women Guards in Bergen-Belsen, www.scrapbookpages.com, acesso em: 5 de outubro de 2010.

eram expostas publicamente por ordens suas. Koch percorria o campo montada em seu cavalo e escolhia prisioneiros que a desagradassem para levarem surras dos guardas da SS. Outro hábito seu era colecionar abajures e luvas feitos das peles tatuadas de prisioneiros mortos para esse fim. Há boatos de que ela e o marido desviaram milhões de *Reichmarks* durante o seu comando em Büchenwald, fraude lucrativa que continuou quando Karl Koch tornou-se comandante do campo de extermínio de Majdanek. Em 1945, esse casal de sádicos foi preso pela Gestapo. Além do roubo de enormes quantias de dinheiro, os Koch também teriam matado prisioneiros que sabiam demais. Karl Koch foi condenado à pena de morte por um tribunal da SS e fuzilado em Munique no mês de abril de 1945. A esposa, por sua vez, ficou presa em Weimar até o começo de 1945, quando foi inocentada e autorizada a viver com o restante da sua família na cidade de Ludwigsburg. Para a sorte das suas numerosas vítimas, Ilse Koch foi presa pelo exército americano e condenada à prisão perpétua em 1947. No entanto, em um episódio bastante confuso, Koch acabou perdoada e solta de maneira controversa em 1949. O clamor público foi tamanho que a mulher acabou recapturada pouco tempo depois e julgada na Alemanha Ocidental por participação no assassinato de 135 pessoas. Mais uma vez condenada à prisão perpétua em 1951, Ilse Koch suicidou-se na prisão, em setembro de 1967, aos 60 anos de idade.

    Ilse Koch era uma sádica de marca maior, mas não estava só nesse patamar. Dorothea Binz assistia, de mãos dadas com o namorado, os guardas da SS em Ravensbrück espancarem prisioneiras até a morte; Elisabeth Volkenrath enforcou pessoalmente algumas prisioneiras de Belsen; Juana Bormann, uma sádica de um metro e quarenta, tinha cães especialmente treinados para estraçalhar prisioneiros a um simples comando; e Maria Mandel era um monstro louro que adorava escolher crianças para enviar à câmara de gás.

    Segundo pesquisas da escritora britânica Sarah Helm, as guardas femininas da SS geralmente se enquadravam em duas categorias. A primeira era a das sádicas consumadas. A história delas é bem conhecida dos muitos julgamentos e execuções do pós-guerra; tratava-se de mulheres que desfrutavam a dor que o seu poder podia causar nos outros. A segunda categoria, muito maior, é constituída por aquelas que Helm chama de "criaturas patéticas", guardas que foram parar quase que por acidente nesse modo de vida e depois descobriam que não havia meios de sair". "Quase sempre elas vinham de famílias pobres; com pouca educação e desesperadas por sair de casa e ter uma vida diferente", escreve Helm. "Quando se trabalha em uma fábrica de munições, um emprego de guarda é bastante atrativo: salário melhor, quartos agradáveis, com certeza melhores que os de casa, e montes de bonitões da SS com quem sair".[64] Ambas as categorias de mulheres tinham algo em comum, que era a maneira como conseguiam desumanizar os seus prisioneiros, reduzindo-lhes a corpos sem valor, inumanos e descartáveis. A palavra alemã mais usada para referir-se aos prisioneiros era *dreck*, que significa imundice, esterco, lixo e escória. Toda moral e a decência normais eram abandonadas.

Muitas ex-guardas femininas da SS ainda vivem. A mais conhecida é Herta Bothe, nascida em 8 de janeiro de 1921 na cidade de Teterow, Mecklenburg. Ela trabalhou como promotora de vendas, operária e enfermeira antes de alistar-se como auxiliar na SS. Tinha sido também membro entusiasmado da Liga das Moças Alemãs. Em setembro de 1942, Bothe foi recrutada e enviada a Ravensbrück para um mês de treinamento. Completada a sua formação, Bothe foi mandada ao subcampo de Stutthof, próximo de Danzig (hoje Gdansk, Polônia), onde os seus atos lhe valeram o apelido de "A Sádica de Stutthof". Lá, espancava prisioneiros com vivacidade e não era contra fuzilar pessoas a esmo. Em julho de 1944, Bothe foi transferida para o subcampo de Bromberg-Ost; e, em 21 de janeiro de 1945, essa mulher, então com 24 anos, acompanhou uma marcha para a morte, desde a Polônia central até Bergen-Belsen, passando por Auschwitz. Bothe e a caravana chegaram a Belsen entre os dias 20 e 26 de fevereiro. Lá, Bothe recebeu o cargo de supervisora de 60 prisioneiras responsáveis por cortar lenha. Muitas dessas mulheres foram maltratadas e mortas por ela própria. Bothe gostava de atirar aleatoriamente nas prisioneiras que carregavam mantimentos da cozinha para as cabanas. Além disso, costumava escolher jovens doentes para espancar com um bastão de madeira. Sendo uma das guardas que se ofereceram para permanecer em Belsen e receber os britânicos, Bothe foi captada em uma famosa filmagem estando em posição de sentido com uma dúzia de outras colegas da SS. A loura Bothe chamava a atenção por sua altura: era a mulher mais alta que os britânicos prenderam na guerra.

Ao libertarem o campo de Belsen, os britânicos depararam com um desastre humano de proporções colossais. O índice de mortalidade por tifo e inanição era inimaginável de tão grande: mais de 18 mil pessoas tinham falecido em março e outras 9 mil na segunda metade do mês de

---

64. RENNEL, Tony. "Bitches of Büchenwald: Which death camp guard is the evil inspiration behind Kate Winslet's role in The Reader". *Daily Mail*, 24 de janeiro de 2009.

abril de 1945. Depois de os britânicos assumirem de verdade o controle do campo, mais 13.994 morreram até que se conseguisse controlar a fome e a epidemia no lugar. Para complementar esses números assombrosos, havia ainda 10 mil cadáveres insepultos, empilhados pelo campo como se fossem feixes de lenha. "O fedor tornou-se insuportável", recordou a prisioneira judia Fania Fénelon. "Diante de mim, uma pilha de cadáveres, equilibrados com cuidado uns sobre os outros, erguia-se geometricamente como um monte de feno. Como não havia mais espaço no crematório, os cadáveres foram empilhados ali". Moshe Peer, um judeu francês de 12 anos, que fora deportado do Campo de Prisioneiros de Drancy, perto de Paris para Belsen, pelo *SS-Hauptsturmführer* Alois Brunner (cf. capítulo 8), narra uma cena de completo horror: "Havia partes mutiladas dos cadáveres espalhadas por todo lugar e também corpos pelo chão, alguns vivos e outros mortos".

A solução britânica para o problema dos corpos em putrefação foi obrigar os membros da SS, inclusive as mulheres, a enterrá-los em grandes valas. Os britânicos negaram-se a dar máscaras e luvas ao pessoal da SS, de modo que muitos deles morreram de tifo, algo que só podemos descrever como "justiça poética". Os prisioneiros sobreviventes foram removidos para uma garagem dos veículos blindados alemães e, em seguida, todo o campo foi deitado ao chão por tanques do tipo Bren Carrier equipados com lança-chamas.

As guardas femininas da SS foram juntadas e mantidas presas, inicialmente, em um campo para prisioneiros de guerra em Recklinghausen ou no antigo campo de concentração de Dachau. O exército americano chegou a ter cerca de mil mulheres da SS sob sua custódia, mas a maioria delas foi liberada sem qualquer acusação, pois a prioridade era caçar e punir os homens da SS. Algumas mulheres, no entanto, chegaram a pisar em um tribunal, e acharam que tiveram sorte de ter sido capturadas pelos Aliados; as mulheres que caíram nas mãos dos soviéticos em geral foram fuziladas no ato ou enviadas aos gulags da Sibéria para cumprir penas longuíssimas. Herta Bothe foi a julgamento sob o risco de receber uma pena de morte, mas, no fim, foi condenada a apenas dez anos de prisão por ter atirado contra os prisioneiros. A sua sentença acabou sendo aliviada pelo governo britânico, por meio de um ato de clemência datado do começo de dezembro de 1951. Bothe casou-se logo em seguida e mudou o nome para Herta Lange. Em 1999, Bothe foi entrevistada – pela primeira vez desde o seu julgamento – sobre as suas ações como guarda da SS. Ela pareceu não se arrepender: "Cometi um erro? Não. O erro foi existir um campo de concentração, mas eu tive de ir. Do contrário, eu é que seria prisioneira lá. Esse foi o meu erro".[65]

Até 2010, Bothe continuava viva e bem na Alemanha, aos 89 anos de idade.

Outra ex-guarda feminina da SS que ainda vive é Luise Danz, nascida a 11 de dezembro de 1917 em Walldorf, Turíngia. Foi recrutada para a *SS-Gefolge* em 24 de janeiro de 1943, e trabalhou como guarda em campos de concentração em Plaszow, arredores de Cracóvia (é um dos campos retratados em *A lista de Schindler*), Majdanek, Auschwitz-Birkenau – os três na Polônia –, e Malchow, na Alemanha. Danz era tão boa no que fazia que recebeu uma medalha e foi promovida à patente de *SS-Oberaufseherin* (chefe de supervisão) logo que chegou a Malchow.

Após a guerra, ela tentou deixar-se cair no anonimato, mas foi identificada pelos investigadores e levada à corte, na ocasião do Julgamento de Auschwitz, em 1946. Condenada à prisão perpétua, a ex-guarda foi solta da prisão em 1956. Em 1996, contudo, ela foi mais uma vez julgada, agora na Alemanha, pelo assassinato de uma menina em Malchow; alegava-se que Danz, calçando botas de soldado, chutou até a morte a sua pequena vítima. A idade de Danz acabou contando a seu favor: um médico atestou que ela era muito idosa para ser submetida a julgamento, e as acusações foram retiradas imediatamente. Luise Danz segue viva na Alemanha, com 93 anos de idade.

A revelação dos servidores da máquina de extermínio nazista é uma experiência traumática não apenas para os próprios, mas também para as famílias e os amigos. Geralmente, as famílias ignoram o que os seus entes queridos fizeram no passado; quando emergem, as acusações acabam maculando a imagem que as pessoas faziam dessas anciãs amadas e aposentadas. Um bom exemplo disso foi a divulgação do passado de uma alemã de 83 anos de idade, que vivia em San Francisco em 2006. Elfriede Lina Rinkel vivia em um minúsculo apartamento, no último andar de um prédio situado em um bairro pobre da cidade. Trata-se de uma mulher atarracada, cega de um olho por causa da diabete e que caminhava com uma bengala, em consequência da artrite. O seu marido, Fred, um judeu alemão, falecera dois anos antes. Rinkel era benquista por amigos e familiares, mas havia meio século que ela escondia um terrível segredo. Esse segredo foi revelado pelo Departamento de Investigações Especiais, divisão do Ministério da Justiça criada em 1979

---

65. RAYMOND, Clare. "Nazi She-Devils", The Mirror, 21 de novembro de 2005.

SS-Obersturmbannfüher Adolf Eichmann. O homem que tornou a Solução Final uma cruel realidade para Himmler e Heydrich. Eichmann era um dos muitos nazistas procurados que escapou para a América do Sul depois da guerra. Ele foi localizado e sequestrado na Argentina pelos agentes do serviço secreto israelense e enforcado em Tel Aviv em maio de 1962.

SS-Hauptsturmführer dr. Josef Mengele (segundo a partir da esquerda), um dos médicos mais notórios dos campos de concentração nazistas, cuja pesquisa com gêmeos levou à morte de centenas de crianças. Fotografado relaxando em Auschwitz-Birkenau com colegas SS. Mengele morreu em liberdade no Brasil, em fevereiro de 1979.

Mengele (esquerda), em outra foto cândida de Auschwitz. Em terceiro lugar a partir da esquerda está o SS-Hauptsturmführer Josef Kramer, o sádico que administrava as câmaras de gás no campo, e que mais tarde foi comandante do campo de concentração de Bergen-Belsen. Os britânicos enforcaram Kramer em dezembro de 1945.
Foto meia página, inferior, legenda acima da foto.

Herta Bothe (direita), uma guarda SS feminina famosa em Bergen-Belsen, fotografada após sua captura pelos britânicos em 1945. Bothe, que ainda está viva, foi solta da prisão em 1951. Ela foi reconhecida com facilidade, por ter sido a mulher mais alta capturada pelos aliados.

Close de Herta Bothe em Bergen-Belsen. Ela foi caracterizada como uma supervisora cruel das prisioneiras que gostava de atirar a esmo nelas com sua pistola, entre outros crimes.

SS-Hauptsturmführer Franz Stangl (terceiro, a partir da esquerda), o infame comandante do campo de extermínio de Treblinka, na Polónia, onde por volta de 1 milhão de judeus foram envenenados com gás. Um ex-policial envolvido com o programa secreto de eutanásia dos nazistas, Stangl também comandou em Sobibor antes de ser transferido para a Itália. Aqui, ele foi fotografado em Trieste. Depois de ser um fugitivo na América do Sul por várias décadas, Stangl foi julgado e aprisionado na Alemanha, onde morreu em 1970.

A Realidade de *O Leitor* 103

SS-Hauptsturmerführer dr. Albert Heim, fotografado em 1950. Heim ainda está em muitas listas de mais procurados. O ex-médico do campo de concentração de Mauthausen viveu no Cairo por alguns anos depois da guerra, mas sua localização é desconhecida.

Capitão Sandor Kepiro, da Guarda Real Húngara. Procurado por participação em reunir famílias que depois eram executadas às margens do rio Danúbio durante o Massacre de Novi Sad, na Iugoslávia, em 1942. Dr. Kepiro foi acusado na Hungria, em fevereiro de 2011.

Um close de Aribert Heim, tirado em 1950. Sua cicatriz profunda no rosto está bem visível, e somada à sua altura, o médico SS era reconhecido com facilidade.

Um soldado Einsatzgrüppen assassina uma mulher russa e seu filho durante a campanha de "pacificação" brutal nazista na União Soviética, em 1941.

A Realidade de *O Leitor* 105

Ex-guarda ucraniano John Demjanjuk fotografado no tribunal, em 2001. Ele foi condenado recentemente na Alemanha. Durante décadas houve a suspeita de ele ter sido um guarda brutal, conhecido pelos prisioneiros como "Ivan, o Terrível", nos campos de extermínio de Treblinka e Sobibor, na Polónia.

Cartão de identificação da SS de Demjanjuk

Um sargento da SS "castiga" prisioneiros judeus em um campo de concentração.

SS-Obersturmführer Soren Kam. Um voluntário dinamarquês com altas condecorações, Kam, que hoje reside na Alemanha, é procurado na Dinamarca por assassinatos cometidos quando fazia parte de um esquadrão de assassínio que eliminou inimigos do Terceiro Reich.

A Realidade de *O Leitor* 107

Um grupo de guardas SS no campo de concentração de Belzec. Um deles, Samuel Kunz, foi exposto recentemente e levado a julgamento na Alemanha. Como em muitos casos envolvendo os remanescentes dos criminosos nazistas, Kunz morreu esperando julgamento em 2010.

Gudrun Burwitz fotografada com o pai, Reichsführer-SS Heinrich Himmler, durante a guerra. Burwitz ajudou muitos criminosos de guerra nazistas por meio de sua organização Ajuda Silenciosa e é ativa na política de extrema direita na Alemanha.

especialmente para identificar os nazistas que estavam nos Estados Unidos. Rinkel recebeu ordens de deixar o país, depois que documentos incriminadores descobertos na Alemanha davam conta de que ela tinha sido guarda feminina no famigerado campo feminino de Ravensbrück, onde cerca de 90 mil pessoas morreram.

Elfriede Rinkel, cujo nome de solteira era Huth, nasceu em Leipzig no dia 14 de julho de 1922. Ela foi recrutada entre as assistentes da SS na fábrica onde trabalhava e chegou a Ravensbrück em junho de 1944. Era uma jovem ruiva, de olhos azuis, de 22 anos. Aparentemente, a sua função no campo era tratar dos pastores alemães que a SS usava para intimidar, controlar e, às vezes, matar prisioneiros. Rinkel permaneceu no campo até abril de 1945. Em 1959, solicitou o visto de imigração para os Estados Unidos na cidade de Frankfurt. Quando se lhe pediu para listar o endereço de todas as casas onde havia morado, Rinkel teve o cuidado de omitir Ravensbrück. Em setembro de 1959, ela chegou à América e se estabeleceu em San Francisco. Três anos depois, casou-se com Fred Rinkel, um judeu alemão que escapara do Holocausto, refugiando-se em Xangai, China, antes de ir para os Estados Unidos. Fred nunca soube nada do passado da esposa na SS. "Você não deve falar de coisas como essas, nunca. Isso é passado",[66] declarou Elfriede em 2006.

Depois da ordem de deixar os Estados Unidos, Rinkel conseguiu esconder o motivo da sua partida até algum tempo depois de ter deixado o país. A cunhada acreditava que a mudança para a Alemanha se devia a problemas de saúde: "Nós até a ajudamos a fechar o apartamento, a comprar as passagens, a chegar no aeroporto e a comprar coisas para ela levar. Mas ela nunca disse qualquer palavra sobre o motivo da viagem". Ao descobrir o passado nazista de Rinkel, a família ficou tomada de descrença e choque: "Foi um nocaute. Tínhamos muitos amigos judeus na região de Oakland e Berkeley. Deve ter sido um choque para eles como foi para nós".[67]

Rinkel vive hoje com a irmã na pequena cidade de Viersen, próxima de Düsseldorf. Ela diz que nunca usou o seu cão de guarda como arma contra os prisioneiros de Ravensbrück, nem foi membro do Partido Nazista. As autoridades alemãs não se interessaram em levar o caso adiante porque, na lei Federal, apenas casos de assassinatos cometidos por nazistas devem ser considerados. Efraim Zuroff, do Simon Wiesenthal Center, diz que levar à Justiça guardas de baixa patente consumiria

---

66. MOORE, Michael Scott. "US Semi Elderly Widow Back to Germany". *Der Spiegel*, 21 de setembro de 2006.
67. HARDING, Luke."Shameful Secret of the Nazi Camp Guard who Married a Jew". *Guardian*, 21 de setembro de 2006.

tempo e trabalho demais, acrescentando que "a Alemanha está cheia de gente como ela".[68] Elfriede Rinkel, a guarda da SS que se casou com um judeu, está em liberdade na Alemanha aos 88 anos. É apenas mais uma entre as centenas de ex-funcionários de campos de concentração que lograram ficar longe dos holofotes – e das cortes – por mais de seis décadas.

Por incrível que pareça, uma ex-guarda da SS conseguiu até lucrar algum dinheiro graças à época em que trabalhou nos campos de concentração. Margot Pietzner serviu na SS em Ravensbrück e em dois subcampos deste: Belzig e Wittenburg. Capturada pelo Exército Vermelho em 1945, Pietzner foi levada a julgamento e, como não podia deixar de ser, condenada à morte. A pena, porém, não foi executada; de fato, mais tarde, foi comutada por prisão perpétua. No entanto, em 1956, depois da morte de Stalin, Pietzner foi solta. Casou-se posteriormente e mudou o sobrenome para Kunz. Logo após a reunificação da Alemanha na década de 1990, Pietzner, então na casa dos 70 anos, solicitou ao governo alemão um benefício, na qualidade de "vítima do stalinismo". O mais incrível é que essa ex-guarda da SS em três campos de concentração bastante conhecidos ganhou uma compensação de 64.350 marcos alemães. Os historiadores logo apontaram que Pietzner tinha servido a SS como guarda em campos de concentração e que ela havia mentido sobre a gravidade da sua prisão durante a ocupação soviética. Ela fôra, disseram, prisioneira em uma cadeia na Alemanha Oriental sob controle dos soviéticos; nunca a enviaram a um *gulag* siberiano. Ainda assim, Pietzner ficou com o dinheiro, o que irritou organizações judaicas e sobreviventes do Holocausto espalhados pelo mundo. Todos questionavam a decisão do governo alemão nesse caso.

O que faz o caso de Pietzner parecer ainda mais incomum é o fato de ela ter passado um tempo na prisão por seus crimes. Dentre cerca de 3.700 mulheres alemãs e austríacas que trabalharam na SS como guardas femininas nos campos de concentração, apenas 60 chegaram a ser julgadas entre 1945 e 1949. Dessas, 21 foram executadas, incluídas aí as dez enforcadas pelos britânicos. A maioria das guardas femininas simplesmente desapareceu, depois de elas terem sido soltas dos campos para prisioneiros de guerra administrados pelos Aliados. Casaram-se, mudaram de nome e, às vezes, de país, e levaram vidas pacatas e anônimas. O foco dos caçadores de nazistas estava quase que exclusivamente concentrado em capturar e punir os homens da SS. Contudo, como o

---

68. MOORE, Michael Scott. "US Send Elderly Widow Back to Germany". *Der Spiegel*, 21 de setembro de 2006.

punhado de exemplos deste capítulo demonstra, muitas dessas jovens da SS cometeram crimes inenarráveis nos campos de concentração, e é certo que muitas delas ainda estão vivas hoje. Talvez seja tarde demais para querer tomar medidas legais contra a maioria delas – por causa da falta de testemunhas vivas e de provas –, e a culpa disso é dos investigadores aliados que perderam a oportunidade de formalizar as acusações contra essas mulheres, quando a maioria delas era mantida nos campos para prisioneiros de guerra sob seu controle. Talvez o ponto mais importante ilustrado pela história das guardas femininas da SS nos campos de concentração é o fato de a brutalidade, o sadismo, a crueldade e a indiferença não serem prerrogativas exclusiva dos homens da SS: as mulheres tiveram uma participação tão perversa na máquina do Holocausto quanto um Franz Stangl ou um Josef Mengele. Em certo sentido, é difícil quantificar o comportamento das guardas femininas da SS, por ele ser demasiado diferente da imagem que fazemos das mulheres durante uma guerra. Isso tudo diz muito do êxito da doutrinação nazista das moças alemãs, capaz de fazer com que quase 4 mil delas colaborassem voluntariamente para a morte de milhões.

Capítulo 7

Ivan, o Terrível

Por favor, não ponha a corda no meu pescoço pelos crimes dos outros.

Antigo *SS-Wachmann* John Demjanjuk, Tel Aviv, 1988.

Há tempos que muita gente – e principalmente o Estado de Israel – vinha tentando descobrir a verdadeira identidade de um dos mais notoriamente sádicos funcionários do sistema alemão de campos de concentração. Muitos acreditavam que o homem que os prisioneiros judeus chamavam de "Ivan, o Terrível" é um mecânico de carros aposentado, do Estado americano de Ohio, chamado John Demjanjuk. Em maio de 2011, na Alemanha, ele foi julgado culpado de ter sido guarda de um campo de extermínio. A oportunidade de provar de uma vez por todas que Demjanjuk era de fato Ivan, o Terrível – guarda ucraniano da SS no campo de extermínio de Treblinka, responsável por atos depravados de sadismo brutal contra judeus que se encaminhavam para a morte – ainda não chegou. Mas muitos sobreviventes do Holocausto acreditam que John e Ivan são a mesma pessoa. Ele está hoje sendo julgado por ter sido guarda da SS em vários outros campos de concentração e extermínio, inclusive Sobibor. O seu caso é parte de um esforço recente para levar a julgamento os "soldados rasos" do Holocausto: guardas com baixa patente, que botavam os inocentes da Europa nos trens de carga e nas câmaras de gás. Demjanjuk recusa-se a admitir ter trabalhado em Treblinka, e os seus advogados argumentam que os processos contra seu cliente devem-se a um erro de identidade. Com efeito, há muitas dúvidas acerca da identidade desse idoso em julgamento e a do jovem sádico dos campos de concentração.

John Demjanjuk de Ohio nasceu com o nome de Ivan Mykolaiovych Demyanyuk, na pequena cidade ucraniana de Dubovi Makharyntsi, em 3 de abril de 1920. Na época, a Ucrânia tinha sido dividida entre a nascente União Soviética e o também nascente Estado polonês; Demjanjuk nasceu precisamente em meio a uma terrível guerra entre as duas nações recém-surgidas. Em 1952, Demjanjuk foi para os Estados Unidos, estabelecendo-se em Cleveland, Ohio, onde passou a trabalhar na indústria automotiva e teve vários filhos. Quanto ao seu histórico durante a guerra, desde cedo apareceram confusões. O criminoso de guerra nazista conhecido como "Ivan, o Terrível", foi um soldado do Exército Vermelho capturado pelos alemães em 1942. Não se tratou de um fato isolado, pois, durante o avanço triunfal da *Wehrmacht* pela União Soviética – a Operação Barbarossa –, literalmente milhões de soldados camponeses de pouca instrução foram presos e mantidos em grandes redutos, à medida que o Exército Vermelho, sentindo a falta dos seus líderes, executados durante os expurgos de Stalin em 1938, insistia em combater um inimigo numericamente inferior, mas muito mais moderno, ágil e determinado. Os alemães juntavam os soldados soviéticos em amplos campos de prisioneiros, geralmente a céu aberto, onde quase sempre os deixavam morrer de fome, doenças e brutalidade – um crime de guerra cuja responsabilidade recai principalmente sobre o exército regular alemão e não sobre a SS. Após alguns meses, os sobreviventes começaram a ser usados como mão de obra escrava e, como os judeus, trabalhavam literalmente até a morte. No entanto, os alemães perceberam que tinham à disposição uma fonte desperdiçada de mão de obra, que poderiam usar para outros fins.

Os prisioneiros ucranianos eram, em sua maioria, antissoviéticos e antissemitas, características que os tornavam candidatos perfeitos para a SS. Os soldados de Himmler enfrentavam uma insuficiência de homens, à medida que o exército alemão ficava com a maior parte dos recrutas, de modo que a SS foi obrigada a procurar por voluntários nas terras conquistadas. Como muita gente em toda a Europa era anticomunista e não muito amiga dos judeus, a SS aproveitou-se desses sentimentos e ganhou muitos recrutas, especialmente entre os direitistas, que antes de tudo haviam se oposto à guerra com a Alemanha. A SS recrutou inúmeros franceses, belgas e holandeses, além de finlandeses, dinamarqueses e noruegueses. Nos países bálticos, estonianos, letões e lituanos alistaram-se aos montes; havia mesmo um contingente britânico, formado principalmente pelos camisas-negras de *sir* Oswald Mosley, capturados quando estavam a serviço do exército britânico. Chamados de *Britisches Freikorps* ("Corpo Voluntário Britânico"), nunca contou com mais de três dúzias de membros e constituía um verdadeiro constrangimento para os nazistas.

Milhares de jovens ucranianos voluntariam-se para servir às forças alemãs. É crucial termos presente que o homem conhecido pelos sobreviventes como Ivan, o Terrível, era guarda do campo de extermínio de Treblinka, onde quase 1 milhão de pessoas morreram nas câmaras de gás. Prender e punir esse homem, não importa a idade que tenha hoje, seria um grande feito para os caçadores de nazistas.

O histórico de serviços prestados por John Demjanjuk durante a guerra o põe nos campos certos, na hora exata, para ele ser um bom candidato a Ivan, o Terrível. Ele foi capturado pelos alemães na Batalha de Kerch, no dia 18 de maio de 1942, e passou duas semanas confinado em um campo gigantesco para prisioneiros de guerra em Rivne. Depois, foi transferido para Chelm, Polônia, onde foi recrutado pela SS. Em julho de 1942, Demjanjuk foi enviado para o campo de concentração de Trawniki, a sudoeste da cidade polonesa de Lublin. O campo fora criado em 1941, e os primeiros prisioneiros a chegar foram soldados soviéticos e judeus poloneses. Em meados de 1942, judeus de Alemanha, Áustria e Tchecoslováquia juntaram-se aos primeiros. No total, cerca de 20 mil judeus passaram por esse campo, a maioria deles a caminho da morte no campo de extermínio de Belzec, isso quando não os fuzilavam nos bosques da redondeza. No fim de 1942, Trawniki tornou-se um centro de manufatura, com base na mão de obra escrava de judeus e outros prisioneiros, sendo que o Levante de Varsóvia, em abril de 1943, acelerou muito essa transformação: 10 mil trabalhadores e muitas fábricas de Varsóvia foram realocadas para Trawniki. Em maio de 1943, mais e mais judeus da Holanda, Bialystok, Minsk e Smolensk, ambas na União Soviética, foram enviados para Trawniki. Dez mil deles foram mortos, quando os alemães iniciaram a Operação *Erntefest*, no outono de 1943, que ocasionou a morte de 43 mil judeus no total.

Demjanjuk foi a Trawniki para aprender: "Lá te ensinavam a disparar pistolas, metralhadoras e submetralhadoras e a atirar granadas, e tudo isso em alemão", recorda um dos seus colegas de campo. Trawniki era o principal centro de treinamento para os ucranianos que se alistavam na SS. Lá, aprendiam a como ser soldados alemães e membros da SS. Além das práticas e do treinamento com armas, o campo também punha à disposição dos ucranianos os prisioneiros, para que aprendessem a dar ordens – sempre com a máxima brutalidade possível. Os recrutas recebiam uniformes de um marrom acinzentado, com colarinhos pretos e boinas dessa mesma cor, adornadas com uma águia e uma caveira, duas insígnias da SS. Armados com rifles *Mauser* ou pistolas automáticas, os ucranianos ainda traziam consigo um chicote feito de couro de boi.

Não se sabe ao certo a quantidade de ucranianos empregados pela SS. No geral, um campo de concentração possuía um pequeno contingente de membros alemães da SS, acompanhados por um pequeno grupo de suboficiais, também alemães, cada um administrando uma das diversas áreas do campo. A maior parte dos guardas comuns era composta por ucranianos que se alistaram para ser *SS-Wachmanner*.

Quem de fato executava os judeus nas câmaras de gás eram suboficiais alemães; os ucranianos, por sua vez, levavam as vítimas até as câmaras. E muito da violência testemunhada pelos presos era perpetrada por esses guardas ucranianos. Demjanjuk recebeu a sua identidade da SS, registro nº 1393, e no dia 22 de setembro ele foi designado como guarda para a fazenda de Okzow, próxima a Chelm, onde os nazistas instalaram uma destilaria, com mão de obra dos prisioneiros judeus. No dia 18 de janeiro de 1943, Demjanjuk foi transferido para o campo de concentração de Lublin, que entrou para a história como Majdanek. Lá, ele foi punido, com outros três guardas ucranianos, pelo suboficial que comandava o lugar – o *SS-Unterscharführer* Hermann Erlinger – por ter saído sem autorização para comprar cebolas. O relatório disciplinar desse fato sobreviveu à guerra e foi encontrado em um arquivo da SS em Vilnius. Um dos guardas punidos com Demjanjuk, *SS-Wachmann* Zaki Tuktarov, admitiu, depois da guerra, ter servido em Majdanek ao lado de Demjanjuk. Os ucranianos retornaram, por pouco tempo, para Trawniki, antes de a SS enviar 80 deles para Sobibor, em 27 de março de 1943.

Um dos colegas de Demjanjuk, *SS-Wachmann* Ignat Danil'chenko, testemunhou depois da guerra que o suspeito havia sido guarda em todas as seções de Sobibor, inclusive nas rampas para o desembarque dos judeus e no Campo nº 3, onde eram executados e cremados nos dormentes dos trilhos. No dia 1º de outubro de 1943, apenas duas semanas antes da revolta dos prisioneiros judeus mantidos vivos em Sobibor para ajudar a SS a matar as novas levas de prisioneiros, Demjanjuk foi transferido, com mais outros 139 guardas ucranianos, para o campo de concentração de Flossenbürg, no sul da Baviera, Alemanha.

Ao chegarem no campo, Demjanjuk e seus colegas foram filiados membros da SS e passaram a fazer parte da *Totenkopfsturmbann Flossenbürg*. A partir de então, Demjanjuk passou a ter o seu tipo sanguíneo tatuado embaixo do braço esquerdo, como era costume na SS. Todas essas datas e locais podem ser conferidas nos registros remanescentes da SS, e podemos dizer, sem sombra de dúvidas, que o homem hoje conhecido como John Demjanjuk era um guarda da SS estreitamente implicado em algumas das piores atrocidades da história humana. A questão que tem ocupado os tribunais e os historiadores é a tentativa de provar se John é ou não o guarda de Treblinka e Sobibor, conhecido como "Ivan, o Terrível", por seu horrendo sadismo e sua brutalidade para com os prisioneiros judeus.

"Ivan partia uma cabeça atrás da outra. Eu ouvia gritos e choro. Não havia palavras para descrever". Os testemunhos de cinco sobreviventes de Treblinka durante o primeiro julgamento de Demjanjuk por crimes de guerra, ocorrido em Jerusalém em 1986, davam conta de um monstro, de um assassino sádico, que tinha prazer em infligir dor em pessoas inocentes e desnudas já a caminho da morte. Os presos de Treblinka chamavam-no de "Ivan Grozhny", e esse ucraniano da SS era realmente "Terrível" na sua crueldade. As testemunhas – ressaltando que todas identificaram John Demjanjuk como Ivan, o Terrível – recordaram alguns dos crimes monstruosos cometidos por Ivan. Às vezes, ele mutilava narizes ou orelhas dos judeus, com um sabre de cavalaria que trazia consigo; outras, cortava o períneo das mulheres; além disso, não era incomum ele fustigar os prisioneiros com um chicote. "Um dia ele mandou um prisioneiro deitar de bruços no chão e [...] pegou uma furadeira e fez um buraco nas nádegas dele", recordou uma testemunha. O testemunho dos sobreviventes descreve um guarda claramente psicótico, um dos piores de uma galeria horrenda de ex-criminosos, sociopatas, assassinos, sádicos e antissociais, que faziam o sistema de campos funcionar. Acaso seria John Demjanjuk, pai de família e bom americano de Ohio, o mesmo homem que cometeu crimes abomináveis e odiosos contra a humanidade durante a guerra? Eis uma questão muito difícil de responder. Ela permanece aberta até hoje. No entanto, vale a pena examinar com cuidado as provas disponíveis para este caso.

A Operação Reinhard – o plano dos nazistas para matar todos os judeus poloneses em centros de extermínio especialmente construídos para isso, como Sobibor e Treblinka – acabou em novembro de 1943 e a maior parte dos membros da SS foram transferidos para o norte da Itália, a fim de trabalhar em novas ações contra os judeus da região e ajudar no combate à resistência. O *Brigadeführer* Odilo Globocnik, comandante geral da Reinhard, e os seus homens assassinaram 2 milhões de judeus e outros cidadãos ao longo da operação. Trata-se, segundo historiadores, da fase mais sangrenta do Holocausto. Os campos foram desativados e todos os indícios do genocídio perpetrado neles foram cuidadosamente apagados pela *Sonderaktion 1005*. Este programa criou unidades "de exumação", formadas por prisioneiros dos campos de concentração; o objetivo era esvaziar todas as covas coletivas usadas nas fases iniciais da Operação "Reinhardt", quando os alemães enterravam os corpos em vez de incinerá-los (mais tarde, eles passariam a cremá-los ao ar livre e depois enterrar as cinzas). As unidades de exumação eram obrigadas a desenterrar os corpos e cremá-los em fornos gigantescos, construídos com dormentes de trilhos. Quaisquer fragmentos de ossos remanescentes eram triturados em moedores especiais. No fim, os restos mortais dos prisioneiros eram reenterrados. Foi assim que cerca de 2 milhões de homens, mulheres e crianças foram fisicamente apagados da face da terra.

Depois da Operação Reinhard e do combate à resistência no norte da Itália, Demjanjuk alistou-se no Exército Russo de Libertação, uma unidade financiada pelos nazistas e formada por ex-prisioneiros de guerra soviéticos – como os ucranianos da SS nos campos de concentração – e exilados do Exército Branco, unidos pelo ódio ao comunismo. Criada oficialmente em 14 de novembro de 1944, o Exército Russo de Libertação era comandado pelo ex-general do Exército Vermelho, Andrei Vlasov. Setenta e um batalhões russos combateram ao lado da *Wehrmacht* no fronte oriental, ao passo que outros 42 batalhões serviram na Finlândia, Bélgica e Itália. Boa parte da oposição inicial que americanos, britânicos e canadenses encontraram nas praias da Normandia, em junho de 1944, era composta por batalhões russos, tropas de quinta categoria, consideradas bucha de canhão pelo exército alemão profissional.

Ao fim da guerra, gente como Ivan Demjanjuk era considerada peixe pequeno pelos investigadores aliados de crimes de guerra. O ucraniano era equivalente apenas a um soldado raso dos exércitos regulares, e os investigadores de crimes de guerra, com os seus pouquíssimos recursos, concentravam-se em capturar e indiciar os "peixes grandes": comandantes de campos, médicos e os administradores do Holocausto. Nem nisso os Aliados obtiveram sucesso, dada a falta de homens e dinheiro para a tarefa. Em todo caso, foi esta a razão de homens como Demjanjuk terem sido capazes de levar vidas perfeitamente normais sem temer prisões e processos.

Depois de capturado pelo exército americano em Bischophofen, quando a sua unidade se rendeu em maio de 1945, Demjanjuk foi enviado a uma fazenda em Munique sem vigilância. Lá, trabalhou como agricultor. Mais tarde, no mesmo ano, ele foi transferido para um campo para desalojados em Landshut. A sua futura esposa, Vera Kowlowa, estava no mesmo campo; também ucraniana, ela havia sido enviada à Alemanha para realizar trabalhos forçados durante a guerra. Kowlowa já se tinha casado, em 1º de maio de 1947, com Eugene Sakowski, mas logo depois do casamento o marido fora enviado a um campo de trabalho na Bélgica. Quando Sakowski voltou, descobriu que Vera estava morando com Demjanjuk e o casamento foi desfeito.

Como esperado, Demjanjuk e Vera casaram-se no dia 1º de setembro de 1947. Logo depois, mudaram-se para um campo de desalojados em Regensburg. Foi então que o ucraniano começou a inventar a história de que havia sido apenas um inofensivo motorista de caminhão durante a guerra, o que lhe valeu um emprego de motorista no exército dos Estados Unidos. Graças ao novo trabalho, ele podia viajar por toda a Alemanha com um passe especial. Em março de 1948, Demjanjuk solicitou ao governo da Alemanha o reconhecimento como refugiado pela Organização Internacional para os Refugiados (IRO, na sigla em inglês). Logicamente, Demjanjuk não queria voltar à União Soviética; a NKVD, polícia secreta de Stalin, provavelmente o interrogaria e descobriria o seu passado na SS. O retorno seria o mesmo que uma sentença de morte.

Quando os britânicos descobriram que enviar os ucranianos da SS nos campos de prisioneiros de guerra de volta à União Soviética era o mesmo que entregá-los à pena de morte, permitiram – o que não deixa de ser espantoso – que toda uma divisão de ex-soldados daquele país partisse para o Reino Unido, praticamente sem qualquer verificação da vida de cada um deles. A 14ª Divisão de Granadeiros da Waffen SS *Galizien* havia rendido-se aos britânicos no norte da Itália, em maio de 1945. Recrutados em princípio na Galícia – a que fica entre a Polônia e a Ucrânia –, a maioria dos soldados tinha ascendência ucraniana, embora esse ramo da SS também contasse com voluntários eslovacos, tchecos e até mesmo holandeses. Toda a divisão foi mantida presa em um campo na cidade litorânea de Rimini até 1947, quando, após negociações com o governo polonês, os britânicos permitiram que 7.100 ex-membros da SS se estabelecessem no Reino Unido, ainda que entre eles estivessem muitos ex-guardas de campo de concentração e que as tropas tivessem participado em dois crimes de guerra de grande escala. Em 1944, uma unidade da divisão – o Quarto Regimento de Polícia Voluntária da *SS Galizien* – tinha massacrado quase mil pessoas no vilarejo de Huta Pieniacka, então na Polônia. Mais tarde, ainda em 1944, a divisão inteira participou do assassinato de milhares de pessoas, durante a reação nazista ao Levante de Varsóvia.

Em 2003, depois de muita pressão dos investigadores de crimes de guerra, dos historiadores e de outros interessados, o governo britânico autorizou a Polícia Metropolitana de Londres a investigar o perfil dos ucranianos ex-SS que entraram no país. Os nomes deles apareciam em um documento confidencial britânico chamado a "Lista de Rimini" (ainda hoje o documento é confidencial). A polícia cruzou os nomes nas listas com os registros do serviço público de saúde e outras fontes de informação governamentais e não pôde conter o seu espanto ao descobrir que ainda hoje vivem no país cerca de 1.200 homens da SS. Um deles, por exemplo, é um professor universitário do sul de Londres: Swiatomyr Fostun admitiu ter sido guarda de campo de concentração e participado dos massacres aqui mencionados.[69] É realmente estarrecedor pensar que mesmo hoje – mais de sete anos após as investigações – talvez centenas de veteranos da SS permaneçam vivos e bem, morando no Reino Unido e usando os seus serviços públicos, como milhões de pensionistas de todo o país.

Até o momento, não houve qualquer esforço sério para levar algum desses homens a julgamento por sua atuação na guerra. Com efeito, o governo britânico tem negado veementemente a sua permissão para que os casos sejam investigados.

Logo ao fim da guerra, Ivan Demjanjuk decidiu que o seu futuro estava com os americanos, de modo que desde então passou a elaborar com cuidado o seu histórico, a fim de não levantar as suspeitas das autoridades de imigração com a sua solicitação. Nos formulários da IRO, Demjanjuk declarou que trabalhara como motorista em Sobibor, Polônia, entre abril de 1937 e janeiro de 1943. De janeiro de 1943 a outubro de 1944, afirmou que fora estivador no porto de Pillau. Por fim, alegou que entre outubro de 1944 e maio de 1945, ele fora operário em Munique. Todas essas profissões eram perfeitamente inofensivas e, o que vinha a calhar, não deixavam qualquer registro escrito que pudesse motivar perguntas constrangedoras. Demjanjuk afirmou que a sua documentação tinha sido perdida no tumulto da guerra, e as pessoas acreditaram. Tratava-se de uma artimanha usada com sucesso por muitos fugitivos nazistas, inclusive os peixes grandes que os Aliados queriam desesperadamente prender.

Lydia, a filha de Demjanjuk, nasceu no campo de Regensburg, em dezembro de 1950. No dia 27 de dezembro de 1951, Demjanjuk solicitou o visto de imigrante aos Estados Unidos. O visto lhe foi devidamente concedido pelo cônsul americano da região, graças ao fato de os documentos enviados pelo ucraniano não conterem qualquer referência à sua filiação a uma organização ilegal – a SS – nem à sua participação no Holocausto. Os americanos naturalmente não se deram conta da

---

69. FOGGO, Daniel. "Police to use NHS records to find Nazi war criminals". *The Telegraph*, 22 de junho de 2003.

omissão, visto que à época lhes chegavam milhares de solicitações feitas por gente desesperada, ansiosa para começar vida nova do outro lado do Atlântico. Simplesmente não havia meios de investigar com cuidado cada solicitante – e por isso hoje os Estados Unidos estão investigando diversos casos de guardas da SS vivendo calma e confortavelmente nas cidades pequenas, por mais de 60 anos, sem que os seus vizinhos, e muitas vezes até a sua família, saibam nada dos seus crimes de guerra.

A família Demjanjuk chegou de navio à cidade de Nova York em 9 de fevereiro de 1952. Em poucas semanas, Ivan conseguiu um emprego de mecânico na fábrica da Ford em Cleveland, Ohio. Em agosto de 1958, agora com o nome de "John" Demjanjuk, o ex-membro ucraniano da SS sentiu-se seguro o bastante para solicitar a naturalização, que lhe foi concedida sem formalidades, no dia 14 de novembro de 1958. Parecia que o mundo se esquecera de Ivan Demjanjuk, embora não tenha esquecido de Ivan, o Terrível. A caçada por esse monstro não arrefeceu em Israel, onde os sobreviventes de Sobibor e Treblinka estavam determinados a ver a justiça triunfar.

A vida foi amena para John Demjanjuk na América. A família continuou a crescer com o nascimento da sua filha Irene em 1960 e o do seu filho John Demjanjuk Junior em 1965. Se pensarmos nas suas origens humildes no interior da Ucrânia, podemos dizer que para Demjanjuk, o sonho americano realizou-se: a família residia em uma simpática casa de campo, construída em um terreno de meio acre, no agradável subúrbio de Seven Hills, perto de Cleveland; John trabalhava para a Ford e aguardava ansiosamente uma bela aposentadoria, depois de uma vida inteira de trabalho duro e honesto na indústria automotiva. Mas eis que o sonho americano dos Demjanjuk caiu por terra na manhã do dia 25 de agosto de 1977. Demjanjuk estava no trabalho quando soube que os promotores queriam tirar-lhe a cidadania americana, depois de identificá-lo como um nazista suspeito de crimes de guerras. De fato, ele era suspeito de ser ninguém menos que o famigerado Ivan, o Terrível, um dos mais procurados criminosos nazistas ainda em liberdade. Os promotores haviam examinado minuciosamente os registros de imigração de Demjanjuk, para corroborar a sua tese. A tentativa do Departamento de Investigações Especiais de revogar a cidadania americana de Demjanjuk era um primeiro passo para desfazer as mentiras e falsidades que cercavam o suspeito. Mas Demjanjuk estava pronto para lutar com ardor pela sua liberdade. Seriam precisos muitos anos de batalhas judiciais entre o Departamento de Investigações Especiais, os tribunais e os advogados de Demjanjuk, antes de se chegar a uma decisão.

No dia 25 de junho de 1981, Demjanjuk foi privado da sua cidadania americana por ter sido provado, além de qualquer dúvida razoável, que ele mentira sobre o seu passado na sua solicitação inicial. Ele fora membro da SS e guarda de campo de concentração. Ambos os fatores, se conhecidos de antemão, teriam impedido que ele fizesse a sua solicitação inicial. Israel viu nesse momento uma oportunidade de levar Demjanjuk a julgamento, a fim de tentar provar, de uma vez por todas, se ele era ou não o conhecido guarda da SS apelidado de Ivan, o Terrível. Israel pediu a sua extradição ao Departamento de Estado americano para julgá-lo; à época, várias testemunhas judias já o haviam identificado como Ivan, o Terrível, de modo que os israelenses estavam confiantes de que conseguiriam puni-lo. O pedido formal de extradição foi feito em 31 de outubro de 1983, solicitando que os americanos mantivessem Demjanjuk sob custódia por suspeita de assassinato. No dia 23 de maio de 1984, o Juiz Adolph Angelilli julgou que Demjanjuk podia ser deportado – a sentença havia sido referendada por sete comarcas – e deu ao réu 30 dias para deixar voluntariamente os Estados Unidos; do contrário, ele seria preso e deportado pela Polícia Federal. Os advogados de Demjanjuk recorreram sem sucesso. O ucraniano logo se viu atrás das grades de um presídio na região de Cleveland, enquanto as rodas da burocracia moviam-se lentamente. Mais tarde, Demjanjuk foi transferido para um presídio federal no Estado do Missouri.

Em fevereiro de 1986, outra transferência: Demjanjuk foi levado ao Metropolitan Correctional Center, na cidade de Nova York, para esperar a sua deportação para Israel. A defesa mais uma vez recorreu, mas o apelo foi rejeitado pelo tribunal. Demjanjuk foi devidamente deportado para Israel em 27 de fevereiro de 1986, aterrissando diretamente em Tel Aviv. O julgamento começou em 16 de fevereiro de 1987. Cinco sobreviventes de Treblinka identificaram Demjanjuk como Ivan, o Terrível; porém, se passaram 45 anos desde a última vez que as testemunhas viram o conhecido guarda, de modo que era difícil saber se estavam identificando o homem certo. Além disso, surgiram algumas inconsistências na coleta das provas apresentadas na corte. Por exemplo: as cinco testemunhas identificaram a foto de Demjanjuk, entre outras espalhadas pela mesa, só que a foto do réu era bem maior que as outras. As testemunhas – todas entre 61 e 86 anos de idade – "identificaram-no durante o julgamento, depois de os meios de comunicação israelenses terem dedicado uma ampla cobertura à extradição do suspeito". O escritor israelense Tom Segev comentou: "É claro que os sobreviventes sabiam quem ele deveria ser. Eles viram o seu testemunho nos Estados Unidos".[70]

---

70. BEYER, Lisa; JOHNSON Julie; MYERS, Ken. "Ivan the Not-So-Terrible". *Time*, 2 de agosto de 1993.

Com um julgamento baseado quase que inteiramente no testemunho de cinco idosos sobreviventes de campos de concentração, John Demjanjuk foi declarado culpado e condenado à forca em 1988 por crimes de guerra. Depois de a sentença ter sido promulgada, Demjanjuk disse à corte: "Sou um homem inocente. Vou recorrer e tenho certeza de que vou ganhar".[71]

A sentença de Demjanjuk foi derrubada, não sem muita controvérsia, em 1993 pela Suprema Corte Israelense por causa de dúvidas razoáveis acerca da identidade do réu. Em 1991, logo após o colapso da União Soviética, veio à tona, nos antigos arquivos soviéticos, um conjunto de declarações feitas à NKVD por 32 guardas ucranianos das SS e cinco trabalhadores forçados. Todas as declarações afirmavam que o homem conhecido por Ivan, o Terrível, em Treblinka, era um antigo *SS-Wachmann* ucraniano chamado Ivan Ivanovich Marchenko.

Marchenko nascera em 1911 na cidadezinha de Serhiivka, no Oblast de Dnipropetrovsk. A última vez em que foi visto com vida foi na Iugoslávia, em 1944, quando se juntou à resistência, após passar a fronteira com a Itália. De acordo com os seus documentos, Demjanjuk nasceu em 1920; se ele fosse Marchenko, teria feito 99 anos em 2010. A maior parte das 37 testemunhas dos soviéticos foi executada por colaboração, pelo próprio governo daquele país. Alguns trechos dos seus depoimentos são verdadeiramente de arrepiar e revelam a monstruosidade de Marchenko: "Conheci Marchenko em agosto de 1942 no campo de extermínio de Treblinka, onde ele era um dos guardas", escreveu o antigo *SS-Wachmann* Aleksandr Yeger em 16 de abril de 1948, "Ele espancava e atirava por malícia nas pessoas de nacionalidade judia. No fim de 1943, depois da destruição do [...] campo, ele partiu para a Itália com o comandante do campo. Eu nunca mais o vi e não sei onde ele está hoje".[72]

Outro ex-SS, Pavel Leleko, lembrou-se em 21 de fevereiro de 1945 de uma cena ocorrida diante da câmara de gás de Treblinka: "Quando a procissão dos condenados se aproximava das câmaras de gás, os 'motoristas' delas – Marchenko e Nicolai [Shalayev] gritavam: 'Rápido, antes que a água esfrie'". Cinco ou seis alemães da SS com cães, bastões e chicotes ajudavam os dois ucranianos a encher as câmaras de gás, tratando os prisioneiros com o máximo de selvageria, assim que estes

---

71. BBC News, 18 de abril de 2005, em "Accused Nazi Guard John Demjanjuk", de Alex Altman, *TIME*, 25 de março de 2009.
72. *Court Proceedings, Extracts & Interrogations: Former Trawniki SS and Ukrainian Civilians serving in the Treblinka Death Camp,* Holocaust Education & Archive Research Team, 2007.

descobriam o que seria feito deles. "Nesse ponto, os alemães competiam com os 'motoristas' na brutalidade dispensada às pessoas marcadas para morrer. Marchenko, por exemplo, tinha uma espada com que mutilava as pessoas. Ele cortava os seios das mulheres".[73] Aleksandra Kirpa, obrigada a trabalhar como camareira no quartel dos membros alemães da SS em Treblinka, lembrou-se em 18 de abril de 1951: "O homem que se identificou para mim como Ivan Ivanovich Marchenko serviu no batalhão da 'SS'. Usava o uniforme preto das forças alemãs da 'SS' e portava uma pistola – havia uma ou duas (não lembro exatamente) faixas brancas no seu ombro e ele tinha a patente de '*Oberwachmann*' ou '*Gruppenwachmann*'".[74]

Em 1944, Marchenko simplesmente desapareceu da face da terra e nunca mais se soube dele. Depois de o campo ser fechado, ele e outros oficiais e soldados – entre eles o comandante do lugar, o *SS-Hauptsturmführer* Franz Stangl – foram transferidos para Trieste, na Itália. Foi de lá que Marchenko, bastante ciente de que os dias da Alemanha nazista estavam contados, fugiu para a Iugoslávia e juntou-se à resistência daquele país. Talvez o seu passado na SS tenha sido descoberto pelos seus novos camaradas e ele tenha sido assassinado; talvez ele tenha sobrevivido à guerra e mudado de nome; ou talvez ele seja Ivan Demjanjuk, atualmente sob julgamento em Munique, embora Demjanjuk pareça ter muito menos que os supostos 99 anos de Marchenko.

Para complicar ainda mais as coisas, a solicitação de visto feita por Demjanjuk em 1951 ao consulado americano traz que o sobrenome de solteira da sua mãe era "Marchenko". Quando questionado sobre esse fato no tribunal, Demjanjuk disse que se esquecera do sobrenome da família da mãe (o que é improvável) e que por isso escolheu um sobrenome comum na Ucrânia, "mas tal escolha deu margem à especulação de que ele teria usado o sobrenome 'Marchenko' como pseudônimo em Treblinka".[75] A Comissão de Crimes de Guerra de Varsóvia emitiu uma lista dos guardas de Treblinka, a partir de documentos da SS: o nome de Demjanjuk não aparece, mas o de Marchenko, sim. Não se sabe ao certo se os guardas da SS podiam usar pseudônimos ao mudar de um campo de extermínio para outro de trabalho. A ideia, porém, seria bastante inverossímil, considerando que altos oficiais e médicos – como Stangl e Josef Mengele – nunca ocultaram a sua verdadeira identidade.

---

73. Ibid.
74. Ibid.
75. BEYER, Lisa; JOHNSON Julie; MEYERS, Ken."Ivan the Not-So-Terrible". *Time*, 2 de agosto de 1993.

A obsessão nazista pela manutenção de registros exatos também contraria a possibilidade de os guardas mudarem de nome quando lhes aprouvesse. Usar pseudônimos em Treblinka seria o mesmo que admitir que a Alemanha perderia a guerra, que erradicar os judeus era errado e que mais tarde todos seriam punidos por seus crimes; o mesmo valeria para eventuais tentativas de ocultar as verdadeiras identidades dos guardas.

Durante o julgamento em Tel Aviv, entre 1986 e 1988, deu-se muita relevância a uma carteira de identidade encontrada nos arquivos soviéticos que, aparentemente, confirmava que Demjanjuk era guarda da SS. A identidade era uma das quatro que os soviéticos tinham em seu poder. Ela trazia o carimbo do *Brigadeführer* Odilo Globocnik e foi emitida em meados de 1942. Globocnik foi retirado do comando pelo próprio Hitler em março de 1942; à época, Demjanjuk ainda era soldado do Exército Vermelho. Três das carteiras de identidade, inclusive a de Demjanjuk, trazem o carimbo da *Waffen-SS*, mas esse ramo da SS não assumiria o controle do campo de concentração de Trawniki senão em 1943, depois de Demjanjuk ter deixado o lugar para assumir outras tarefas. Já na carteira de identidade do *SS-Wachmann* Juchnowoskij, a foto está invertida: os botões estão do lado esquerdo do casaco, mas os números não estão invertidos. Trata-se de uma prova de que o retrato fora fabricado em um laboratório. Outra identidade traz a assinatura do *SS-Unterscharführer* Teufel, mas este havia sido promovido ao posto de suboficial SS-*Scharführer* três meses antes. Há ainda uma dessas carteiras com a assinatura do *SS-Hauptsturmführer* Hofle, outro que já tinha sido promovido a *SS- Sturmbannführer* pouco tempo antes. Por fim, as runas em forma de relâmpagos que formam o símbolo da SS também estão incorretas: aparecem em um tipo de fonte romana, e um dos carimbos está de cabeça para baixo. A conclusão é que essas quatro carteiras de identidade, provas essenciais da promotoria nas suas ações contra os suspeitos, são falsificações feitas pela KGB. O motivo de elas serem tão mal-acabadas é simples: os falsificadores não tiveram acesso a uma carteira de identidade de Trawniki verdadeira que pudessem copiar com precisão.[76]

Embora as testemunhas dos acontecimentos de Treblinka estivessem certíssimas durante o julgamento de que John Demjanjuk era Ivan, o Terrível, o seu depoimento estava, em última análise, calcado em testemunhos oculares obnubilados pelo tempo, pelo ódio e pelo desejo de

---

76. MCCARTHY, Jamie. THE HOLOCAUST HISTORY PROJECT. *Ivan the Terrible More Doubts*. Disponível em <www.holocaust-history.org, 1990>.

vingança. As declarações encontradas nos arquivos soviéticos pareciam levantar dúvidas suficientes sobre o processo, para impedir que se concluíssem as investigações. Também surgiram dúvidas acerca dos testemunhos que relatavam Ivan machucando os prisioneiros. O incidente em que o ucraniano teria supostamente perfurado as nádegas de um prisioneiro foi posto em cheque. O prisioneiro em questão, um homem chamado Finkelstein, sobreviveu à guerra e, durante um depoimento dado sob juramento a investigadores em 1945, ele sequer mencionou tal acontecimento. Como alguém poderia "esquecer-se" de que foi vítima de um ato tão sádico? Em uma reunião em Lodz, Polônia, no dia 5 de novembro de 1945, um grupo de sobreviventes de Treblinka, liderados por um homem chamado Reizman, sequer mencionou um guarda chamado "Ivan" na lista de ucranianos da SS que compilaram. Alguns estudiosos chegaram mesmo a sugerir que nunca existiu um tal "Ivan, o Terrível", que ele teria sido uma criação de sobreviventes perturbados depois de muitos exemplos de brutalidade e frieza que eles viram ser perpetrados por dezenas de guardas ucranianos diferentes, ainda que com o mesmo uniforme. Há até um nome para tal distúrbio: "Síndrome de Sobrevivente do Holocausto".

Libertado em Israel, Demjanjuk voltou para os Estados Unidos e retomou a sua vida em Seven Hills, Ohio. Efraim Zuroff, diretor do Simon Wiesenthal Center em Israel, comentou: "Ivan, o Terrível, saiu como um homem livre".[77]

Embora não se tenha conseguido provar que John Demjanjuk era Ivan, o Terrível, é indiscutível que ele foi um dos famigerados guardas ucranianos da SS em alguns dos mais conhecidos centros de extermínio do Holocausto. Parecia mais que justo abrir outro processo contra ele por causa do período em que serviu a SS durante a guerra. Em 2001, Demjanjuk foi a julgamento pela segunda vez, agora nos Estados Unidos, onde foi acusado de ter sido guarda nos campos de extermínio de Sobibor e Majdanek, na Polônia, e no campo de concentração de Flossenbürg, na Alemanha. Em 2005, foi dada a ordem de deportação, mas ela não pôde ser cumprida: não havia nenhum país preparado para receber Demjanjuk. A família protestou veementemente contra o que, segundo eles, se tratava de uma implicância do governo para com o seu patriarca: "Ele nunca fez mal a ninguém, nem antes, nem durante, nem depois da guerra", disse o filho de Demjanjuk, John. "Ele é uma boa

---

77. *New York Times*, 30 de julho de 1993, em "Accused Nazi Guard John Demjanjuk", de Alex Altman, *TIME*, 25 de março de 2009.

pessoa, como sempre, atestaram a sua família, seus netos, seus amigos e vizinhos".

Em 2 de abril de 2009, veio a decisão de que Demjanjuk seria deportado para a Alemanha, a fim de ser julgado em Munique por ter participado indiretamente de 27.900 assassinatos. Mas a tarefa de levar Demjanjuk à Alemanha mostrou-se bastante difícil. Ele já estava com 80 e poucos anos e, embora a imprensa tenha publicado fotos de um Demjanjuk cheio de vigor, quando os agentes da imigração foram à sua casa prendê-lo, encontraram um senhor praticamente inválido, que precisava de uma cadeira de rodas para cumprir qualquer distância. Um dia depois de um juiz julgar que Demjanjuk deveria ser deportado para a Alemanha, outro julgou que ele deveria receber uma permissão para permanecer um pouco mais tempo nos Estados Unidos. Essa sentença, no entanto, foi derrubada poucos dias depois, em 6 de abril. No dia 14 do mesmo mês, os agentes da imigração iniciaram o processo de deportação e Demjanjuk foi tirado de casa em uma cadeira de rodas, para ser levado de carro até o aeroporto Burke Lakefront, de Cleveland, onde já havia um voo sem escalas reservado em seu nome. Mais uma vez, porém, a ordem de extradição foi derrubada e Demjanjuk foi autorizado a permanecer no país.

No dia 7 de maio, a Suprema Corte dos Estados Unidos, em Washington DC, rejeitou a apelação de Demjanjuk contra a sua extradição; no dia seguinte, ele recebeu a ordem de render-se aos agentes da imigração. No dia 11 de maio, Demjanjuk foi posto em uma ambulância e levado para o aeroporto mais uma vez. Dessa feita, ele embarcou no avião e voltou à Europa, pela primeira vez em mais de meio século. Em Munique, no dia 13 de julho, John Demjanjuk foi formalmente indiciado por ter participado indiretamente de 27.900 assassinados. Poucos meses depois, no dia 30 de novembro, o seu julgamento começou. Considerado um dos últimos julgamentos de criminosos de guerra a ser realizado na Alemanha, o processo ainda está correndo. A imprensa alemã considera que, com a sua conclusão, toda a questão dos crimes de guerra nazistas será relegada à história. "O julgamento de John Demjanjuk será provavelmente o último dos julgamentos de nazistas", foi um comentário da *Süddeutsche Zeitung*. "Esses últimos julgamentos foram e são terríveis: não porque os nazistas estão hoje terrivelmente velhos, mas porque o sistema de justiça alemão de antigamente era terrivelmente omisso e terrivelmente leniente [...]".[78] O jornal *Abend Zeitung*, de Munique, foi igualmente enfático no seu clamor por justiça:

---
78. In quotes: Germany on Demjanjuk. *BBC News*, 13 de maio de 2009.

"Sim, bem pode ser possível que a sentença contra John Demjanjuk nunca seja cumprida por ele estar doente demais para ficar na prisão. Mas, mesmo isso, não seria uma farsa, não seria uma falha. É o preço de uma lei que trata de uma maneira humana mesmo os criminosos mais desumanos. É responsabilidade de um Estado de direito sinalizar que os piores crimes não serão esquecidos. É o seu dever para com as vítimas e para com a democracia".[79]

O tribunal não conseguiu provar que John Demjanjuk era Ivan, o Terrível. Ele passou os seus dias na corte deitado em uma maca, sob vários cobertores, quase sem se mover ou falar. Todos os dias, entrava e saía empurrado em uma cadeira de rodas, dando a impressão de ser um pobre ancião tornado vítima, já no fim da vida. Se, como muitos suspeitam, Demjanjuk é Ivan, talvez agora seja tarde demais para a corte sentenciá-lo a qualquer pena significativa, uma vez que a idade avançada e as doenças já fazem o seu trabalho. Mas as vítimas de Ivan, o Terrível, que ainda vivem, certamente merecem saber se o monstro, que continua a assombrar os seus sonhos e que conseguiu viver uma vida tão longa e tão feliz em liberdade – algo que ele negou a tanta gente –, é o mesmo homem na maca. "Demjanjuk está velho e doente; talvez não seja capaz de cumprir a sua sentença", comentou a *Braunschweiger Zeitung*. "A sua eventual condenação seria um sinal importante: a culpa não está sob o estatuto do tempo; nem a verdade. Os poucos sobreviventes precisam saber isso. É o seu direito".[80]

Um alemão chamado para testemunhar no julgamento de Demjanjuk acabou, ele mesmo, sendo alvo de um intenso interrogatório. Samuel Kunz, que faleceu aos 90 anos, em 2010, iria a julgamento sob as acusações de ter sido guarda da SS, no Campo de Extermínio de Belzec e de ter matado pessoalmente a tiros dez judeus em duas ocasiões distintas. Acredita-se que entre 450 mil e 600 mil pessoas tenham sido mortas em Belzec, a maioria delas por envenenamento por monóxido de carbono nas câmaras de gás. Kunz, que vivia próximo a Bonn, na Alemanha, já tinha chamado a atenção das autoridades por diversas vezes desde o fim da guerra. Ele foi interrogado pela polícia alemã sobre as suas atividades durante a guerra em 1969, 1975 e 1980, mas foi liberado sem acusações por ser considerado "peixe pequeno". Durante uma das sessões de interrogatório, Kunz admitiu saber o que acontecia dentro de Belzec: "Todos estávamos conscientes de que os judeus estavam sendo

---

79. Ibid.
80. Ibid.

exterminados lá e depois também cremados".[81] Ele também admitiu ter sido guarda nesse campo de extermínio, mas, como é lógico, negou ter feito qualquer coisa de errado. Kunz foi convocado para ser testemunha da acusação no caso de Demjanjuk, depois de os promotores terem descoberto o seu nome em uma lista de guardas do campo de concentração de Trawniki, onde ele recebera treinamento. O caçador de nazistas Efraim Zuroff considerava a instauração de um processo contra Kunz uma vitória para a sua causa: "O indiciamento de Samuel Kunz é um desdobramento muito positivo desse processo. Ele reflete as mudanças recentes por que passou a política processual alemã, que ampliou bastante o leque de suspeitos a serem levados a julgamento".[82]

O julgamento de Demjanjuk continua, Kunz morreu antes de ir a julgamento. À medida que cada dia na corte passa lentamente, o idoso réu aproxima-se do dia em que se encontrará com o seu Criador – como Kunz. O tempo não ajuda os julgamentos por crimes de guerra nazistas, apenas os suspeitos.

---

81. HALL, Allan. "Nazi 'Death Camp Guard' charged with Involvement in Murder of 430,000 Jews. *Daily Mail,* 29 de julho de 2010.
82. Ibid.

Capítulo 8

O Último Comandante

Havia, então, um homem da SS chamado Brunner, no comando da prisão de Drancy. Esse homem foi responsável por muitas mortes. Eu o vi pessoalmente muitas vezes espancar, chutar e atirar pedras em prisioneiros, sem qualquer motivo aparente, a não ser o fato de eles serem judeus.

Renée Erman, sobrevivente

O oficial da SS afrouxou o seu coldre e sacou lentamente uma pistola automática preta, com a mão enluvada. O som de um clique metálico indicou que ele tinha engatilhado a arma. Depois, ele a apontou para a cabeça de um idoso ajoelhado no assoalho do vagão do trem. Era a noite do dia 7 de fevereiro de 1942, e o oficial da SS estava a ponto de perpetrar uma execução a sangue frio. Um dia antes, o trem saíra da principal estação de trem de Viena lotado de judeus austríacos deportados para o Gueto de Riga, na Letônia. O comandante do trem foi o médico e *SS-Hauptsturmführer* Alois Brunner, amigo íntimo do homem encarregado por Himmler de levar o Holocausto a cabo em toda a Europa: Adolf Eichmann. Brunner em pouco tempo angariara para si a fama de ser de uma eficiência brutal; já nos começos de 1942 ele havia expurgado numerosos judeus do seu país natal, a Áustria, enviando-os para a morte certa no sistema de campos de concentração.

O homem acorrentado no assoalho do vagão do trem como um animal, vestido apenas com o seu pijama, apesar do clima extremamente frio, era antes um dos mais importantes cidadãos de Viena, Siegmund Bosel, investidor que fundara o jornal *Der Tag*. Brunner, por razões que só ele conhecia, decidiu que o idoso merecia uma atenção especial e, por algumas horas, gritou e ofendeu o apavorado Bosel, em meio aos solavancos do trem rumo ao noroeste. Bosel, que estava doente, implorou que Brunner o poupasse e lhe mostrasse alguma misericórdia. Mas

Brunner, que era um antissemita raivoso, ignorou todas as súplicas. No vagão ao lado, os judeus podiam ouvir algo do que estava acontecendo a Bosel, recordou uma testemunha chamada Gertrude Schneider.

Brunner apontou a pistola contra a cabeça de Bosel e puxou o gatilho. Todos os judeus do vagão ao lado pularam ao ouvir o tiro, que provocou um barulho ensurdecedor, mais alto que os ruídos do motor a vapor da locomotiva e que os chiados e as vibrações do atrito das rodas no trilho. As pessoas murmuravam discretamente e abraçavam os seus entes queridos. De repente, abre-se a porta de comunicação entre os dois vagões e Brunner entra. O cheiro de cordite seguiu o oficial quando ele entrou, e havia respingos de sangue na barra do seu sobretudo. Os olhos amedrontados dos prisioneiros fitaram o seu carrasco: a insígnia da caveira no quepe cinza refletia a pouca luz do ambiente; os passos com coturnos pretos ressoando no assoalho de madeira; os olhos castanho-escuros mortiços olhando para todos os lados, como um tubarão em caça. Brunner perguntou, de maneira ameaçadora, se alguém ouvira algo. "Depois de assegurar que ninguém ouvira nada", recordou Gertrude Schneider, "ele pareceu satisfeito e foi embora".

Dado que o *SS-Hauptsturmführer* dr. Alois Brunner era um antissemita tão ferrenho, não deixa de ser curioso o fato de ele não parecer muito ariano; com efeito, ele até parecia ser um pouco judeu. Georges Dunand, membro da Cruz Vermelha que encontrou Brunner na Eslováquia ficou impressionado ao ver como o famigerado oficial da SS nada tinha de ariano. "É com esses traços e com esses trejeitos que Brunner me dá uma aula sobre o racismo",[83] pensou consigo. Mas no peito daquele austríaco batia o coração negro de um inflamado antissemita. Tratava-se de um homem cujo próprio assistente, quando julgado em Nuremberg, descreveu como "um *Schweinehund* [...] um indivíduo extremamente inescrupuloso".[84] As vítimas de Brunner descrevem-no ora como "um pesadelo negro", ora como "um sádico louco".[85] O famoso caçador de nazistas Simon Wiesenthal descreveu o papel importante desempenhado por Brunner na máquina da Solução Final: "Dentre os criminosos do Terceiro Reich que ainda vivem, Alois Brunner é, com certeza, o pior. A meu ver, ele sempre foi o pior. Enquanto

---

83. GLANVILLE, Jo."He's the Last Nazi Criminal still at Large. But Where is He?". *Observer*, 28 de novembro de 1999.
84. Ibid.
85. Ibid.

Adolf Eichmann traçou o plano geral para o extermínio dos judeus, Alois Brunner o implementou".[86]

O retrato de Brunner como um instrumento sádico e impiedoso da máquina de extermínio da SS não foi pintado apenas a partir de declarações de testemunhas que sobreviveram; o próprio Brunner confirmou a sua fama com orgulho.

Ao contrário de vários fugitivos nazistas que tentaram em vão "provar" que não cometeram qualquer crime, Brunner sempre falou às claras do seu trabalho de "liquidar" 136.500 judeus. Em novembro de 1987, o jornal *Chicago Sun-Times* gravou uma declaração telefônica curta de Brunner, à época escondido em Damasco, Síria. Quando lhe perguntaram se ele se arrependia das suas ações contra os judeus, o ex-membro da SS respondeu: "Todos eles mereciam morrer, porque eram agentes do Demônio e lixo humano. Não me arrependo e faria tudo de novo".[87]

É por essa razão que o dr. Alois Brunner permanecia em primeiro lugar entre os fugitivos nazistas mais procurados, quando este livro foi escrito em 2010.

Alois Brunner nasceu no dia 8 de abril de 1912 em uma cidade então chamada Nádkút, situada na parte da Áustria-Hungria em que se falava alemão (o nome atual do lugar é Rohrbrunn, Áustria). Brunner filiou-se ao então ilegal Partido Nazista Austríaco em 1931, com apenas 19 anos de idade. Após a *Anschluss*, ele se alistou na SS. A sua ascensão pelas patentes foi bastante rápida; logo o jovem ficou conhecido por suas fortes opiniões antissemitas, que, por sua vez, chamaram a atenção de Adolf Eichmann. Designado secretário pessoal do arquiteto do Holocausto, Eichmann colocou Brunner na chefia do Escritório para Assuntos Judaicos em Viena, antes da guerra, com a tarefa de promover uma campanha contra os judeus que os fizessem fugir do país. Entre novembro de 1939 e setembro de 1944, Brunner foi um dos mais atarefados criminosos de guerra da Europa: ele organizou a deportação de 47 mil judeus vienenses, organizou capturas em massa na cidade de Berlim, deportou toda a população judia de Salônica, Grécia, para campos de concentração (43 mil pessoas no total), e foi comandante do Campo de Prisioneiros de Drancy, nos arredores de Paris, entre junho de 1943 e setembro de 1944. No seu período em Drancy, Brunner deportou 23.500 homens, mulheres e crianças para Auschwitz, onde a maioria deles pereceu nas câmaras de gás. E eis que, no fim da guerra,

---
86. ROSENTHAL, A.M. "On My Mind: The Case of Alois Brunner", de A. M. Rosenthal, *New York Times,* 31 de maio de 1991.
87. "Nazi Butcher in Syria Haven". *Chicago Sun Times,* 1 de novembro de 1987.

Brunner simplesmente desapareceu, como que por mágica. Mais tarde, soube-se que Brunner escapou da Europa por um caminho de rato até o Oriente Médio, onde, para muitos, estaria escondido até hoje, sob a proteção de amigos poderosos.

A Síria, um pequeno país do Oriente Médio, tem sido governada pela família Al-Assad, desde a sua independência da França. Em 1998, um juiz francês afirmou ser certo que Alois Brunner estava escondido na Síria, sob a proteção dos Al-Assad. O presidente Hafez al-Assad foi rápido na sua resposta, um tanto sarcástica: "Pergunto-me como eu, que estou na Síria, não sei onde ele [Brunner] está, ao passo que o juiz francês sabe".[88] O problema enfrentado por aqueles que vêm tentando levar Brunner à Justiça, desde que ele fugiu da Europa na década de 1950, não é ignorar o seu paradeiro, mas convencer as autoridades sírias de que o seu "hóspede" deveria ser extraditado, para ir a julgamento por seus crimes. A Síria, por sua vez, beneficiou-se do asilo que ofereceu ao austríaco. Como veremos adiante, Brunner esteve próximo do serviço sírio de inteligência e da família presidencial por décadas. Em troca por seus "serviços prestados", Brunner ganhou uma existência confortável em Damasco, onde ele talvez seja o único fugitivo nazista cujo modo de vida corresponde ao mito propagado por filmes como *O dossiê de Odessa* e *Os Meninos do Brasil*: diz-se que ele conta com a proteção 24 horas de uma equipe de agentes do Serviço Secreto sírio, o que lhe permitiu desfrutar a sua velhice sem medo de assassinato ou sequestro. A Síria também mostrou ser um país onde era extremamente difícil para os caçadores de nazistas e agentes do Mossad fazerem alguma coisa, reflexo da longa e arraigada tensão entre judeus e árabes. Depois de se darem conta de que as chances de extradição ou captura de Brunner eram quase zero, os israelenses, desesperados, recorreram até ao envio de cartas-bombas a ele com o intuito de matá-lo. As duas cartas bombas que Brunner recebeu em datas próximas quase conseguiram eliminar o genocida, mas Brunner acabou escapando da morte, embora com um olho e alguns dedos da mão esquerda a menos.

Um dos aspectos mais vergonhosos da ocupação alemã na França foi a colaboração da polícia francesa com a deportação dos judeus do país. O *SS-Hauptsturmführer* Brunner e seus colegas conseguiram acabar com os judeus franceses porque, na maioria das vezes, a polícia francesa fazia o trabalho braçal. Como esperado, apenas recentemente os franceses começaram a lidar com esse passado, bem contrário ao

---

88. GLANVILLE, Jo. "He's the last Nazi criminal still at large. But where is he?". *Observer*, 28 de novembro de 1999.

mito da Resistência heroica, que cresceu desproporcionadamente após o fim da guerra. Os números dão a medida da colaboração entre a SS, a SD e a *gendarmerie* francesa. Um total de 75.721 judeus foram deportados da França para os campos de extermínio no Leste; 80% deles foram presos pela polícia francesa.[89] Na maior parte do tempo, os alemães tinham apenas o trabalho de mandar os prisioneiros que estivessem nos campos de detenção franceses para Auschwitz e outras fábricas da morte, para dar-lhes um "tratamento especial".

No começo, o governo de Vichy na França anterior à ocupação entregava os judeus estrangeiros para a SD, de bom grado, com a esperança de assim evitar a deportação de judeus franceses. Todavia, bastou a chegada de Brunner – o modelo de profissional eficiente segundo Adolf Eichmann – para que se acelerassem as deportações, a partir de junho de 1943, e a *gendarmerie* de Vichy passasse a integrar-se plenamente ao plano nazista, prendendo franceses de fé judaica. No total, seguiram viagem 80 trens lotados de combustível humano para os fornos de Auschwitz-Birkenau. Brunner foi diretamente responsável pela deportação de 23.500 desses passageiros.

A polícia francesa não tinha muitos escrúpulos com relação à captura de crianças judias. O regime de Vichy participou da deportação de mais de 11 mil crianças para Auschwitz e outros campos de extermínio; o primeiro-ministro de Vichy, Pierre Laval, chegou mesmo a oferecer-se para prender as crianças do seu bairro. Laval declarou que não tinha interesse em saber o que aconteceria às crianças na França ocupada. Chegou a ponto de dizer aos seus ministros que as suas ações eram frutos de um pensamento humanitário; ele não queria separar famílias. A lógica da política francesa era simples: ela não queria ter de lidar com tantos órfãos judeus, cujos pais tinham sido presos e mandados às câmaras de gás. Assim, os policiais passaram a incluir as crianças nos trens, a fim de completar o número de judeus exigido pela SS; essa prática, ao mesmo tempo, evitava que fosse necessário gastar tempo e recursos à procura de mais adultos para enviarem para o leste. Um exemplo horrível foi um episódio que tomou lugar entre os dias 16 e 17 de julho de 1942, no Velódromo de Inverno – conhecido como *Vel'd'Hiv* – de Paris. A polícia acabara de completar uma prisão em massa de judeus, e os prisioneiros estavam sendo mantidos nesse ginásio. Além dos adultos, havia 4 mil crianças. E os oficiais franceses *insistiram* com a SS para que incluíssem essas crianças entre os capturados e as enviassem para

---

89. Ibid.

a morte. A SS aceitou a proposta e nenhuma das crianças sobreviveu a Auschwitz.

O resultado das operações de deportação comandadas por Brunner em Drancy foram milhares de relatos muito pessoais, de famílias inteiras que foram exterminadas nas câmaras de gás de Auschwitz ou presas em diversos campos de trabalhos forçados. Ainda assim, é possível conhecer o destino de algumas das vítimas de Brunner em meio a esse mar de desgraças. Uma delas é um rapazinho francês cuja história é triste contar. O pai de Georges-André Kohn, Armand, era um rico negociante francês judeu em Paris, até toda a família ser capturada e presa em Drancy. Em 1944, Georges, os pais, a avó de 75 anos, as duas irmãs e o irmão mais velho Philippe foram destinados a Auschwitz por Brunner. A partir do momento em que entraram no trem, os ventos do Holocausto sopraram os membros da família para direções distintas. Philippe e uma das irmãs de Georges, Rose-Marie, conseguiram escapar do trem que os levava para a morte na Polônia e sobreviveram à guerra. A outra parte da família, porém, chegou a Auschwitz, onde homens e mulheres foram separados. A mãe, a avó e a outra irmã de Georges foram enviadas diretamente à câmara de gás; o pai, por sua vez, foi mantido vivo para servir em trabalhos forçados e também sobreviveu à guerra. Normalmente, as crianças judias também eram enviadas à câmara de gás logo que chegavam, mas Georges foi uma das 20 crianças entre 5 e 12 anos de idade escolhidas pelo *SS-Hauptsturmführer* dr. Josef Mengele. O vil médico da SS não queria as crianças para as suas próprias experiências imorais (o seu trabalho consistia quase que exclusivamente em pesquisas com gêmeos); elas serviriam de cobaias humanas para um dos seus colegas não menos imoral. O *SS-Hauptsturmführer* dr. Kurt Heissmeyer já tinha feito experiências com prisioneiros de guerra soviéticos, antes de receber as dez meninas e os dez meninos judeus com quem trabalharia.

Heissmeyer fazia experiências com humanos mais para progredir na carreira do que por um desejo altruísta de ampliar os conhecimentos médicos. Com efeito, ele desejava especialmente uma cátedra em uma universidade de prestígio, e o melhor caminho para atingir tal meta era a apresentação de uma pesquisa original. Heissmeyer estava trabalhando com a hipótese que ele mesmo levantou (e que já havia se mostrado falsa): injetar os bacilos da tuberculose em humanos permitiria a criação de uma vacina contra a doença. Ao mesmo tempo, queria saber se a raça desempenhava algum papel na contração da doença. Ele obteve um laboratório no campo de concentração de Neuengamme, distrito de

Hamburgo, e cobaias humanas, por seu tio ser o poderoso *SS-Obergruppenführer* August Heissmeyer, alto oficial da SS.

Mengele enviou as 20 crianças judias para Neuengamme, com duas enfermeiras polonesas, um farmacêutico húngaro e uma médica judia, também da Polônia, chamada Paula Trocki. A dra. Trocki foi a única a sobreviver à guerra e mais tarde testemunharia em Jerusalém sobre o destino das crianças e dos outros adultos. Heissmeyer começava as suas experiências removendo cirurgicamente um gânglio linfático da axila de cada criança. Depois, as crianças eram fotografadas pela SS, todas de braços levantados, para mostrar a cicatriz da cirurgia. Heissmeyer, então, injetava o bacilo diretamente na veia das crianças e, às vezes, no pulmão. Em pouco tempo, todas ficavam gravemente doentes.

Em abril de 1945, o general *sir* Bernard Montgomery e o seu 21º Grupo do Exército Britânico aproximavam-se, rapidamente, de uma Hamburgo destruída pelos bombardeios. Os alemães estavam sempre dispostos a encobrir os seus crimes, de modo que Berlim logo enviou a ordem de matar todas as crianças e adultos usados nos perversos experimentos de Heissmeyer. No dia 20 de abril, quando Hitler comemorou seu 56º e último ano de vida, os britânicos já estavam a uns cinco quilômetros do campo. A SS pôs as crianças em caminhões e levou-as para um antiga escola danificada pelos bombardeios, a Bullenhuser Damm, na periferia de Hamburgo. A escola já vinha sendo usada como um subcampo de Neuengamme, abrigando os prisioneiros que limpavam os destroços causados pelos ataques aéreos. Quem supervisionou as execuções das cobaias de Heissmeyer foi outro médico, o *SS-Sturmbannführer* Alfred Trzebinski. A SS forçou as crianças e os quatro judeus adultos que as acompanhavam a entrar no porão da escola. Foi dito às crianças que elas receberiam uma vacina contra o tifo, antes de serem reunidas aos pais (quase todos, na verdade, já tinham sido mortos pelos nazistas). Assim, todas elas estavam bastante animadas. As crianças "sentaram-se nos bancos do lugar e estavam contentes e felizes, por terem sido tiradas de Neuengamme ao menos uma vez", recordou um dos guardas da SS. "Eles não suspeitavam de absolutamente nada". A SS fez as crianças despirem-se, e o dr. Trzebinski deu uma injeção de morfina em cada uma delas. Em pares, as criancinhas foram levadas para a sala adjacente e enforcadas em ganchos presos nas paredes. Os dois suboficiais que assassinaram as crianças – *SS-Unterscharführer* Johann Frahm e *SS-Oberscharführer* Ewald Janck – tiveram alguma dificuldade para executar a tarefa, pois as crianças eram muito leves e demoravam para morrer. Por isso, Frahm teve de forçar as crianças para baixo, com todo o seu peso, para tornar os laços no pescoço delas mais apertados. Foi assim que as 20 crianças judias foram assassinadas. Os quatro prisioneiros adultos, por sua vez, foram forçados a ficar sobre caixas no centro da sala; foram enforcados na tubulação de aquecimento, depois que os homens da SS chutaram as caixas. Seis prisioneiros de guerra do Exército Vermelho também foram assassinados nesse momento. Um jovem oficial da SS, *SS-Obersturmführer* Arnold Strippel, supervisionou a ação dos assassinos. Mais tarde, no mesmo dia, outros 24 prisioneiros de guerra do Exército Vermelho foram também enforcados ou fuzilados no porão da escola.

Janck e Frahm foram enforcados pelos britânicos, em outubro de 1946, depois de julgados culpados pelo assassinato das crianças e dos adultos no porão da escola por um tribunal militar. Strippel recebeu 21 penas de prisão perpétua de um tribunal de Frankfurt, em 1949, mas foi liberado em 1969 por um detalhe técnico no processo; ele chegou até a receber uma indenização do governo da Alemanha Ocidental. Em 1979, o seu caso foi reaberto, mas, em 1987, foi deixado de lado, depois de um médico atestar que Strippel, por causa da idade avançada, não tinha condições de saúde para suportar um julgamento. Strippel viveria mais alguns anos, para morrer em liberdade em 1994.

Depois da guerra, o dr. Heissmeyer retornou à sua cidade de Magdeburg na Alemanha Oriental, onde se tornou um especialista em pulmão e tuberculose bem-sucedido. Foi denunciado em 1959 e, em 1966, a justiça finalmente foi feita: ele foi condenado a prisão perpétua por causa das suas experiências com humanos e por ordenar os assassinatos em Bullenhuser Damm. Durante o seu julgamento, o dr. Heissmeyer declarou: "Não acho que os prisioneiros de um campo têm todo o valor de seres humanos". Quando lhe perguntaram por que ele conduzia testes com humanos e não com animais de laboratório, Heissmeyer respondeu friamente: "Para mim, não há uma diferença essencial entre judeus e porcos-da-índia". Ele morreu na prisão em 1967.

Alois Brunner foi designado comandante do Campo de Prisioneiros de Drancy em junho de 1943, como vimos. O lugar, situado nos arredores de Paris, era um enorme centro de detenção, onde os judeus franceses eram juntados e enviados por trem para o leste, para as câmaras de gás na Polônia. "Ele batia em senhoras de idade", conta Georges Appel, um sobrevivente de Drancy sobre Brunner, "e mandava os prisioneiros escreverem cartões-postais dizendo que estava tudo bem com eles". Em um gesto de extremo cinismo, Brunner cuidava para que esses cartões postais fossem enviados aos parentes dos prisioneiros, assim que estes partiam nos trens para Auschwitz. "Não posso deixar as crianças vivas", comentava Brunner sobre os jovens judeus que ele empurrava para os vagões junto com os pais. "Elas serão futuros terroristas." Em um *tête-à-tête* em Damasco com o jornalista austríaco Gerd Honsik, da revista *Halt*, Brunner alegou desconhecer o destino final das dezenas de milhares de pessoas que ele despachava para o Leste. Quando lhe perguntaram sobre como ficou sabendo das câmaras de gás de Auschwitz, Brunner respondeu: "Depois da guerra, pelos jornais".[90] Na opinião de Honsik, Brunner era um velho amargo e temperamental, que não se arrependeu de seus crimes em massa.

À sua chegada em Drancy, Brunner deparou com um campo desorganizado, sujo e mal administrado pela polícia francesa. Os prisioneiros estavam morrendo de fome e tinham sido separados por sexo, o que significa que as famílias haviam sido separadas por força. Brunner logo ordenou uma série de mudanças drásticas no regime do campo que pareciam, no início, gestos humanitários, mas que, na verdade, mascararam um impulso cínico à eficiência discreta, que assegurou ao austríaco uma posição de destaque na órbita de Adolf Eichmann. Brunner ordenou que a *Union Générale des Israelites de France* (UGIF), organização fundada para prestar assistência aos judeus, fornecesse mantimentos para o campo. Brunner ordenou que um grande gramado do campo fosse convertido em uma plantação de vegetais, que as escadarias fossem caiadas, os cômodos pintados e que se instalassem chuveiros. Ele também acabou com a prática de separar famílias. O motivo para tudo isso era de uma simplicidade brutal: prisioneiros alegres são mais dóceis que prisioneiros famintos e brutalizados. O comandante queria que Drancy fosse um lugar calmo e bem ordenado, o que facilitaria o trabalho de despachar aquelas pessoas para o Leste com a menor resistência possível. Brunner deixou a vigilância do campo a cargo de alguns prisioneiros judeus, em vez de usar a SS na tarefa. Além disso, levou aos extremos a mentira de que todos os judeus ali seriam enviados para campos de trabalho. Isso fez com que a maior parte dos prisioneiros embarcassem sem muita agitação nos trens para Auschwitz. Além de fazer os presos escreverem cartas para os seus parentes dizendo que estavam em boa saúde antes de deixar o campo, Brunner também pediu-lhes que trocassem os seus francos franceses por uma promissória, que seria convertida em dinheiro polonês assim que o trem chegasse ao destino. Esse dinheiro pilhado dos judeus era enviado para Berlim.

---

90. JOURNAL OF HISTORICAL REVIEW, Primavera de 1990 (vol. 10, nº 1), p. 123-125.

Embora as mudanças de Brunner em Drancy tenham parecido a muita gente – inclusive aos prisioneiros – gestos positivos, não nos enganemos: ele ainda era um sádico que gostava de torturar presos selecionados. Como vimos no caso do dono de jornal Siegmund Bosel, em Viena, Brunner não era avesso a executar pessoalmente as pessoas; era motivado pela crença de que, com a captura e a deportação dos judeus para o Leste, ele estava não apenas cumprindo o seu dever para com a SS, mas também cumprindo o dever mais elevado da Alemanha. Impregnado até a medula da ideologia nazista, Brunner era um animal muito diferente do comandante de Treblinka, Franz Stangl, que se considerava um policial cumprindo ordens; e mesmo de Adolf Eichmann, que se mostrou ser, essencialmente, um burocrata, assim que a guerra acabou, foi tirado do negócio do assassinato.

Mesmo quando os Aliados já estavam se aproximando de Paris, após o triunfal desembarque na Normandia, Brunner fazia questão de garantir que os "seus" judeus fossem enviados para a morte. Quando Brunner e a SS abandonaram Drancy por trem, no dia 17 de agosto de 1944, levaram consigo os seus arquivos, equipamentos e os 51 judeus do campo, como se o comandante tivesse tentado fechar um ciclo. O campo foi deixado à Cruz Vermelha Internacional, e milhares de prisioneiros ainda definhavam lá dentro, quando os primeiros soldados americanos cruzaram o portão principal. Renee Erman, uma judia parisiense de 29 anos, presa pela Gestapo em abril de 1943 e enviada para Drancy, testemunhou ao vivo várias manifestações do comportamento sádico de Brunner. "Havia, então, um homem da SS chamado Brunner no comando da prisão de Drancy. Este foi responsável por muitas mortes. Eu o vi pessoalmente, muitas vezes, ele espancar, chutar e atirar pedras em prisioneiros, sem qualquer motivo aparente a não ser o fato de eles serem judeus".[91] As violentas explosões de ira de Brunner contra os prisioneiros resultaram em algumas mortes trágicas. "Sei de dois prisioneiros que morreram dos ferimentos causados pelas pedras que esse homem atirou neles. Visitei o hospital certa vez, para ver como estavam alguns amigos e lá me disseram que os prisioneiros internados no dia anterior, por causa dos ferimentos na cabeça que Brunner lhes infligiu, estavam mortos. Não sei dizer se eram homens ou mulheres. Não era raro ver pessoas gravemente feridas pela brutalidade daquele homem."[92]

---

91. *Deposition of Renee Erman, taken by Captain Alfred Fox*, Royal Military Police, 26 de maio de 1945, Holocaust Research Project.
92. Ibid.

Mais tarde Erman foi enviada para Auschwitz e, depois, a Bergen-Belsen, mas ela sobreviveu à guerra e pôde testemunhar contra muitos dos seus carrascos.

Enquanto no comando de Drancy, Brunner foi brevemente designado por Eichmann para resolver um novo problema da SS, na Riviera Francesa. Brunner foi extremamente tenaz e eficiente em sua caçada aos judeus. Uma das pessoas a lembrar-se dos métodos de Brunner, por tê-los testemunhado *in loco*, foi o francês Serge Klarsfeld, mais tarde um famoso caçador de nazistas. O pai de Klarsfeld foi uma das vítimas de Brunner. A família Klarsfeld refugiara-se na Riviera Francesa, que até setembro de 1943 estava sob a ocupação das tropas italianas. Os italianos não se ocupavam muito com a deportação de judeus, e os Klarsfeld, bem como milhares de outras pessoas, sentiam-se a salvo. Tudo isso mudou quando Benito Mussolini foi deposto e a Itália mudou de lado, em setembro de 1943. Os alemães mobilizaram-se rapidamente para ocupar os territórios sob controle italiano, e Adolf Eichmann enviou Brunner para a Riviera Francesa, com ordens de caçar e deportar todos os judeus ali escondidos. O historiador e testemunha desses fatos, Leon Polialov, descreveu a campanha levada a cabo por Brunner como uma "caçada humana". Ele se lembra de ver a SS parando homens nas ruas e forçando-os a mostrar os genitais, para averiguar se eram circuncidados. Qualquer pessoa que tivesse uma remota aparência judia era presa, e faziam-se buscas nas casas para encontrar famílias judias escondidas. A maior parte dos capturados era presa no quartel-general da SS em Nice, o Hotel Excelsior, e alguns foram torturados pelo próprio Brunner.

O pai de Serge Klarsfeld escondera a esposa, o filho e a filha em um fundo falso de um armário do seu apartamento. Serge, então com 8 anos, lembra-se de ter escutado, em pânico, a aproximação da SS de Brunner: os sons dos coturnos chutando a porta, as ordens gritadas em um alemão gutural, e os sons de homens, mulheres e crianças sendo espancados e mal-tratados no apartamento vizinho. O pai de Serge Klarsfeld abriu a porta assim que ouviu os murros. O apartamento foi revistado rapidamente; um soldado da SS chegou mesmo a olhar dentro do armário no qual o restante da família estava escondido, mas viu apenas cabides e roupas. Mal ousando respirar, Serge Klarsfeld ouviu o pai ser empurrado pelos alemães para fora do apartamento e, logo depois, o barulho dos caminhões alemães indo embora com a sua carga humana. Ele nunca mais viu o pai, que morreu em uma câmara de gás em Auschwitz. Serge Klarsfeld jamais esqueceu do responsável pela morte do seu pai; foi ele quem começou o processo de tentar levar Alois Brunner a julgamento.

As perguntas que mantêm os caçadores de nazistas perplexos há décadas são: como Brunner logrou fugir da Justiça ao fim da guerra, e como ele conseguiu permanecer em liberdade desde então? Brunner foi julgado na França nos anos 1950, mas *in absentia*. Ele foi considerado culpado por crimes de guerra e sentenciado à morte. Sem um corpo para enforcar, porém, o processo foi mais uma formalidade do que um exercício de justiça. A menos que Brunner fosse burro o bastante para voltar a pisar no território francês, ele não teria nada com que se preocupar.

Em 1974, quando surgiu o interesse de Serge Klarsfeld no caso de Brunner, a sentença de morte já havia prescrito, e Brunner era oficialmente um homem livre. Klarsfeld logo encontrou provas de que Brunner estava vivendo na Síria, sob a proteção oficial do governo e com o nome do seu primo, "Georg Fischer". Klarsfeld passou a pressionar os governos da Alemanha Ocidental e da França, para que pedissem a extradição de Brunner, a fim de que ele fosse julgado por seus crimes. Para isso, Klarsfeld precisava de uma nova acusação pela qual Brunner pudesse ser julgado, algo que não tivesse sido incluído no primeiro julgamento da década de 1950. A nova acusação trazida por Klarsfeld tratou o delicado tema das crianças. No verão de 1944, quando Brunner ainda era comandante de Drancy, ele ordenou a prisão em massa de 250 crianças abrigadas em uma casa administrada pela UGIF, que tentava mantê-las longe de Drancy. Um diretor da UGIF praticamente implorou para que Brunner reconsiderasse as suas ordens, mas o nazista respondeu que elas iam crescer para tornar-se terroristas. Todas as crianças foram deportadas, inclusive um bebê recém-nascido, e apenas 32 delas sobreviveram à guerra.

Em 2001, um tribunal da França condenou Brunner *in absentia* e sentenciou-o à prisão perpétua pela deportação das crianças francesas. Na década de 1990, os alemães ofereceram uma recompensa de 500 mil marcos alemães, por informações sobre Brunner. Todavia, quando a documentarista Esther Schapira, que fez um programa sobre o nazista em 1998, entrou em contato com um promotor público que tratava do caso em Colônia, trazendo informações sobre o paradeiro do criminoso, ela não encontrou senão uma suprema falta de interesse. Na opinião de Schapira, o dinheiro da recompensa não passava de um ato de relações públicas do governo alemão. Quando ela procurou oficiais do BND, o serviço de inteligência alemão, "eles disseram que podiam muito bem descobrir o destino de Brunner, se tivessem recebido ordens para tal, mas nenhum governo [alemão] jamais as deu".[93] Na época em que este livro estava sendo escrito, havia ordens de prisão para Brunner emitidas pela Alemanha, Áustria, França, Eslováquia, Grécia e Polônia.

Se – e é um "se" bem grande – Alois Brunner estiver vivo, teria completado 98 anos de idade em 2010. Embora seja possível que ele tenha chegado a essa idade, mesmo o Simon Wiesenthal Center admitiu, em março de 2009, que as chances eram "exíguas". A última vez que Brunner foi visto com vida por uma testemunha confiável foi em 1992; em 1996, ele também foi visto por um grupo de jornalistas. Em 2004, a série de TV *Unsolved History* exibiu um episódio chamado "Hunting Nazis". Na ocasião, usou-se um software de reconhecimento facial para comparar o retrato oficial de Brunner na SS com uma foto recente de "Georg Fischer" em Damasco. O programa de computador apontou uma correspondência de 8.1 pontos entre 10. Segundo os produtores da série, o resultado significa que há 95% de chance de o "Georg Fischer" da Síria ser o vivíssimo Brunner. Em um desdobramento ainda mais recente do caso, a polícia brasileira começou a investigar a sério uma história de que Brunner teria saído da Síria para ir viver no país. Os brasileiros entraram em contato com o Departamento para Assuntos Estrangeiros e Interpol da polícia israelense, solicitando as digitais de Brunner. Esse pedido foi passado a Efraim Zuroff, do Simon Wiesenthal Center, mas o caçador de nazistas não encontrou quaisquer digitais para ceder aos brasileiros. Em julho de 2007, a Justiça austríaca ofereceu uma recompensa de 50 mil euros para quem desse informações que levassem à captura e extradição de Alois Brunner. Até agora ninguém reclamou esse dinheiro para si.

---

93. GLANVILLE, Jo. "He's the last Nazi criminal still at large. But where is he?". *Observer*, 28 de novembro de 1999.

⚡⚡ Capítulo 9

Dez para Um

Dei 50 anos da minha vida para a Argentina, e ela não me quer [...] Lutei pela Alemanha durante a guerra, e agora ela quer me julgar por eu ter obedecido ordens.

SS-Hauptsturmführer Erich Priebke, 1994

Dezesseis membros da resistência italiana haviam se escondido ao longo da Via Rasella, em Roma, no dia 23 de março de 1944. Eles estavam bem armados, com submetralhadoras e revólveres estocados sob as roupas e misturaram-se com a multidão de romanos. Um deles empurrava um carrinho de gari e, às vezes, inclinava-se para pegar lixo do chão. A armadilha estava pronta e prestes a ser acionada. Do outro extremo da rua vinha o som dos coturnos sobre o pavimento. Marchando em uníssono, as tropas armadas até os dentes da SS – formavam a 11ª Companhia do Terceiro Batalhão, o Batalhão de Policiamento *Bozen* – retiniam pelo caminho com os seus rifles e outros equipamentos. Eram os senhores supremos e arrogantes de Roma, a polícia militar da SS, que cumpria o mandato dos seus suseranos da Gestapo e mantinham a ordem na capital italiana. Ironicamente, a maior parte das tropas da SS eram italianos falantes de alemão, nascidos na fronteira da província de Bolzano/Bozen e serviam a *Wehrmacht* na Frente Oriental. Para evitar outra missão no Leste, esses endurecidos veteranos de combate alistaram-se como voluntários na polícia da SS em outubro de 1943.

Na medida em que as tropas marchavam rua acima, aproximando-se dos membros da resistência, o combatente disfarçado de gari acendeu o pavio de uma bomba e desapareceu na multidão, menos de um minuto antes de as tropas passarem pelo seu carrinho. Dentro do carrinho estava a bomba caseira, feita com 12 quilos de TNT cuidadosamente colocados em um invólucro de metal. O invólucro, por sua vez, estava dentro de um saco com mais seis quilos de TNT e canos de ferro cheios de explosivo.

O *timing* do ataque não poderia ter sido melhor. Assim que a coluna em marcha emparelhou com o carrinho, aconteceu uma enorme explosão. As janelas dos prédios ao redor implodiram, com a onda de impacto. Uma grande nuvem de fogo e fumaça cobriu a rua. Pedaços de gente espalharam-se pelo pavimento e penderam das árvores na calçada. Quando a fumaça começou a se dissipar, os outros rebeldes abriram fogo contra os sobreviventes da SS e o som das suas metralhadoras e pistolas ecoou pelos prédios adjacentes. Depois de alguns minutos, os disparos cessaram. Os membros da resistência esconderam rapidamente as suas armas e desapareceram em meio à multidão confusa e aterrorizada.

Vinte e oito policiais da SS jaziam mortos na Via Rasella, e muitos mais ficaram gravemente feridos. Dentre estes, cinco não suportaram os ferimentos e morreram pouco tempo depois. Dois civis italianos também morreram por acidente durante a confusão. Minutos depois do ataque, o chefe da SD e da Polícia de Campo em Roma, o *SS-Obersturmbannführer* (tenente-coronel) Herbert Kappler, chegou à cena do ocorrido para dar início às investigações. O trabalho de Kappler, com seus 36 anos e a sua cara de fuinha, era, basicamente, exportar o terror nazista para o coração de Roma, o que supunha prender judeus e outros inimigos de Estado e enfiá-los em trens para campos de extermínio. Esse homem fora responsável pela supressão de diversos grupos da resistência que agiam na cidade. Já no fim de tarde daquele 23 de março, Kappler encontrou-se com o governador militar de Roma, o general da *Luftwaffe* Kurt Mälzer. O governador alemão sentiu-se ultrajado pelo atentado às tropas do Reich cometido bem no centro de Roma e exigiu a tomada de medidas imediatas de retaliação. Kappler não teve pejo de concordar plenamente com essa ordem ilegal. Os dois alemães decidiram que dez italianos seriam executados por cada soldado alemão morto. O general Mälzer foi até além, sugerindo que parte da cidade de Roma deveria ser incendiada. Os homens de Mälzer passaram essas propostas insanas ao quartel-general do comandante-chefe do Sul, responsável pela Itália, o marechal de campo da *Luftwaffe* Albert Kesselring, que por sua vez repassou a solicitação para o *Oberkommando der Wehrmacht* (OKW), em Berlim. Naquela mesma noite o próprio Hitler decidiu que a represália aconteceria dentro de 24 horas, e a ordem do *führer* foi transmitida a Kesselring.

Assim, a ordem de assassinar centenas de italianos inocentes desceu pela hierarquia de comando alemã. Kesselring considerou que a ordem vinha diretamente de Hitler e que, por conseguinte, deveria ser obedecida sem hesitações ou questionamentos. No entanto, Kesselring foi induzido a crer que os homens a serem executados eram criminosos italianos, já sentenciados à morte por outros delitos. O próprio Kappler mentira, dizendo ao comandante que ele tinha criminosos suficientes para fazê-lo, uma declaração sem qualquer fundamento real. De fato, Kappler precisava de 280 italianos e tinha um total de quatro homens condenados à morte nas cadeias de Roma. Kappler recorreu a um dos seus subordinados, o *SS-Hauptsturmführer* Erich Priebke, de 31 anos. O jovem oficial de Henningsdorf, em Brandenburg, recebeu ordens de criar uma lista com aqueles que seriam fuzilados. Além dos quatro criminosos condenados, as prisões da SD continham 17 homens cumprindo penas longas e 167 julgados "dignos de morrer". A SD também conseguiu capturar alguns suspeitos de pertencerem à resistência, ainda no local da explosão, que foram adicionados à lista. Mas ainda não era o bastante. "Ficamos a noite inteira revirando os registros e não conseguimos um número suficiente de pessoas para executar",[94] recordou Priebke, ao ser interrogado pelo exército britânico em 1946. O superior de Kappler na SS, o *SS-Brigadeführer und Generalmajor der Polizei* Wilhelm Harster, sugeriu que a quantidade fosse aumentada, com a adição de um grupo de judeus presos nas cadeias da Gestapo na cidade. A sugestão foi aceita com entusiasmo por Kappler e Priebke.

Ao meio-dia de 24 de março, Kappler e Priebke tinham uma lista com 271 homens. Então o número de pessoas a serem executadas já tinha crescido para 32, por causa dos alemães que morreram no hospital. Eram necessários mais italianos. Para ajudar a completar o número, o chefe da polícia fascista em Roma, Pietro Caruso, ofereceu alguns prisioneiros dos seus próprios presídios. Por engano, os alemães acabaram com 335 condenados, cinco a mais que o necessário. Kappler convocou uma reunião com os oficiais da SS que iam participar do massacre. "Ele nos disse que o comandante do regimento de polícia cujos homens morreram recusou-se a levar a cabo a execução, de modo que os homens do quartel na Via Tasso seriam os carrascos", contou Priebke. "Ele disse que era uma coisa horrível de se fazer e que, para mostrar que os homens tinham o apoio da hierarquia, todos os oficiais dispararíam um tiro no começo e outro no fim".[95]

---

94. WO310/137; GWDN: 00186, *The National Archives* (Public Record Office), Kew, London.
95. Ibid.

A SS transportou os condenados, que iam de jovens a senhores de idade, para um subúrbio rural de Roma, onde ficaram nas instalações desativadas de uma pedreira de *pozzolana*, perto da Via Ardeatina. Os dois oficiais responsáveis por conduzir o massacre eram Priebke e o *SS-Hauptsturmführer* Karl Hass, de 32 anos. Em grupos de cinco, os condenados foram levados para dentro dos túneis e cada um deles recebia um tiro na nuca, pois a ideia da SS era gastar apenas uma bala em cada italiano. A maioria dos homens da SS nunca matara ninguém antes, de modo que Kappler tratou de infundir-lhes um pouco de coragem "líquida", na forma de garrafas de conhaque, bebidas aos montes por oficiais e soldados. Para ganhar tempo, os soldados forçavam os prisioneiros a subir sobre os cadáveres dos já executados minutos antes, a fim de que se formassem pilhas ordenadas de mortos. Contudo, a combinação entre nervosismo e álcool implicou em tiros mal dados. Vários homens e meninos arrastaram-se até o fundo dos túneis para morrer das feridas, inclusive um pai e seu filho, encontrados mortos abraçados um ano depois, pelos investigadores dos Aliados. Durante as execuções, que se arrastaram por horas, Erich Priebke encorajou os seus homens, forçou alguns a atirarem nas vítimas e executou ele próprio dois condenados, com a sua Beretta automática. Pelo fim do dia, Priebke percebeu que tinha cinco condenados a mais. Em vez de mandar soltá-los, ele ordenou que também eles fossem fuzilados, para não deixar testemunhas italianas desse crime terrível.

Os engenheiros do exército alemão chegaram mais tarde para explodir a entrada dos túneis, sepultando os corpos. Depois, os alemães arrumaram as coisas, entraram nos seus caminhões e voltaram para os seus alojamentos, com a certeza de terem cumprido à risca as ordens de Hitler. Roma foi libertada pelos Aliados em 4 de junho de 1944, apenas dois dias antes do desembarque na Normandia, na França. Como ratos fugindo de um navio a ponto de afundar, os oficiais da SD e da Gestapo que ainda estavam na cidade tentaram fugir da Justiça, Hebert Kappler fugiu para a Cidade do Vaticano, então como agora uma pequena (e neutra) nação, implorando por asilo. O Vaticano sabiamente negou-se a deixar Kappler entrar e logo ele foi capturado pelos Aliados. Enquanto isso, Priebke já tinha fugido para algum outro lugar da Itália.

Erich Priebke foi preso pelo exército americano, no dia 13 de maio de 1945, na casa onde vivia com a mulher e os dois filhos pequenos em Bolzano, próximo à fronteira com a Áustria. "Eu estava com a minha mulher e ouvi batidas na porta", recordou Priebke, em uma entrevista para o escritor britânico Guy Walters, em Roma, em 2007. "Um soldado americano disse: 'Saia em meia hora com uma maleta e um cobertor'. Eles deixaram a minha mulher e as minhas crianças ficarem, mas eu fui levado em um grande caminhão. À medida que avançávamos, alguns italianos gritavam '*Tedeschi!*' e olhavam para nós passando o indicador no pescoço, como se estivessem cortando a própria garganta".[96]

Priebke passou os dois anos seguintes confinado em diversos campos para prisioneiros de guerra. No dia 28 de agosto de 1946, ele foi interrogado pelos britânicos em um campo em Afragola, próximo a Nápoles, sobre o Massacre Ardeatino. Durante o interrogatório, o alemão admitiu completamente o seu papel no planejamento e execução do crime, inclusive o assassinato dos dois condenados italianos. Priebke sabia que era apenas uma questão de tempo antes de os Aliados voltarem a sua atenção para ele e fosse instaurado um processo. Na época, ele bem poderia esperar a pena de morte por seus crimes de guerra. Sem dúvida, esse panorama foi o que o fez fugir do campo. E ele continuaria a fugir por 50 anos.

A fuga de Pribke de um campo de prisioneiros em Rimini contou com a ajuda de um outro criminoso de guerra nazista, que também foi uma figura de destaque nas investigações do pós-guerra: o *SS-Standartenführer* Walter Rauff. Como já contado, um dos muitos crimes de Rauff foi a invenção dos caminhões de gás para matar judeus na Frente Oriental, uma técnica que seria a lamentável precursora das câmaras de gás. Rauff, que certamente seria executado se o seu caso tivesse ido a julgamento, conseguiu receber ocultamente um par de alicates para cortar arames no campo. Na sua fuga, todavia, sequer precisou deles: ele conseguiu esconder-se debaixo de um caminhão de filmagens que visitava o campo. Foi dessa maneira um tanto insólita que ele conseguiu sair com sucesso do campo. Antes de sair, Rauff deixara os alicates com Priebke que, com outros quatro homens da SS, que estavam com a corda no pescoço, pôde passar à área cossaca do campo (onde ficavam as tropas cossacas da SS, capturadas na Itália), em 31 de dezembro de 1946. O pequeno grupo de fugitivos passou pelas latrinas e cortou as cercas para chegar ao perímetro urbano de Rimini.

Priebke e os seus companheiros primeiro tentaram refugiar-se com Luigi Santa, bispo de Rimini, mas o clérigo não estava em casa, de modo que os nazistas decidiram recorrer a um convento austero. No dia seguinte, o grupo decidiu separar-se e cada um sair da Europa por sua conta. A mulher e os filhos de Priebke haviam se mudado para uma

---

96. WALTERS, Guy. *Hunting Evil: The Dramatic True Story of the Nazi War Criminals who Escaped and the Hunt to Bring Them to Justice* (London: Bantam Books), 2010, p. 246.

cidadezinha no norte da Itália chamada Vipiteno, situada a 30 quilômetros de Merano e muito próxima da fronteira com a Áustria. Pribke chegou ao lugar de trem. Ele ficou por duas semanas na casa do pároco local, padre Johann Corradini, com medo de aproximar-se da sua família, que poderia estar sendo vigiada pelos Aliados. Depois dessas duas semanas, Priebke, agora adotando o nome de "Otto Pape", juntou coragem para arriscar-se a ser capturado e foi ao encontro da família. Eles permaneceriam em Vipiteno até outubro de 1948.

Priebke tinha motivos para ser cuidadoso, pois embora a sua família não estivesse sob vigilância, os britânicos estavam realmente no seu encalço. Diversos oficiais da SS já tinham sido presos e punidos por sua participação no Massacre Ardeatino e, em 26 de setembro de 1947, a unidade britânica para crimes de guerra no sul da Europa publicou uma lista de alemães procurados por participação no massacre. Erich Priebke encabeçava a lista. Outros três procurados, como Priebke, haviam escapado de campos de prisioneiros de guerra e nunca foram pegos.

No dia 21 de outubro de 1947, a divisão para crimes de guerra dos Estados Unidos instalada na Áustria informou aos britânicos na Itália que tinham informações confiáveis de que Priebke estava morando em Vipiteno. Os britânicos planejaram capturar o nazista no dia 31 de outubro, mas antes de eles entrarem em ação Priebke recebeu um alerta e fugiu para outro vilarejo, ainda mais ao norte e adentro das montanhas, onde ficou outros quatro meses.

O processo que culminou na vida confortável de Priebke na Argentina começou em 15 de fevereiro de 1948, quando o padre Corradini escreveu uma carta pedindo ajuda à família "Pape" ao bispo Alois Hudal, responsável pelo caminho de rato patrocinado pelo Vaticano, que levava os fugitivos para fora da Europa a partir do porto de Gênova. Corradini contou que os Pape viviam há três anos em Vipiteno, e que Alice Pape e os seus dois filhos – Georg e Ingo – eram bons católicos, embora o "Otto" não o fosse. Pape/Priebke dissera a Corradini que se converteria ao Catolicismo, se a Igreja concordasse em ajudá-lo. A esposa de Priebke tomou o assunto nas próprias mãos e entrou em contato com o padre Pobtizer, do convento franciscano de Bolzano. Pobtizer aconselhou Alice a procurar obter documentos da Cruz Vermelha. Para ajudá-los, Pobtizer também escreveu ao bispo Hudal em Roma. Outro ponto de assistência surgiu quando Priebke recebeu uma carta de um amigo chamado Alfredo Becherini, um fascista italiano que estava vivendo confortavelmente na Argentina. Os dois haviam se conhecido em abril de 1945. Becherini prometeu arranjar vistos argentinos para Priebke e a família, se eles enviassem as suas informações pessoais, coisa que Priebke fez. Logo depois, chegaram os vistos para os "Pape".

Enquanto isso, simpatizantes da causa na Igreja de Roma trabalhavam secretamente para ajudar a família de Priebke a escapar para América do Sul. No dia 26 de julho de 1947, a Pontifícia Comissão de Assistência entregou um documento de identidade do Vaticano em nome de "Otto Pape" a Hudal. O bispo, então, usou essa documentação para obter um passaporte da Cruz Vermelha para o fugitivo alemão. O processo terminou em 13 de setembro de 1948, quando Priebke se fez católico. Logo a seguir, Priebke visitou Hudal em Roma, onde o bispo lhe entregou um passaporte da Cruz Vermelha em branco. Em meados de outubro, o restante da família foi para Roma, onde Hudal entregou-lhes passaportes da Cruz Vermelha. Em todos os documentos, constava o sobrenome "Pape". De Roma, os Pape/Priebke foram para Gênova, ponto de partida para a sua nova vida, livre e longe da Europa e dos tentáculos da justiça dos Aliados.

Pouco antes de partirem para a Argentina, os Priebke enfrentaram um pequeno contratempo. Em Gênova, descobriu-se um problema em algumas das informações trazidas pelos seus documentos. Quando o embaraço foi resolvido por um outro grande mantenedor de caminhos de rato – o padre croata Krunoslav Draganovi –, a família já tinha perdido a sua cabine no navio. Para a sorte deles, a organização de Draganovi tinha reservado dez lugares no vapor *San Giorgio* e cedeu-os à família Priebke, em troca de praticamente todas as suas economias. No dia 23 de outubro de 1948, os Priebke partiram de Gênova, pobres mas, pelo menos, livres. A Argentina viria mostrar-se a salvação de Erich Priebke.

O ex-chefe de Priebke na SD de Roma, o *SS-Obersturmbannführer* Herbert Kappler, não teve tanta sorte quanto o seu astuto subordinado. Os britânicos prenderam-no em maio de 1945 e o entregaram aos italianos em 1947. As autoridades do país o levaram a julgamento em um tribunal militar, que o condenou à prisão perpétua no presídio militar de Gaeta, por sua participação no Massacre Ardeatino. A sua primeira esposa pediu o divórcio enquanto Kappler estava na prisão, mas ele veio a casar-se mais tarde com uma enfermeira alemã. Em 1975, aos 68 anos de idade, Kappler foi diagnosticado com um câncer terminal. Por causa da doença, a sua esposa recebeu autorização para visitá-lo sozinha sempre que quisesse, no Hospital Penitenciário de Roma, para o qual ele foi transferido no ano seguinte. Em uma das fugas mais incríveis realizadas por criminosos nazistas, Annaliese conseguiu botar o seu marido – já extremamente magro por causa do câncer – em uma mala grande e carregá-lo para fora da prisão. De maneira um tanto ingênua, Annaliese atravessou os Alpes com o marido e chegou à Alemanha Ocidental, onde ambos se instalaram em uma casa aconchegante. Embora os italianos tenham solicitado a extradição de Kappler, o governo alemão recusou o pedido, pois a sua lei não autoriza a extradição de cidadãos alemães. Hebert Kappler faleceu na sua casa, em Soltau, com 70 anos, em 1978.

Logo depois da sua chegada à América do Sul, Erich Priebke mudou-se para a bela cidade andina de San Carlos de Bariloche, a cerca de 1.800 quilômetros de Buenos Aires. Bariloche é uma impecável colônia de esqui, situada às margens de um lago e cercada de coníferas e montanhas cobertas de neve. É quase impossível negar as suas semelhanças com a Baviera e a Áustria, manifestada também nas casas em estilo germânico e nas lojas e restaurantes alemães. Ainda nos dias de hoje a cidade conta com muitos alemães mesclados na sua população de 100 mil habitantes, muitos deles descendentes dos seus fundadores alemães que emigraram do vizinho Chile na década de 1890, para recriar um pequeno pedaço da sua terra natal naquele território inóspito. Priebke adaptou-se bem a Bariloche. Por décadas, foi dono de uma padaria alemã e chegou mesmo a ter um papel ativo na vida pública local, ao ser eleito chefe da Associação Cultural Teuto-Argentina da cidade. Os cidadãos argentinos da cidade contaram que Priebke "era um bom vizinho e uma pessoa de comportamento irreprovável desde que chegara ao país".[97] Quando Priebke veio a ser preso, depois de mais de cinco décadas vivendo em Bariloche, mais de 200 moradores da cidade fizeram um abaixo-assinado pedindo a sua soltura. De fato, Priebke sentia-se tão seguro na Argentina que sequer se incomondou em mudar de nome ou solicitar a cidadania argentina. Em vez disso, o arrogante ex-capitão da SS conservou o seu passaporte alemão e viajou impunemente diversas vezes para a Europa. Ele visitou a Itália sem que ninguém se desse conta. No entanto, tudo mudou no começo da década de 1990, quando outro ex-nazista, Reinhard Kopps, contou ao canal de TV americano *ABC News* que Priebke, ainda procurado pela Justiça italiana, levava uma vida calma e confortável em Bariloche, Argentina.

Reinhard Kopps era ex-oficial da *Abwehr*, a unidade de inteligência do exército alemão que rivalizava com a Gestapo. Também ele escapara de um campo de prisioneiros de guerra no fim dos anos 1940,

---

97. CASH, Nathaniel C. "Buenos Aires Journal: Nazis a Dead Issue? In Argentina, Definitely Not". *New York Times*, 25 de junho de 1994.

levando consigo uma lista dos agentes da *Abwehr*. Kopps fugira pelo caminho de rato de Hudal até a América do Sul, onde se tornou consultor de relações públicas do ditador chileno, o general Augusto Pinochet, e posteriormente do general Alfredo Stroessner, do Paraguai. Munido dessa informação, um repórter da ABC chamado Sam Donaldson conseguiu entrevistar Priebke em Bariloche, ocasião em que o idoso alemão admitiu ter tomado parte no Massacre Ardeatino em 1944, ele mesmo chegando a matar dois condenados. Priebke, no entanto, tentou justificar as suas ações dizendo não ter culpa e alegando que apenas cumprira as ordens de Herbert Kappler, sendo estas vindas diretamente de Adolf Hitler. Assimo como muitos outros foragidos nazistas, ele também recorreu primeiramente à "defesa de Nuremberg" como tática legal, quando questionado por seus crimes. A falta de remorsos que o ex-oficial da SS exibiu durante a entrevista veio a ser a sua perdição. A sua arrogância e o seu despreso pelos que morreram desencadearam uma campanha apoiada por diversos grupos judeus poderosos. O objetivo era que ele fosse preso, extraditado e julgado por seus crimes. Os pesquisadores creem que além de ter participado do Massacre Ardeatino, Priebke também estivera envolvido na prisão e deportação de 6 ou 7 mil judeus italianos para Auschwitz. Além disso, ele também teria torturado prisioneiros políticos italianos durante os interrogatórios. A Argentina também recebeu o seu quinhão de críticas, por ainda permitir que criminosos nazistas encontrassem refúgio no país. A Itália pressionou a Argentina pela extradição imediata de Priebke. A reação dos argentinos não foi unânime. Muitos cidadãos do país eram contrários à extradição, e mesmo o presidente Carlos Menem chegou a declarar que, se a Argentina tinha de extraditar Priebke por seus crimes de guerra, o Reino Unido deveria extraditar Margareth Tatcher, para ser julgada em Buenos Aires pelo afundamento do cruzador *General Belgrano* durante a Guerra das Malvinas; o barco fora abatido quando estava fora da área definida para o confronto.

    Outros fugitivos nazistas vivendo na Argentina em 1994 foram entrevistados por repórteres, o que atraiu ainda mais a atenção indesejada da imprensa pelo país. Abraham Kipp, um ex-policial holandês, então com 77 anos, condenado à morte em seu país por 23 assassinatos, disse: "Não quero falar do passado. Já acabou". Kipp escapou de uma prisão holandesa em 1949, antes de ser executado, e foi para a Argentina por meio de um caminho de rato; ele se naturalizou argentino em 1953. Quando lhe perguntaram se ele sentia remorso pelos crimes que cometeu quando colaborou com os nazistas, Kripp foi enfático na resposta:

"O quê? Não"⁹⁸. Outro nazista residente em Buenos Aires, o antigo *SS-Untersturmführer* Wilhelmus Sassen, conhecera tanto Josef Mengele como Adolf Eichmann, quando ambos moraram na Argentina. Então com 76 anos, Sassen, que também era holandês, não cometeu crimes de guerra, mas trabalhou como jornalista para a SS na Frente Oriental e na Ocidental e colaborou com a propaganda nazista. Ele alegou que Mengele fora um homem "refinado", que amava a música clássica e que "o seu trabalho era acadêmico, com a finalidade de medir os extremos físicos e mentais suportados pelos humanos", o que não passa de um grande eufemismo. Sassen faleceu em 2001.

O problema das autoridades argentinas começou quando o país passou a ser visto como um lugar que abrigava de bom grado os foragidos nazistas, quando tal comportamento, mesmo na América do Sul, era considerado inaceitável. Priebke entrou na Argentina usando visto e documentos falsos fornecidos por Hudal, em Roma – todos emitidos em nome de "Pape" –, e não era cidadão argentino. A extradição era uma forma de a Argentina provar que não era mais o paraíso nazista criado pelo presidente Juan Perón quatro décadas antes. Depois de pressão italiana considerável, Menem ordenou a prisão de Priebke em 1994. No entanto, por causa da idade avançada, ele foi mantido em prisão domiciliar. O oficial responsável pela captura, o Inspetor Adalberto Ibarola, solicitou que um médico examinasse Priebke e constatou que o velho nazista sofria de depressão desde que admitiu publicamente a sua participação no massacre de Roma. Logo surgiu na imprensa argentina uma espécie de autoanálise do país, acerca do seu passado como santuário nazista. "Para a Argentina, que abriu as suas portas aos fugitivos nazistas da Europa do pós-guerra, começou a temporada de denúncia aos criminosos de guerra e de debater se eles devem ser julgados pelos seus crimes 50 anos depois".⁹⁹ Comentou Nathaniel C. Cash no *New York Times*. Os judeus foram especialmente enfáticos ao defenderem a extradição de Priebke, pois dezenas de judeus também tinham sido fuzilados junto com os italianos condenados. "Esse homem deve ser extraditado, porque a extradição representa uma negação da ideia de impunidade", disse Beatrice Gurevich-Rubel, diretora de pesquisa do *Proyecto Testimonio*, grupo que estuda a imigração nazista nos arquivos nacionais da Argentina. "É importante deslegitimar a ideia de que estavam apenas obedecendo a ordens. A questão não é apenas a punição desse indivíduo, mas o fato de ele ser submetido a julgamento, a fim de condenar o

---

98. Ibid.
99. Ibid.

que ele representa, de fazer as pessoas lembrarem-se do que aconteceu e evitar a repetição desses crimes e desse tipo de comportamento".[100]

Os italianos tiveram de esperar bastante antes de receberem Priebke; os advogados de defesa puseram em prática várias técnicas de adiamento. Primeiro, eles exigiram que todos os documentos italianos relativos ao caso fossem traduzidos para o espanhol, processo que poderia consumir até dois anos. Mais tarde, essa solicitação foi derrubada por um tribunal argentino. Houve ainda vários apelos contra a extradição. Os advogados de Priebke alegaram que o caso não existia, pois as acusações de homicídio prescrevem, depois de 15 anos. Embora isso seja verdade para homicídios comuns, crimes de guerra e crimes contra a humanidade recebem tratamento diferente nas cortes. Em março de 1995, o presidente Menem prometeu à Itália que o caso seria encerrado em breve. A Suprema Corte da Argentina decidiu transferir o processo de volta à corte local de Bariloche, dando margem a mais adiamentos. Contudo, em maio de 1995, um juiz federal argentino aceitou a solicitação italiana com base na noção de que crimes de guerra não prescrevem. Em uma reviravolta completa, outro juiz declarou, em agosto, que Priebke não podia ser extraditado porque os crimes haviam prescrito. Este último desdobramento judicial fez com que a Alemanha também emitisse uma solicitação de extradição. Os italianos queriam julgar Priebke por todo o Massacre Ardeatino, ao passo que os alemães queriam apenas acusá-lo pelo assassinato dos dois condenados que ele matou com tiros de pistola.

Por fim, após 17 meses de adiamentos e prevaricação, a Suprema Corte da Argentina decidiu que Priebke seria extraditado para a Itália. O alemão foi posto em um voo direto de Bariloche até a Base Aérea Militar de Ciampino, Roma. No seu julgamento, Priebke alegou ser inocente das acusações. Ele negou ser responsável pelo massacre, dizendo que estava apenas cumprindo uma ordem direta de Hitler, ordem esta que, à época, ele acreditava ser legítima. Contudo, estava claro, desde o seu depoimento aos britânicos em 1946, reforçado pela entrevista de 1994 ao programa *ABC News*, que Priebke reconhecia ter matado dois dos condenados. Tratava-se de um crime inegável. No entanto, em uma decisão que causou furor e protestos na Itália, o juiz declarou que Priebke era inocente, porque o caso havia prescrito. No dia 1º de agosto de 1996, o juiz ordenou que o alemão, à época com 83 anos de idade, deveria ser solto imediatamente. O prédio do tribunal ficou sete horas bloqueado por centenas de manifestantes revoltados. Para a opinião mundial,

---

100. Ibid.

parecia que o judiciário italiano estava tolerando crimes de guerra, o que representou um golpe muito sério ao prestígio da nação. Os promotores recorreram do caso, e a Alemanha pediu que Priebke fosse mantido preso, até que pudesse ser extraditado para julgamento no país pelos dois assassinatos que cometeu. Tamanho foi o clamor dos manifestantes nas ruas – e na imprensa –, que a Suprema Corte da Itália foi obrigada a intervir e declarar que a primeira corte era incompetente para o caso, de modo que a apelação da promotoria foi aceita. Priebke foi novamente preso e julgado.

Os Julgamentos de Nuremberg deixaram claro que o argumento de "ordens superiores" era inválido como defesa no caso de crimes de guerra. E toda a defesa de Priebke baseava-se na sua afirmação de que ele apenas seguiu uma ordem direta do seu comandante supremo, Adolf Hitler, o que tiraria a sua responsabilidade pela execução dos italianos. As "ordens superiores" são o argumento mais vezes esgrimido pela defesa nos casos de crimes de guerra, ao longo de toda a história moderna. A sua rejeição como defesa data de 1919, quando uma Comissão Internacional foi designada para emitir pareceres às Potências Aliadas sobre a questão da imunidade dos chefes de Estado quanto aos acontecimentos da Primeira Guerra Mundial. A Comissão afirmou: "Gostaríamos de afirmar que as autoridades civis e militares não podem ser dispensadas da responsabilidade pelo simples fato de uma autoridade mais alta ser eventualmente declarada culpada do mesmo crime".[101] O Código Alemão de Leis Militares afirmava que um soldado podia executar todas as ordens sem pestanejar sob pena de consequências legais, mas isso não lhe serviria de desculpa, em casos em que ele deveria saber, com certeza, que a ordem é ilegal. Essa regra prevaleceu no julgamento em Leipzig, em 1921, de dois oficiais de um submarino, que ordenaram que os sobreviventes de um naufrágio fossem metralhados, a fim de esconder a presença do seu barco; as ordens foram consideradas pela corte como emitidas pelos próprios acusados. O tribunal julgou que um soldado era passível de punição caso ele obedecesse voluntariamente uma ordem que implicasse qualquer contravenção do Direito Internacional. Erich Priebke tinha plena consciência que prender civis, na sua maioria inocentes, e depois executá-los com um tiro na nuca, infrigia todas as Leis de Guerra e do Direito Internacional. Priebke, porém, era membro de uma organização que se considerava acima da lei, e as suas mãos já estavam sujas com o sangue dos judeus que ele próprio deportara

---

101. LIVERPOOL, Lord Russell of. *The Knights of Bushido: A Short History of Japanese War Crimes* (London: Greenhill Books), 2002, p. 313.

para a morte na Polônia. Mas as leis, inclusive as leis alemãs da época, proibiam expressamente que soldados – e a filiação à SS, organização paramilitar, tornava Priebke um membro das forças armadas alemãs – cometessem assassinatos. A lei era clara: "Um subordinado que seguir ordens do seu oficial superior é passível de punição, caso saiba que dita ordem supunha uma contravenção à lei".[102] A sentença alemã de 1921 demonstra, mais uma vez, que dizer que os Julgamentos de Nuremberg seguiam a "lei dos vencedores" está errado; não se tratou de um caso de legislação *ex post facto*, mas de uma simples aplicação de princípios bem estabelecidos no Direito Internacional. Ninguém duvida que o principal dever de qualquer soldado seja cumprir ordens, mas o soldado tem o direito de desobedecer ordens ilegais. Ao ser confrontada com essa verdade, a defesa de Priebke recorreu à mentira de que o seu cliente teria sido castigado caso tivesse se recusado a levar o massacre a cabo. Com efeito, vários oficiais e soldados da SS presentes nos túneis ardeatinos tiveram sérias dúvidas sobre o que lhes fora pedido, e alguns se recusaram a atirar nos prisioneiros. Eles não foram castigados, mas receberam autorização para sair depois de alguma rusga. Aliás, em um caso, Priebke segurou um oficial pela cintura e o forçou a apontar a arma para a nuca de um condenado ajoelhado e atirar; só então soltou o oficial. O episódio caracteriza Priebke como assassino voluntário e alguém que força outras pessoas a cometer assassinatos. Outro oficial presente ao massacre, o *Untersturmführer* Gunter Amonn, de 37 anos, também se recusara a matar um condenados. "Levantei o rifle, mas estava com muito medo de atirar", Amonn lembrou mais tarde. "Os outros quatro alemães disparariam um tiro cada na nuca de quatro prisioneiros, que caíram para a frente. Depois que viram o estado em que eu estava, outro alemão me empurrou e fuzilou o prisioneiro designado para mim."

Ammon não recebeu qualquer punição por sua recusa de cumprir ordens ilegais.

A máquina de guerra nazista certamente encorajou as suas tropas a cometerem assassinatos desprezíveis e ilegais em todos os *fronts*, em um contraste gritante com o comportamento da maioria das tropas aliadas. Lord Russell de Liverpool, autor do relato clássico dos crimes de guerra nazistas, *The Scourge of the Swastika*, e um dos mais conceituados juristas militares que o Reino Unido teve, traçou uma comparação bastante pertinente ao caso de Erich Priebke e os seus comparsas:

---

102. Ibid. p. 315.

Se um soldado deve ser encarado como um mero autômato, então, um jovem comandante de pelotão britânico combatendo em território inimigo que recebesse ordens do seu coronel para prender todas as mulheres e crianças de um vilarejo em uma igreja, enchê-la de palha e incendiá-la – que foi o que os alemães fizeram em Oradour-sur-Glane, em 1944 – não teria alternativa senão obedecer. Ainda não conheci um oficial do exército britânico que não se negasse a cumprir tais ordens e enfrentasse as consequências com alegria.[103]

As Leis de Guerra garantem aos comandantes o direito de tomar medidas contra a Resistência, mas proíbem expressamente que os métodos para tal sejam arbitrários. As ordens de Hitler para capturar e assassinar os prisioneiros italianos eram arbitrárias ao extremo e, portanto, ilegais do ponto de vista do Direito Internacional.

O outro oficial no comando do Massacre Ardeatino convocado como testemunha pela Justiça italiana, foi o *SS-Hauptsturmführer* Karl Hass. Uma vez claro que Hass também tinha sangue inocente nas mãos, os promotores prepararam acusações a serem levantadas também contra ele. Em uma situação completamente inesperada, Hass foi encontrado em agonia, na frente do seu hotel, aparentemente depois de uma tentativa malograda de fugir da Itália. O idoso de 84 anos pulou do terraço no primeiro andar do prédio e quebrou a pélvis. Depois de se recuperar, Hass foi posto em julgamento junto com Priebke.

Ao fim do julgamento, Erich Priebke foi condenado a 15 anos de prisão, imediatamente reduzidos para dez, por causa da sua idade avançada. Em março de 1998, a Corte Italiana de Apelos condenou Priebke à prisão perpétua. A decisão foi mantida em novembro de 1998. No entanto, Priebke não serviu à sua pena na cadeia – ele recebeu autorização de permanecer em prisão domiciliar em Roma. Karl Hass recebeu pena de dez anos, em 1997, que logo foram reduzidos a apenas oito meses. Na verdade, ele foi solto imediatamente, por causa do tempo que passou sob custódia. Morreu em liberdade em 2004, na Alemanha, aos 91 anos.

Em março de 1997, os italianos decidiram não extraditar Priebke para julgamento na Alemanha pelo assassinato dos dois prisioneiros que ele matou. Ao mesmo tempo, Priebke trabalhava intensamente para recorrer das sentenças que lhe foram impostas pela Justiça italiana. Ele possui uma página na internet clamando por "justiça", e tem recebido o apoio de diversos grupos neonazistas da Alemanha. Priebke apelou da sentença na Corte Europeia de Direitos Humanos, em Estrasburgo,

---

103. Ibid. p. 317.

alegando que não teve alternativa senão cumprir as ordens de Hitler. No entanto, o fato de ele ter matado cinco vítimas a mais que o necessário era uma demonstração enfática demais da sua responsabilidade pelos crimes cometidos em 1944. O apelo foi rejeitado.

Priebke não hesita em desfiar a sua ira contra a injustiça de que, segundo ele, foi vítima nas mãos do tribunal militar italiano. Ele passou a questionar todos os processos contra criminosos de guerra nazistas, permanecendo, em larga medida, um nazista impenitente. "Talvez a coisa mais difícil seja aceitar verdadeira e serenamente o próprio destino", declarou em uma entrevista de 2004. "Creio [...] ter entendido o sentido da minha vida: batalhar até o fim para manter a minha autoestima alta, para preservar o orgulho de pertencer ao meu povo, os alemães que, com todas as suas virtudes e defeitos, não posso nem quero deixar de amar." E continuou: "Um mundo planejado durante a Conferência de Yalta, autojustificado pelos falsos julgamentos de Tóquio, Nuremberg e outros, armados contra aqueles que se recusavam a ser manipulados e pensar dessa maneira nova".[104] Quando perguntado sobre os seus crimes de guerra, Priebke sempre trata de justificar as suas ações: "Talvez as gerações de hoje, aqueles que nunca lutaram em uma guerra, não sejam capazes de entender. Tivemos de atirar nos túneis da Via Ardeatina. E não foi por ódio", ousou dizer. "Tivemos de atirar porque estávamos cumprindo uma ordem irrecusável vinda do próprio Hitler. Tudo o que posso dizer é que as represálias eram e ainda são uma prática legal na guerra."[105]

Em 2010, Priebke, com 97 anos, ainda era mantido em prisão domiciliar em Roma – uma sentença cumprida no conforto do próprio lar. O único motivo para uma punição tão leniente quanto possível – excetuada uma possível deportação para a Alemanha – é simplesmente a sua idade avançada. Do contrário, ele estaria apodrecendo em um presídio italiano. No entanto, esse caso toca a questão fundamental proposta por este livro: acaso a idade deveria ser levada em conta na determinação da pena dos prisioneiros de guerra nazistas? No caso de Priebke, acaso podemos considerar que se fez justiça, com gastos vultuosos em extradições e dois julgamentos, apenas para permitir ao condenado – genocida inveterado – viver os seus últimos dias de vida no conforto do seu lar? Alguém poderia muito bem dizer que no caso de Priebke a justiça foi feita apenas na aparência. O tratamento dispensado a ele também acende

---

104. RICCIARDI, Antonella. *Interview with Erich Priebke*. 3 de julho de 2004. *Disponível em* <www.antonellaricciardi.it>. Acesso em: 3 de junho de 2010.
105. Ibid.

o debate sobre valer a pena caçar e indiciar essas relíquias vivas, de uma guerra com que a maioria das pessoas já não se importa no começo do século XXI. O Holocausto, e os crimes cometidos por homens como Erich Priebke, fazem parte da história de muitas pessoas. Os oponentes do julgamento de criminosos de guerra frequentemente argumentam que o dinheiro gasto com isso poderia ser aplicado no combate aos criminosos de hoje.

Eu discordo disso. Não posso entender como um assassinato pode ser considerado qualquer coisa que não um crime digno de investigação; e os seus perpetradores como outra coisa que não gente que merece ser punida. A idade não deveria ter qualquer influência na determinação das penas, tampouco de gestos magnânimos para com os réus.

Capítulo 10

As Ações da Resistência

Ele não era do tipo que deixava um assunto importante ser tirado das suas mãos.

> Juiz Manfred Goetzl, sobre o antigo tenente da *Wehrmacht* Josef Scheungraber, 2010.

As tropas da *Waffen-SS* arrombavam portas e arrastavam civis italianos aterrorizados para fora das suas humildes casas com gritos guturais de "*Aus, schnell, schnell!*" Os sons das metralhadoras ecoavam pelas montanhas vizinhas, durante a destruição do vilarejo de Vaccareccia e o massacre brutal de todos os seus habitantes. Setenta homens, mulheres e crianças aterrorizados foram presos em um celeiro que depois foi bem trancado. Os soldados alemães lançaram barras de explosivo pelas janelas do lugar e descarregaram as suas armas contra a estrutura de madeira, deixando-a cheia de furos, para que depois viesse outro soldado com um lança-chamas e a incendiasse. Os vilarejos vizinhos de Franchi e Pero eram palco de bestialidades semelhantes, com os alemães alvejando de propósito os mais fracos e indefesos, os jovens e os anciãos. Por fim, os homens da SS se aproximaram do vilarejo de Sant'Anna di Stazzena. Era o dia 12 de agosto de 1944, e os alemães estavam executando a sua vingança sangrenta, por causa de recentes ataques da Resistência às suas forças de ocupação no norte da Itália. Tratava-se de uma operação similar à que Erich Priebke levou a cabo em Roma: a SS era implacável nas suas retaliações às atividades da Resistência por toda a Itália, e garantia que a população pagasse caro, com sangue e destruição, por cada pequeno êxito dos rebeldes contra o invasor alemão.

Em Sant'Anna, os alemães juntaram todos os cidadãos em uma praça na frente de uma linda igreja medieval. Como a praça tinha apenas um acesso, não havia para onde as pessoas correrem. Ao som de um grito de comando, os jovens da SS abriram fogo contra uma densa massa de homens, mulheres e crianças, que caíam formando imensas pilhas de cadáveres e feridos agonizantes. Cento e trinta e duas pessoas morreram, e os alemães as incineraram com um lança-chamas, de modo que a maioria delas não pôde ser identificada. No total, os assaltos a quatro cidadezinhas naquele dia tiraram a vida de 560 civis inocentes italianos.[106] Tal ferocidade dos alemães – ainda que bastante comum na Frente Oriental – era rara na Europa Ocidental. Talvez tenha sido um indício de que os alemães começavam a perder o controle, reagindo às suas derrotas no campo de batalha com campanhas cada vez mais assassinas, por trás da linha de frente, contra alvos fáceis: civis desarmados.

Apenas um mês depois, no dia 29 de setembro de 1944, a mesma unidade da SS que erradicara o vilarejo de Sant'Anna matou algo em torno de 700 ou 900 homens, mulheres e crianças – incluindo bebês – no pequeno povoado apenino de Marzabotto. Os civis foram brutalmente executados, mais uma vez em represália pelas ações da Resistência contra as forças alemãs de ocupação na região. Foi o pior massacre de civis perpetrado pelos alemães na Itália, durante a Segunda Guerra Mundial, embora não seja muito conhecido pelo público inglês. Todos morreram na cidadezinha, inclusive os cinco párocos locais. Os alemães ainda ampliaram o ataque para as imediações do vilarejo, fuzilando camponeses e queimando ou explodindo as suas casas. Dentre os mortos, 316 eram mulheres e 45, crianças com menos de 2 anos de idade.

As ordens para realizar os massacres de represália à Resistência vieram diretamente do marechal Albert Kesselring, um oficial das forças armadas e comandante das forças alemãs na Itália. Com início em 29 de setembro de 1944, a operação durou cinco dias de morticínio; em que um grande número de tropas da SS e da *Wehrmacht* regular cercaram e depois atacaram uma série de pequenas cidades situadas nos vales e montanhas e pitorescos dos rios Setta e Reno. Em alguns casos, não houve sequer um sobrevivente, como no povoado de Casaglia di Monte Sole, onde os civis aterrorizados fugiram para a igreja do lugar buscando a proteção do padre e de Deus. Os soldados alemães arrombaram as portas e mataram a tiros o padre, Don Ubaldo Marchioni, junto com três idosos que estavam ao lado dele. Depois, fizeram os 147 habitantes do local caminharem até o cemitério adjacente, onde abateram o grupo com tiros de metralhadora. Entre as vítimas, estavam 50 crianças. Os

---

106. *I Fascisti Locali le Guide delle SS Tedesche*. Disponível em <www.santannadistazzenna.com>. Acesso em: 1 de dezembro de 2010.

corpos foram deixados apodrecendo sob o Sol, para alertar a Resistência a não lançar mais ataques contra os alemães.

O homem responsável por toda essa morte e destruição sem sentido foi o jovem *Sturmbannführer* Walter Reder. Com 29 anos de idade e um braço a menos, Reder era um líder de combate altamente condecorado, que servira por muito tempo na Frente Oriental. Do seu pescoço pendia a maior condecoração de combate alemã – a Cruz de Cavaleiro da Cruz de Ferro – outorgada por sua atuação durante os encarniçados combates da Terceira Batalha de Kharkov, onde perdeu um dos braços. Enviado para o norte da Itália, depois de um período de convalescença na Alemanha, Reder assumiu o comando da *SS-Panzer-Aufklärungsabteilung 16*, que executava missões de reconhecimento para a 16ª Divisão Blindada de Granadeiros *Reichsführer-SS*.[107] A divisão tinha a tarefa de combater a Resistência italiana por trás da linha de combate, com métodos brutalmente simples: varrer o interior do país seguidas vezes, à caça de guerrilheiros da Resistência, seguir indicações do serviço de inteligência e eliminar rapidamente quaisquer inimigos do Reich que fossem encontrados. Não importava muito a maior parte dos assassinados por Reder e os seus homens em Marzabotto serem simples camponeses sem ligações com os rebeldes. Eles eram mortos para que a resistência visse que as suas ações causariam mais sofrimento ao seu próprio povo, e não aos militares alemães.

Reder caiu nas mãos do exército americano ao fim da guerra, mas foi a princípio liberado por causa dos seus ferimentos. Mais tarde, foi recapturado e entregue aos britânicos na Áustria. Os britânicos, por sua vez, o entregaram aos italianos em maio de 1948 e ele foi levado a julgamento em um tribunal militar de Bologna. Depois de um demorado processo, Reder foi condenado à prisão perpétua, em outubro de 1951, e enviado para o presídio militar de Gaeta, ao norte de Nápoles. Diante disso, alguns dos ex-oficiais da SS fundaram, em 1957, uma sociedade de socorro chamada *Gaeta-Hilfe* para tentar obter a soltura de Reder. Em poucos anos, a organização recebeu 280 mil cartas pedindo ao governo italiano a libertação do criminoso de guerra da SS. Foi apenas em dezembro de 1984, quando Reder enviou uma carta carregada de arrependimento aos cidadãos de Marzabotto que, equivocadamente, os italianos decidiram soltá-lo. No dia 24 de janeiro, Reder saiu da prisão e tratou de atravessar a fronteira com a Áustria o mais rápido possível, sendo recebido calorosamente em Viena. Ninguém menos que o próprio

---

107. ORTNER, Christian. *Marzabotto: The Crimes of Walter Reder – SS-Sturmbannführer* (Vienna, Dokumentationsarchiv des öster-reichschen Widerstandes), 1985.

ministro da Defesa austríaco, Friedhelm Frischenschlager, tratou de dar a Reder as boas-vindas em uma cerimônia militar formal, com toda a pompa e garbo. Frischenshlager era membro do partido de extrema direita liderado por Jörg Haider: o Partido Libertário da Áustria. Para deixar as coisas ainda piores, Reder retratou-se publicamente, por sua declaração de arrependimento aos sobreviventes dos massacres que conduziu, despertando a indignação dos italianos. Reder morreu em Viena, no ano de 1991. Um oficial da SS orgulhoso e livre até o último suspiro que, talvez, tenha demonstrado como a generosidade equivocada pode fazer mais mal que bem, pois a sua libertação provocou ainda mais dor e decepção no povo de Marzabotto.

Foi apenas em 2004 que se começaram a fazer esforços para localizar e indiciar alguns dos oficiais e suboficiais da SS que executaram os massacres ordenados por Reder. Um tribunal foi instaurado em La Spezia, Itália, para julgar dez acusados pela atrocidade de Sant'Anna.[108] Nas seis décadas que se passaram depois da guerra, a Itália, como a Alemanha, não mostrou muito entusiasmo para cumprir a tarefa de levar os suspeitos de crimes de guerra a julgamento. "Não é apenas na Alemanha que as rodas da justiça se movem devagar; também na Itália o processo dos inúmeros massacres perpetrados contra a população civil pelas tropas alemãs, na fase final da Segunda Guerra, definhou em boa medida", comentou o *Frankfurter Rundschau*.

"No começo dos anos 1950, quando as lembranças ainda estavam frescas e muitos dos acusados – soldados alemães e fascistas italianos – ainda podiam ser presos, muito dos casos foram encerrados."

Embora todos os dez homens da SS tenham sido considerados culpados, eles não estavam presentes no tribunal de modo que foram, na verdade, sentenciados à prisão perpétua *in absentia*. As autoridades alemãs nada fizeram para que os réus fossem chamados a prestar contas por seus crimes. Dois deles foram até descobertos por jornalistas; ambos levavam vidas confortáveis em casas de repouso alemãs. O antigo *SS-Unterscharführer* Karl Gropler, então com 82 anos, foi encontrado no povoado de Wellin, em Brandenburg. Já o antigo oficial subalterno *Untersturmführer* Gerhard Sommer vivia em uma casa de repouso em Hamburgo. Os outros oito alemães declarados culpados pela Itália em 2005 foram: Werner Bruss, Alfred Concina, Ludwig Goering, Georg Rauch, Horst Richter, Alfred Schönenberg, Heinrich Schendel e Ludwig Heinrich Sonntag.

---

108. *Un ex SS Confessa la Strage di Sant'Anna, Roma Insalbio I'inchiesta*. Disponível em <www.tacticalmedia@disinfo.net>. Acesso em: 20 de novembro de 2010.

O massacre de Marzabotto, por sua vez, ficou a cargo de outro tribunal militar italiano em La Spezia. No dia 14 de janeiro de 2007, dez outros oficiais e suboficiais da SS foram julgados culpados e condenados à prisão perpétua *in absentia*, ao passo que sete outros foram declarados inocentes. Mais uma vez, muitos desses homens estão vivos na Alemanha e na Áustria. E nenhum deles foi punido, apesar dos julgamentos italianos. Os culpados foram: Paul Albers, Josef Baumann, Hubert Bichler, Max Roithmeier, Heinz Fritz Traeger, Georg Wache, Helmut Wulf, Adolf Schneider, Kurt Spieler.

Desde o fim da Segunda Guerra, a SS – os "supersoldados" arianos de Himmler – tem sido merecidamente considerada por alguns uma das unidades militares mais selvagens e brutais a jamais existir. Embora as divisões da *Waffen-SS* sejam reconhecidas como tropas excelentes, e até fanáticas, alguns dos seus membros eram também assassinos de sangue frio que tiravam vidas inocentes e indefesas. O caso do *SS-Sturmbannführer* Walter Reder é o exemplo perfeito disso. Um leão no campo de batalha, na melhor tradição das forças de elite de todo o mundo, um homem celebrado e condecorado com a maior insígnia da Alemanha. Ao mesmo tempo, era de tal maneira depravado e falto de moral que podia empenhar-se com a mesma dedicação em uma guerra contra mulheres e bebês.

Não podemos esquecer que, embora bravos, astutos e às vezes brilhantes, os soldados da *Waffen-SS* também eram covardes, que não se importavam em matar civis indefesos e prisioneiros de guerra, acusação que nunca poderá ser levantada contra as unidades de elite dos exércitos americano e britânico. As unidades da SS que administravam os campos de concentração e formavam a SD eram, evidentemente, de muito baixo nível moral, e o exemplo do *SS-Hauptsturmführer* Erich Priebke é um tratado sobre a falta de moral e comportamento digno dessas unidades.

Mas o que dizer do exército regular alemão, a famosa *Wehrmacht*? Acaso eram melhores que os outros? Já existem muitas provas concretas de que as forças da *Wehrmacht* também cometeram muitos crimes de guerra, algumas vezes em operações conjuntas com a SS, outras sozinha.

Na Itália, as forças da *Wehrmacht* tentaram combater as ações da Resistência com os mesmos métodos de simplicidade brutal usados por seus colegas da SS: massacres. Ao menos um ex-tenente do exército alemão teve de acertar as contas com o passado, recentemente, depois de ser condenado à prisão perpétua na Alemanha, por suas ações ilegais durante a ocupação da Itália. Trata-se de um dos mais idosos criminosos de guerra nazistas a ser julgado, mostrando que onde há vontade judicial ainda pode haver justiça, não importa quantas décadas tenham se passado desde a perpetração do crime.

No dia 11 de agosto de 2009, um frágil, mas bem vestido e sisudo, Josef Scheungraber foi sentenciado à prisão perpétua pela Primeira Corte de Munique, na Alemanha. O bávaro de 90 anos de idade é, provavelmente, um dos últimos criminosos de guerra nazistas a ser condenado. Scheungraber possuía uma ficha de serviços meritória, assim como a sua carreira no serviço público da Alemanha depois da guerra. Tudo isso foi, no entanto, esquecido rapidamente quando, em 2006, começaram a aparecer detalhes de um episódio sangrento ocorrido em 1944, durante a ocupação alemã na Itália. No julgamento militar realizado pelos italianos em La Spezia, Scheungraber foi declarado culpado e sentenciado à prisão perpétua pelo assassinato a sangue frio de dez civis italianos e pela tentativa de assassinato de um adolescente, que conseguiu sobreviver para contar a história. Contudo, tratou-se de mais um julgamento à revelia, em que um réu alemão foi declarado culpado. Isso queria dizer que Scheungraber não cumpriria qualquer pena, a não ser que cometesse o erro de pôr os pés na Itália. Só que houve uma reviravolta capaz de mudar a impotência judicial padrão: os militares italianos passaram todo o dossiê do caso para as autoridades alemãs que, por incrível que pareça, começaram um julgamento no seu país. O julgamento começou em outubro de 2008 e foi considerado um dos últimos por crimes de guerra nazistas na Alemanha.

Scheungraber não era nazista nem serviu na SS. Esse respeitado empresário e líder civil aposentado de Ottobrunn, no distrito de Munique, fora oficial no exército regular alemão, o que torna ainda mais difícil entender as suas ações na Itália. Nascido a 8 de setembro de 1918, Scheungraber era carpinteiro quando a guerra estourou e ele se alistou cheio de entusiasmo na Primeira Divisão de Montanha. Nessa unidade, ele serviu com distinção na Polônia, França, Rússia e Creta. Em 1942, no Cáucaso, ele foi gravemente ferido na cabeça por uma mina terrestre. Depois de se recuperar, o jovem tenente Scheungraber alistou-se para a posição de comandante de companhia, no Batalhão de Engenharia de Montes 818 na Toscana, Itália. Ele serviu pouco tempo como oficial de munições, no quartel-general do Marechal Kesselring e participou da retirada do Mosteiro de Monte Cassino, no fim de 1943. Condecorado com a Cruz de Ferro de Primeira e Segunda classes, Scheungraber também ganhara uma Insígnia de Combate Cerrado por sua vasta experiência em combates na linha de frente em muitas batalhas.

No dia 26 de junho de 1944, a Resistência italiana matou um suboficial e um sapador de Scheungraber. O tenente foi imediatamente autorizado a levar a cabo retaliações contra a população civil do local. Aplicou-se o método-padrão dos alemães para lidar com as ações da resistência: para cada alemão morto, múltiplos inocentes do local eram assassinados. A ideia era desencorajar ataques futuros. Na verdade, essa política não funcionou e acabou levando muitos soldados e oficiais alemães a cometer crimes de guerra. O ataque dos rebeldes aconteceu no dia 26 de junho nas imediações do povoado de Falzano di Cortona, próximo de Arezzo, Toscana. E a represália deu-se no mesmo dia.

Primeiro, alguns soldados alemães fuzilaram ao acaso uma senhora de 77 anos e três homens. Depois, 11 homens – com idades entre 17 e 66 anos – foram capturados e trancados no primeiro andar de uma casa. Uma testemunha lembra-se de um alemão em uma moto dando ordens aos soldados. Como a testemunha não sabia alemão, não podemos saber o que foi dito. Logo depois, a casa foi dinamitada por engenheiros militares alemães, o que causou a morte instantânea de dez dos 11 reféns. O único sobrevivente foi um rapaz de 17 anos, Gino Massetti. Os advogados de Scheungraber alegaram durante o julgamento que as provas contra o seu cliente eram muito exíguas. Ninguém podia comprovar que Scheungraber estivesse mesmo no local do massacre, e o próprio ex-militar alegou estar fora do vilarejo consertando uma ponte. Embora a promotoria reconhecesse que não havia testemunhas vivas, convocou-se um ex-oficial da *Wehrmacht* identificado como "Eugen S" para testemunhar. Esse homem contou que Scheungraber lhe dissera na década de 1970 que não podia visitar a Itália por causa do que acontecera naquele país durante a guerra, um incidente que envolvia "fuzilar uma dúzia de homens e explodi-los pelos ares".[109] Eugen S. não se lembra de Scheungraber lhe ter dito que a decisão tinha sido dele, embora o ex-tenente tenha narrado o episódio "como se fosse".[110] Apareceram também fotos de Scheungraber ao lado dos cadáveres dos alemães mortos pela Resistência, o que confirmava a sua presença no povoado no dia da atrocidade.

A soma das provas bastou para convencer o júri alemão, e Scheungraber, ainda gritando ser inocente, foi declarado culpado no dia 11 de agosto de 2009 com a pena de prisão perpétua. No entanto, por causa

---

109. TOPPING, Alexandra. "German Veteran, 90, Jailed for Nazi War Crimes". *Guardian*, 11 de agosto de 2009.
110. Ibid.

dos seus 90 anos, ele ainda não tinha sido enviado para o presídio até a conclusão deste livro.

Tratou-se de uma queda notável para um homem que fora um pequeno empresário de sucesso depois da guerra, administrando uma marcenaria e uma loja de móveis. Um homem, além disso, que dedicou 20 anos da sua vida a trabalhos na câmara municipal da sua cidade, anos que lhe valeram uma medalha de honra. Mas os dois julgamentos e as suas sentenças indicaram mesmo que nunca é tarde demais para punir gente como Scheungraber, ainda seis décadas depois. A boa vida e a sorte que Scheungraber teve foram negadas aos dez homens, que morreram de forma horrível quando a casa fora explodida por ordens suas. Foi um crime tão hediondo e reprochável como muitos daqueles cometidos pelos homens da SS e que preenchem as páginas deste livro. A atrocidade mostra também que a *Wehrmacht* não era assim tão avessa a tais desumanidades. O prefeito de Cortona declarou após o veredito: "Penso que essa decisão traz finalmente paz para os mortos e para os vivos".[111] De fato, ele parece ser mesmo um passo em direção à cura de algumas feridas do passado.

---

111. Ibid.

Capítulo 11

Ajudantes Dispostos

Em momento algum em 1944, eu agi com a sensação de que estava cometendo um crime. Hoje, 65 anos depois, logicamente, vejo as coisas sob outra perspectiva.

Antigo *SS-Sturmann* Heinrich Boere, Aachen, 2009

Arthur Rozenstein, de 6 anos de idade, tremia incontrolavelmente nos braços do seu pai, junto a centenas de outros judeus às margens do congelado Danúbio na Iugoslávia. Os sons de tiros de metralhadora reverberavam em torno deles, e o pequeno Rozenstein assistia às pessoas caírem imóveis no chão. "Só fui entender que elas estavam sendo fuziladas quando fiquei mais velho",[112] disse. De repente, uma ordem foi gritada por um oficial húngaro do exército aborrecido e os disparos pararam. Os sobreviventes, inclusive a família Rozenstein, foram autorizados a voltar para suas casas na cidade iugoslava de Novi Sad. Tiveram sorte. Os soldados húngaros haviam assassinado 4.211 pessoas durante três dias de carnificina, por toda uma área da cidade chamada de "a praia" por ficar às margens do rio. Os corpos – entre eles os de 2.842 sérvios e 1.250 judeus – foram desovados no Danúbio sem muita cerimônia.

O massacre de Novi Sad, em janeiro de 1942, começara como uma operação antirresistência por parte das tropas do Exército Real Húngaro, mas logo degenerou em massacre de civis na cidade ocupada, capturada pela Hungria quando os alemães invadiram Iugoslávia, em 1941. Na capital húngara, Budapeste, vive hoje um homem que encabeça a lista de criminosos de guerra nazistas mais procurados do Simon Wiesenthal Center: um advogado aposentado de 96 anos chamado Sándor Kepiro. Em 1942, Kepiro foi tenente da polícia húngara e esteve intima-

---

112. SEKULARAE, Ivana; WOOD, Nicholas. "Hungarian Is Faced With Evidence of Role in '42 Atrocity". *New York Times*, 1 de outubro de 2006.

mente ligado ao massacre de Novi Sad. Só voltou para a Hungria depois de décadas escondido na Argentina, em 1996, após receber garantias da embaixada húngara em Buenos Aires de que não seria indiciado por seus crimes de guerra no país natal. Kepiro é um dos vários não alemães procurados por participação em atrocidades e crimes de guerra de inspiração nazista cometidos em toda a Europa ocupada. Muitos desses suspeitos estão seguros, nos seus países de origem ou vivendo em liberdade na Alemanha. Na maioria dos casos, esses idosos não têm medo de processos e punições.

A Solução Final apoiava-se bastante nos não alemães para levar a cabo boa parte da sua matança. Vimos anteriormente como a SS recrutava com alegria ucranianos brutalizados, em campos para prisioneiros de guerra, para suprir o contingente de guardas dos seus campos de concentração. Os alemães, contudo, também trabalharam lado a lado com outras nações, para garantir que os judeus dessas regiões fossem eliminados o mais rapidamente possível. Ainda vivem muitos desses homens que colaboraram diretamente com massacres e *pogroms* contra os judeus dos países-satélites do império nazista – nações alinhadas à Alemanha, que mantinham certo grau de independência. Muitos desses criminosos não alemães retornaram aos seus países de origem apenas com o fim do comunismo na Europa, e vários estão nas listas israelenses de mais procurados. Parece, no entanto, que os seus países têm pouco desejo de julgá-los hoje, depois de mais de meio século de ditadura comunista. Para a maioria dos cidadãos dessas nações, a Segunda Guerra Mundial foi um tempo bom, um tempo anterior à Cortina de Ferro e às suas consequências devastadoras para as liberdades e direitos individuais. Em razão do horror mais imediato da história recente, e ao fato de esse horror ter durado praticamente uma geração, é difícil para muitos cidadãos desses países estabelecerem uma relação com o breve hiato na História que foi a Segunda Guerra Mundial. Ou seja: os criminosos do período da guerra podem contar com a indiferença dos juízes e do público para manterem-se longe do tribunal e do cárcere.

Os alemães contaram com a ajuda de sérvios, croatas, letões, lituanos, húngaros e uma série de outras pessoas da Europa Ocidental e Oriental, dos Bálcãs, do Báltico e Estados satélites para capturar e deportar judeus para os campos de extermínio nazistas. Eles também incentivaram esses países a matar quantos judeus locais quisessem, fomentando assim, deliberadamente, o ódio racial e acertos de contas imaginários em muitas regiões da Europa. Os resultados dessa política foram de arrepiar. Na Letônia, uma unidade chamada Comando Arajs fuzilou ou deportou 60 mil judeus. Na Bulgária, 11 mil foram deportados para campos de concentração nazistas. Entre 330 mil e 390 mil sérvios foram assassinados na Croácia, juntamente com 20 mil judeus e 26 mil ciganos. Além disso, outros de 7 mil judeus foram deportados para os campos de concentração do Reich. A polícia francesa capturou e ajudou a deportar mais de 75 mil judeus, enquanto na Hungria mais de 450 mil judeus foram presos e enviados para Auschwitz. A Itália deportou 8 mil judeus para campos de concentração alemães, sendo que os próprios italianos mataram 5 mil no seu campo de concentração. Na Holanda, os colaboradores entregaram entre 8 mil e 9 mil judeus aos nazistas. Na Romênia, entre 280 mil e 380 mil judeus foram mortos. A Eslováquia deportou 70 mil judeus para a Polônia. Por fim, nas áreas da União Soviética ocupadas pela Alemanha, foram mortos 6 mil judeus (sem contar o mais de 1 milhão de judeus assassinados pelos *Einsatzgrüppen*). Até a Suíça alimentou os campos de extermínio da Solução Final, repatriando ou deportando mais de 20 mil refugiados, com milhares de judeus entre eles, que buscaram refúgio no país teoricamente neutro.

A tarefa de atribuir responsabilidades e culpas pela morte de centenas de famílias liquidadas às margens do rio Danúbio em Novi Sad no início de 1942 mostrou-se extremamente difícil. A polícia húngara, liderada por homens, como o tenente Sandor Kepiro e seus colegas, recebeu a missão de juntar as pessoas destinadas a morrer, com base em listas preparadas por outros. O exército húngaro levou a cabo a maioria, senão todas, as execuções, mas o massacre não teria acontecido sem a ajuda da polícia.

Kepiro foi denunciado, pela primeira vez, em setembro de 2006, dez anos depois de ter voltado a fixar residência na Hungria, após o exílio autoimposto no refúgio favorito dos criminosos de guerra nazistas, a Argentina. O idoso de 92 anos foi confrontado por dezenas de repórteres à soleira da sua porta e, aparentemente adotando a estratégia de que a melhor defesa é o ataque, Kepiro respondeu às perguntas durante uma hora, negando veementemente qualquer responsabilidade pelo massacre. "Possuíamos uma lista de pessoas que tínhamos de juntar", disse. "Ela nos foi dada por um comitê que cuidava da identificação de pessoas."[113] Quando pressionado para responder sobre a sua responsabilidade, Kepiro alegou que exigira receber ordens formais: "Fui o único a pedir uma ordem por escrito. No momento do massacre, estava relutante. Prove que eu fui um criminoso de guerra".[114]

---
113. Ibid.
114. Ibid.

Apesar de a tal ordem escrita para os eventos de Novi Sad nunca ter chegado, Kepiro fez o seu trabalho e juntou os civis inocentes. Sendo ele o policial no comando dos homens que capturavam as pessoas, é difícil não pensar que ele força os limites do verossímil ao dizer que desconhecia o destino que aguardava as pessoas que prendeu. Quando o foragido falou secamente aos repórteres, para provarem que ele era um criminoso de guerra, ele tinha uma base sólida para isso. Em 1944, Kepiro e outros 14 oficiais de polícia foram indiciados pelos próprios húngaros, por sua participação no massacre; o tenente recebeu uma pena de dez anos de sentença. Livrou-se, porém, da punição graças à intervenção dos alemães na política do país. A Hungria, sob a regência do almirante Miklós Horthy de Nagybánya desde 1920, aliou-se com a Itália de Mussoline e, em 1941, com a Alemanha de Hitler. A Hungria recuperou alguns territórios perdidos para a Iugoslávia (inclusive Novi Sad), a Romênia e a Tchecoslováquia. Mais tarde, no mesmo ano, o país viria a declarar guerra contra os Estados Unidos e a União Soviética. No entanto, em 1944 ficou claro para os líderes húngaros que a Alemanha nazista chegava ao fim, de modo que o almirante Horthy tentou pôr fim à aliança com Hitler e retirar as suas tropas da guerra. Em resposta, as tropas alemãs ocuparam a Hungria e a Solução Final estendeu-se aos quase 500 mil judeus do país. Um quinto de todos os judeus assassinados pelos nazistas era húngaro.

Um *Sonderkommando* liderado pelo *SS-Obersturmbannführer* Adolf Eichmann invadiu Budapeste, e dentro de poucos dias veio a ordem de que os judeus seriam obrigados a usar a estrela amarela. Os comércios judeus foram tomados e os seus bens, roubados. Criaram-se guetos por todo o país. As deportações para as câmaras de gás de Auschwitz-Birkenau começaram rapidamente, e, entre 15 de maio e 9 de julho de 1944, cerca de 430 mil judeus húngaros foram enviados para a Polônia, sendo que metade deles pereceu em Auschwitz. No começo de julho, o almirante Horthy ordenou que as deportações cessassem, pois ainda queria cortar os laços entre a Hungria e a Alemanha. A reação nazista, ao encerramento público da aliança por Horthy, no dia 15 de outubro, foi encenar um movimento de mudança política, que culminou com a tomada de poder pelo Partido da Cruz Flechada, encabeçado pelo violento antissemita Ferenc Szálasi. Sandor Kepiro, já capitão, e os seus outros colegas de polícia foram soltos da prisão imediatamente, e a polícia e o exército húngaros foram mobilizados para destruir os judeus restantes em Budapeste. Quando os soviéticos terminaram a sua conquista da Hungria, em abril de 1945, 568 mil judeus húngaros já tinham sido mortos no Holocausto. Kepiro fugiu por um caminho de rato na Itália e desembocou na Argentina. Enquanto isso, o novo regime soviético julgava-o à revelia e condenava-o a 14 anos de prisão por sua participação na atrocidade cometida em Novi Sad.

As chances de Sandor Kepiro entrar em um tribunal são mínimas por dois motivos. O primeiro é obvio: a sua idade avançada. Nascido em 1914, atingiu os 96 anos de idade em 2010. O segundo motivo é a falta de vontade dos húngaros para lidar com os seus anos de colaboração com os nazistas durante a guerra. O historiador Krisztián Ungváry afirmou: "Estamos falando de um homem acusado de ter responsabilidade de comando, mas é muito difícil provar. A culpa de Kepiro é difícil de ser provada tantos anos depois do ocorrido. Os promotores também estão levando em conta que o homem tem 92 anos [em 2007]. Há várias outras pessoas mais perigosas para os cidadãos, de modo que o povo não entenderá por que ele está sendo indiciado".[115] No entanto, contra toda esperança, a Promotoria de Budapeste abriu uma nova investigação no dia 1º de março de 2007. A condenação anterior de Kepiro, em 1944, "não pode ser imposta, pois o documento do veredito está perdido e não pode ser encontrado". Kepiro declarou em 2007: "Sinto muito por eles, os inocentes que morreram ali. Mas não fiz nada para ser julgado [...] Não sei de onde eles tiram essas coisas impossíveis. Apenas por que eu fui policial?".[116]

Em 2010, enquanto este livro era escrito, o caso de Sandor Kepiro ainda estava na fase de investigação, *três anos depois de começar*. O tempo está escorrendo, e a probabilidade de qualquer outro país submeter um iminente centenário a julgamento é extremamente remota. Podemos ter certeza de que a política desempenha um papel fundamental para garantir que Kepiro não seja julgado antes de morrer de causas naturais. Pois caso um criminoso do curto passado nazista da Hungria seja punido, o que fazer com todos os crimes cometidos durante meio século de governo comunista, cujos perpetradores são bem mais jovens e saudáveis que Kepiro?

O caso de outro húngaro vivendo atualmente na Austrália tem se mostrado extremamente frustrante para os caçadores de nazistas desejosos de vê-lo em um tribunal. Karoly (Charles) Zentai foi preso pela polícia federal australiana, no dia 8 de julho de 2006, para esperar a sua extradição para Hungria. O idoso de 86 anos – cujo nome é Karoly

---

115. "New investigation against Sandor Kepiro". *Beta*, 14 de março de 2007.
116. PETO, Sandor. "Hungarian court to rule on Nazi war crimes charges'". *Reuters*, 9 de fevereiro de 2007.

Steiner – nasceu no dia 8 de outubro de 1921 e viveu tranquilamente na cidade australiana de Perth desde 1950, até ser localizado pelo Simon Wiesenthal Center em 2004. Depois de dois anos de uma queda de braço jurídica, as autoridades australianas decidiram prender Zentai, com base na suspeita de que ele teria cometido crimes de guerra e se prepararam para enviá-lo para Budapeste, onde ele seria interrogado pela polícia húngara. Zentai era procurado por sua ligação com a morte do jovem judeu de 18 anos Peter Balazs em novembro de 1944. Na época do assassinato, Zentai era um soldado-ajudante do exército real húngaro, de 23 anos, baseado em Budapeste.

De acordo com o Simon Wiesenthal Center, Zentai foi um dos três soldados que torturaram e assassinaram Balazs. Zentai ajudou o capitão Bela Mader, seu superior e o tenente Lajos Nagy, a espancar Balazs por cinco horas até a morte, depois de o adolescente ter sido preso por Zentai em um trem, por não estar usando a estrela amarela que o identificava como judeu. Zentai nega incansavelmente a acusação, alegando que sequer estava em Budapeste no momento do crime. As provas do caso são, sem dúvida, muito contraditórias e também muito velhas.

Em junho de 2005, um jornal – *The Australian* – desenterrou seis depoimentos de testemunhas do julgamento dos soldados envolvidos no assassinato de Balazs. O processo se desenrolou entre os anos de 1947 e 1948, na Corte Popular de Budapeste, instaurada pelo novo governo comunista. O capitão Mader fora interrogado pelo escritório político do exército no dia 15 de novembro de 1945. Mader culpou o tenente Nagy pelo assassinato. O próprio Nagy viria a ser julgado em fevereiro de 1948 e condenado. Mader foi condenado e também admitiu a sua crueldade durante o decorrer de seu julgamento. No entanto, apesar de nem Mader nem Nagy mencionarem qualquer participação de Zentai, outro soldado, Janos Mahr, deu uma declaração divergente. "Todo mundo sabia que Lajos Nagy e Zentai espancavam os presos", disse Mahr. Quanto ao caso específico de Peter Balazs, Mahr afirmou: "Ele foi espancado por Nagy e Zentai. O espancamento durou das 15 às 20 horas. Bela Mader também estava presente. Eu sabia o que estava acontecendo por causa do barulho e dos gritos!".[117] O testemunho de Mahr foi imediatamente rejeitado pelo filho de Zentai, Ernie Steiner: "Todos esses depoimentos usados contra o meu pai foram dados por soldados húngaros [...] que temiam pelas próprias vidas. Eles sabiam que o meu pai estava seguro

---

117. TAYLOR, Paige. "Testimony 'Clears' Zentai's Name", de Paige Taylor, *The Australian*, 1 de outubro de 2007.

na Alemanha e, por isso, descarregaram tudo nele. É uma estratégia de defesa clássica".[118] De fato, Zentai mudara-se para a Alemanha depois da guerra para evitar um indiciamento na Hungria comunista.

No dia 16 de abril de 2007, a primeira apelação de Zentai contra a sua extradição foi indeferida pela Justiça Federal da Austrália. Em 2 de março de 2009, Zentai passou "com louvores" em um teste no detector de mentiras, o que lançou ainda mais dúvidas sobre a sua suposta culpa. O governo australiano, porém, aprovou a sua extradição no dia 12 de novembro de 2009, provocando nova apelação dos advogados de Zentai. Para a decepção do chefe dos caçadores de nazistas do Simon Wiesenthal Center, Efraim Zuroff, o primeiro a denunciar Zentai, a Corte Federal da Austrália derrubou a ordem de extradição no dia 2 de julho 2010. Os advogados de Zentai alegaram que o seu cliente não poderia ser extraditado porque as autoridades húngaras não o tinham acusado de nenhum crime, mas apenas solicitavam a sua volta ao país para um interrogatório policial. A Corte achou que o governo não tinha jurisdição para ordenar a extradição nessas bases. Malcolm McCusker QC, advogado de Zentai, comentou: "Seria a morte de Zentai. Um ato opressivo e incompatível com as questões humanitárias extraditar o sr. Zentai".[119] Zuroff não se impressionou com tais declarações. "Se ele é inocente, que prove a sua inocência em um tribunal", disse. "Toda essa baboseira jurídica [...] indica o comportamento de uma pessoa que tem algo a esconder, não o de uma pessoa que tem absoluta certeza de não ter do que se envergonhar".[120] Zuroff e o Simon Wiesenthal Center sustentam que Charles Zentai não só participou do assassinato de Peter Balazs, como também de capturas, perseguições e assassinatos de outros judeus de Budapeste em 1944, o que faria do húngaro um colaborador com o Holocausto. "Lembro a todos de que quando eu denunciei Charles Zentai, a reação inicial dele foi dizer que queria vir para a Hungria e limpar o seu nome", disse Zuroff em 2008. "Penso que já é hora de ele passar um dia no tribunal. Sei que em certo sentido os seus filhos parecem ser a as vítimas deste processo. Mas [...] chegou o momento de deixar de

---

118. BUCKLEY-CARR, Alana. "War Criminal' Charles Zentai Loses Extradition Fight over 1944 Murder". *The Australian,* 21 de agosto de 2008.
119. "Accused War Criminal Charles Zentai Wins Fight against Extradition to Hungary". *The Australian, 2* de julho de 2010.
120. MALKIN, Bonnil. "Suspected Nazi Fights Extradition from Australia to Hungary". *The Telegraph,* 11 de março de 2009.

pensar no adorável avô de Perth para pensar em Peter Balazs, o adolescente que foi horrivelmente assassinado".[121]

Dada a recusa das autoridades australianas em extraditar Zentai para a Hungria, é extremamente improvável que ele seja submetido a julgamento pelo assassinato de Peter Balazs. Zentai, com 89 anos em 2010, permanece em liberdade na cidade de Perth.

Extraditar outros suspeitos de crimes de guerra vivendo em países que colaboraram com os nazistas no extermínio dos judeus mostrou-se uma missão tão difícil quanto os casos dos húngaros Kepiro e Zentai. Algimantas Dailide chamou a atenção das autoridades pela primeira vez em fevereiro de 1997, quando morava em Cleveland, nos Estados Unidos. Cidadão americano desde 1955, Dailide chegara ao país em 1950 e trabalhou como corretor imobiliário até a aposentadoria. Nos formulários para a solicitação de visto, Dailide declarou que a sua profissão antes de ir para a América era "guarda-florestal". Lituano, a cidadania americana de Dailide, foi revogada, abruptamente, pela Corte Distrital Americana de Cleveland em 1997, quando foi revelado que ele foi membro, durante a guerra, da Polícia de Segurança da Lituânia (PSL) Colaboracionista, tendo participado diretamente do assassinato de poloneses e judeus. A Corte de Apelação dos Estados Unidos manteve a decisão do Estado de Ohio de desnaturalizar Dailide, apesar de a defesa ter recorrido. Em 1999, o suspeito mudou-se para a Flórida. Depois de longas deliberações jurídicas, um juiz de Bradenton ordenou a deportação de Dailide para a Alemanha, em maio de 2002; de lá ele iria para a Lituânia a fim de ser julgado. Depois de outro recurso da defesa ser indeferido, a ordem de deportação foi confirmada em outubro de 2003. Dailide foi o 60º suspeito por crimes de guerra nazistas a ser deportado, graças a informações fornecidas pelo Departamento de Investigações Especiais, a unidade da Justiça americana voltada à procura de nazistas; Dailide foi também o quarto ex-membro da PSL a receber punição no seu país de origem.

A PSL foi uma força de polícia que trabalhava ao lado dos nazistas. Existiu de junho de 1941 até os nazistas deixarem a Lituânia fugindo do Exército Vermelho, em 1944. Duzentos e cinquenta dos 400 homens que a formavam estavam aquartelados na cidade natal de Dailide, Kaunas; outros 130 estavam em Vilnius, capital da Lituânia. Esses homens trabalhavam lado a lado, ainda que como subordinados, com as forças de segurança da ocupação alemã, principalmente

---

121. BUCKLEY-CARR, Alana "'War Criminal' Charles Zentai Loses Extradition Fight over 1944 Murder".*The Australian,* 21 de agosto de 2008.

com a polícia de segurança do exército regular (a *Sicherheitspolizei* ou "Sipo"), a polícia criminal (*Kriminalpolizei* ou "Kripo") e a polícia de segurança da SS (*Sicherheitsdienst* ou SD). Também estacionados na Lituânia estavam os Nono e 16º Regimentos da Polícia da SS, a fim de suprimir as atividades da Resistência.

Os alemães criaram um gueto para judeus em Vilnius, confiando à PSL várias tarefas de vigilância e terror: fornecer-lhes informações sobre comunistas e minorias étnicas, vasculhar o lugar à procura de membros da Resistência e entregar listas de judeus e outros "indesejáveis", que eram, quase sempre, presos pela PSL. Estes últimos eram enviados para o gueto ou entregues à SS para serem fuzilados. Os alemães e os colaboradores lituanos criaram valas especiais para as execuções em um bosque próximo a Vilnius. Lá, 50 mil judeus foram assassinados.

Dailide alistara-se na PSL em 1941, logo após a invasão alemã. Em outubro do mesmo ano, tomara parte em um esquema asqueroso: um colaborador da PSL enganou um grupo de judeus, prometendo levá-los para fora de Vilnius escondidos no seu caminhão, mediante pagamento. Os judeus em fuga – entre eles, crianças – foram detidos pela PSL, que os entregou à SS para que fossem mortos. Dailide fugiu para a Alemanha e, de lá, para os Estados Unidos, depois de os soviéticos tomarem a Lituânia. E Dailide não estava só. Muitos membros da PSL, inclusive a maioria dos seus líderes, fizeram caminho para os Estados Unidos, onde permaneceram ocultos até o fim dos anos 1990. O ex-oficial-comandante da unidade de Vilnius da PSL, Aleksandras Lileikis, teve a sua cidadania americana revogada em 1996, em Boston. Mas o seu julgamento foi adiado várias vezes, por causa da sua saúde frágil. No fim, Lileikis morreu com 93 anos sem jamais ir a julgamento. Seu assistente, Kazys Gimzauskas, retornou à Lituânia em 1996, depois de os americanos investigarem a sua casa em São Petersburgo, Flórida. Ele foi condenado em 2001, em julgamento na Lituânia, por participar de genocídio, mas escapou da prisão por causa da idade. Outro ex-membro da PSL, Adolf Milius, também morador de São Petersburgo, voltou para a Lituânia assim que os americanos começaram a sondar o seu passado. Lá morreu, em 1999, antes de ser indiciado por qualquer crime.

Em julgamento realizado em Vilnius em 2004, Algimantas Dailide, então com 85 anos de idade, foi declarado culpado de ter capturado poloneses e judeus que fugiram do gueto e os entregado à morte, nas mãos dos alemães. O número exato de assassinatos que valeram a condenação de Dailide é 14, entre homens, mulheres e crianças: dois poloneses e 12 judeus lituanos. No entanto, em uma ação que desapontou profundamente o Simon Wiesenthal Center, o tribunal lituano recusou enviar Dailide à prisão: "porque ele é muito velho e não representa perigo para a sociedade". Dailide, que completou 89 anos em 2010, vive hoje em liberdade na Lituânia. Um criminoso de guerra condenado, mas impune. O Simon Wiesenthal Center afirmou que o caso de Dailide mostra que a Lituânia não está disposta a castigar criminosos de guerra nazistas nem a lidar com a participação dos seus cidadãos no genocídio dos judeus. E é difícil não pensar o mesmo.

Quando o sino tilintou sobre a porta da sua farmácia, Fritz Bicknese levantou a vista do balcão onde preparava alguns remédios e logo começou a ter suspeitas. Dois jovens, aparentemente atléticos, trajando ternos de marca desconhecida e chapéus Fedora entraram na loja. Um dos homens deu um passo à frente e perguntou o nome de Bicknese em holandês. Bicknese, suspeitando que os dois visitantes eram da polícia de segurança alemã, respondeu dando-lhes o seu nome completo. Então, um dos homens, Heinrich Boere, pôs a mão dentro do paletó e sacou uma pistola automática. Bicknese, assustado, deu um passo para trás. Boere apontou a pistola para o corpo de Bicknese e disparou três vezes. Com Bicknese já sangrando no chão, à beira da morte, o segundo invasor, Jacobus Besteman, também sacou a sua pistola e disparou mais três balas no corpo estendido no chão, antes de fugir com o companheiro. O assassinato de Fritz Bicknese, cometido no norte da Holanda, em julho de 1944, foi apenas mais um dentre os mais de 54 perpetrados por uma unidade especial da SS formada exclusivamente por colaboradores holandeses. A unidade chamava-se *Sonderkommando Feldmeijer*, e esteve em atividade por um ano na Holanda, dando cabo de inimigos reais e suspeitos do Terceiro Reich, por meio de um terrorismo patrocinado pelo governo.

A operação, chamada pelo codinome *Silbertanne* ("Abeto prateado") pelos alemães, tinha sido ordenada pelo homem com o grandioso título de *Generalkommissar für das Sicherheitswesen und Höherer SS-und Polizeiführer* ("Comissário das Forças de Segurança e Líder Supremo da Polícia da SS"): Hanns Albin Rauter. Esse general da SS era o governador efetivo dos Países Baixos ocupados desde a invasão alemã, em maio de 1940. Enquanto esteve no cargo, Rauter foi responsável pela deportação de 110 mil judeus holandeses para os campos de concentração (só 6 mil deles sobreviveram à guerra), e enviou 300 mil holandeses para trabalhos forçados no Reich. Rauter também perseguiu e assassinou os membros da Resistência holandesa e outros suspeitos de sentimentos nacionalistas. A Operação *Silbertanne* foi a reação a uma série de ataques lançados pela Resistência, contra as forças alemãs de ocupação e aos seus colaboradores do partido nazista holandês, o NSB. Um grupo escolhido a dedo, composto de 15 holandeses da SS, formaria o esquadrão de extermínio *Feldmeijer*. E os alemães tinham uma vasta gama de holandeses para escolher, pois milhares deles lutaram pela Alemanha durante a Segunda Guerra Mundial.

Poucos meses depois da ocupação, os alemães já eram capazes de formar uma unidade chamada de Regimento *Standarte "Westland"* recrutada integralmente entre voluntários holandeses para a Divisão *SS Wiking*. Os seus membros participaram de diversas ações contra os soviéticos na Frente Oriental. Oficialmente, os voluntários holandeses, cerca de 7 mil homens, eram parte da *Nederlandsche SS*, mas, em novembro de 1942, o nome da unidade foi mudado para *Germaansche SS in Nederland* (SS Germânica nos Países Baixos). O recruta holandês tinha de satisfazer rígidos critérios raciais, físicos e políticos impostos pela SS. Todos tinham de comprovar a sua descendência ariana pura até 1800; não podiam ter crimes vergonhosos no seu histórico; tinham de ter pelo menos 1,72 m de altura; deviam ser saudáveis e possuir entre 18 e 30 anos de idade; finalmente, todos eram obrigados a assinar uma declaração de lealdade incondicional aos seus superiores.

Em setembro de 1943, o *Feldmeijer* precipitou-se contra a população do norte da Holanda, depois de receber ordens do quartel-general da SD em Groningen. Dois irmãos tornaram-se membros especialmente infames da unidade: Pieter e Klaas Faber. Vinham de uma família de nacionais-socialistas holandeses, da pequena cidade de Heemstede, e ambos se alistaram na SS, logo depois da ocupação alemã. No começo, estavam baseados no quartel-general da SD, mas depois foram designados para a esquadra de assassinato. Os irmãos Faber mataram muitas pessoas, e há indícios de que não era raro ambos sentirem um prazer sádico nesses atos, maltratando muitas das vítimas.

Heinrich Boere admitiu ter assassinado três homens, inclusive o farmacêutico Fritz Bicknese. Boere, na verdade, nasceu na Alemanha, filho de pai holandês e mãe alemã, mas foi criado em Maastricht desde os 2 anos de idade. Também ele se alistara na *Waffen-SS* em setembro de 1940, servindo depois na Frente Oriental com a Divisão *SS Wiking* no Cáucaso. Em dezembro de 1942, porém, contraiu uma doença e foi mandado de volta a Maastricht para recuperar-se.

Em setembro de 1944, na companhia de outro membro holandês da SS, Hendrik Kromhout, Boere chegou à casa de Teun de Groot, dono de uma oficina de bicicletas em Voorschoten. Esse homem, pai de cinco filhos, tinha ligações com os antinazistas e já chegara a esconder fugitivos no seu estabelecimento. De Groot atendeu a porta, ainda de pijama, por ser bem cedo no domingo, mas levou um tiro mortal de Boere enquanto procurava, sonolento, o seu documento de identidade. Depois desse assassinato, Boere e Kromhout visitaram o apartamento de F.W. Kusters, cidadão indefeso que sequestraram em seu carro. Assim que saíram da cidade, Boere fingiu que um dos pneus tinha furado, parou o carro à beira da estrada e matou Kusters com um tiro.

A Operação *Silbertanne* foi cancelada, de repente, em setembro de 1944 pelo *SS-Brigadeführer* Karl Schongarth, chefe da Sipo e da SD na Holanda. O saldo foi transformar em criminosos de guerra 15 holandeses que participaram das suas operações. Pieter Faber foi preso pelos britânicos, em 1945, e entregues aos holandeses. Julgado no seu país natal, ele foi declarado culpado do assassinato de pelo menos 11 civis holandeses em junho de 1947. Ele foi executado. Seu irmão Klaas também foi julgado pelos holandeses e condenado à morte, mas no dia 14 de janeiro de 1948, a sua sentença foi comutada para prisão perpétua e ele foi encarcerado em Breda. Todavia, no dia 26 de dezembro de 1952, Klaas e mais seis ex-membros da unidade de *Feldmeijer* conseguiram escapar da prisão. Os fugitivos se dirigiram para a fronteira com a Alemanha e, naquela mesma noite, Klaas Faber passou para a Alemanha Ocidental e para liberdade em Ubbergen. Klaas era considerado um cidadão alemão, porque, inacreditavelmente, uma lei nazista ainda permaneceu em vigor na Alemanha Ocidental até ser revogada por pressão da União Europeia nos anos 1990. Qualquer ex-SS, independente de qual fosse sua nacionalidade, poderia reivindicar ser um cidadão alemão, com base na lei *Führererlass* promulgada originalmente por Hitler. A lei deu cidadania automática a membros da SS. A Alemanha Ocidental continuou reconhecendo esta lei durante décadas, depois da queda do Terceiro Reich. Faber também tinha escapado para a Alemanha Ocidental, porque o governo não extradita seus cidadãos. Faber foi trabalhar na indústria automobilística alemã, dentro dos escritórios da Audi, em Ingolstadt, na Baviera. Porém, quando a *Führererlass* foi revogada depois da pressão da União Europeia, Faber ficou sem pátria, de repente. Em agosto de 2010 uma petição assinada por 150 advogados foi apresentada ao governo israelita, na esperança de mandar Faber de volta para a Holanda, para cumprir sua sentença. O advogado David Schonberg, de Jerusalém, organizou a petição para pressionar o governo israelita para exigir a extradição de Faber para a Holanda. Israel escreveu para o ministro da Justiça alemão, mas, enquanto escrevi este livro, Faber, aos 82 anos, permanecia livre e à vontade na Alemanha.

Heinrich Boere passou dois anos em um campo para prisioneiros de guerra britânico. Durante esse período, ele foi interrogado e admitiu os três assassinatos já mencionados aqui. Havia peixes maiores a serem pegos, de modo que Boere foi libertado. Tão logo isso aconteceu, o ex-membro da SS foi esconder-se na Holanda, onde vivia com medo de ter de cumprir uma longa sentença caso as autoridades holandesas descobrissem a sua identidade. Assim, Boere fugiu para a sua terra natal, começando vida nova na Alemanha, que também lhe deu a cidadania por seus serviços à SS. Boere trabalhou como mineiro de carvão até aposentar-se em 1976. Em 1949, um tribunal holandês condenara Boere à morte *in absentia* pelos três assassinatos, por apoiar o inimigo e por servir em um exército inimigo. O tribunal também revogou a cidadania holandesa do ex-membro da SS. Quando a lei *Führererlass* foi derrubada pela União Europeia, Boere se tornou um apátrida. Em 1983, o governo da Alemanha Ocidental recusou um pedido de extradição holandês por ainda não ter certeza se Boere tecnicamente ainda era cidadão alemão: afinal, ele havia nascido na Alemanha, filho de mãe alemã. O governo alemão também declarou que as ações de Boere eram "atos aceitáveis de guerra"[122], em resposta aos atos "ilegais" da Resistência holandesa. Em 2007, um tribunal de Aachen decidiu que Boere poderia cumprir a pena de prisão perpétua na Alemanha, mas o tribunal de apelação de Colônia derrubou essa decisão, declarando que a condenação de Boere em 1949 fora inválida, porque o réu não tinha podido se defender. No dia 14 de abril de 2008, o promotor público de Dortmund disse estar se preparando para indiciar Boere, o que daria início a um novo julgamento. A ação, no entanto, não pôde prosseguir, depois que o tribunal de Aachen decidiu que Boere não tinha condições médicas de ir a julgamento, no dia 8 de janeiro de 2009. O circo legal continuou quando o tribunal de apelação de Colônia decidiu, no dia 7 de julho de 2009, que Boere *tinha* condições médicas de ir a julgamento. Uma revisão do caso feita pelo Tribunal Constitucional da Alemanha decidiu rejeitar o novo recurso de Boere e decidiu, mais uma vez, contra a apelação de Boere e que ele tinha condições médicas de ir a julgamento. Começou-se um novo julgamento no dia 28 de outubro de 2009, no Tribunal Regional de Aachen. Quando não estava em julgamento, Heinrich Boere viveu livre em uma casa de repouso na sua cidade natal, Eschweiler. O único comentário desse idoso de 88 anos para os jornalistas sobre as acusações foi: "Não estou interessado no que aconteceu no passado".

122.BOYES, Roger. "SS Killer Heinrich Boere Finally Jailed at 88". *The Times,* 24 de março de 2010.

Porém, para outros jornalistas, Boere pareceu ser mesmo um nazista impenitente. Quando lhe perguntaram como ele pôde ter assassinado as vítimas que era acusado de matar, respondeu da sua cadeira de rodas, rindo: "Não é difícil; você só põe o dedo no gatilho e puxa. Bang! Foi bem simples".[123] Em uma decisão que representou meia vitória para a Justiça, Boere foi julgado culpado no dia 23 de março de 2010 e condenado à prisão perpétua. Boere afirmara que se não tivesse levado a cabo as matanças pelas quais foi culpado, a SS o teria castigado. É a chamada "Defesa de Nuremberg", ou o argumento de que ordens dos superiores tiveram de ser obedecidas. "Eu sabia que, se não cumprisse a ordem, estaria quebrando um juramento e seria fuzilado", disse Boere durante o julgamento. "Em momento algum em 1944, eu agi com a sensação de que estava cometendo um crime. Hoje, 65 anos depois, logicamente vejo as coisas de outra perspectiva".[124]

Até o momento em que escrevo não se sabe se Boere vai mesmo passar algum tempo na prisão. Parece extremamente improvável que as autoridades alemãs prendam um homem velho e doente, o que, mais uma vez, levanta dúvidas sobre qual o valor de localizar, denunciar e indiciar, com grandes custos, os criminosos de guerra nazistas ainda vivos. Que justiça há para as vítimas, se os culpados se livram de qualquer punição real?

Alguns foragidos livraram-se de punições significativas, ou de qualquer forma de punição, por viverem em países que não estavam dispostos a indiciá-los ou extraditá-los. A Alemanha é particularmente culpada nesse sentido. Como vimos nos casos de Klaas Faber e Heinrich Boere, a Alemanha, por vezes seguidas, recusou-se a extraditá-los para julgamento na Holanda. O caso de Soren Kam é bem parecido com esses.

Kam nasceu em Copenhague, Dinamarca, em novembro de 1921. Desde cedo partidário do nazismo, Kam alistou-se na *Waffen-SS* e serviu com distinção na Frente Oriental com a Quinta Divisão de Blindados SS *Wiking*. Foi promovido à patente de *SS-Obersturmführer* (tenente) e acumulou algumas das condecorações de combate mais prestigiosas de Alemanha, inclusive a Cruz do Cavaleiro da Cruz de Ferro – Primeira e Segunda classes – e a Insígnia Prateada de Ferido em Combate. Com efeito, ele foi o voluntário dinamarquês da SS mais condecorado na guerra, e investido com a Cruz de Cavaleiro da Cruz de Ferro, a con-

---
123. Ibid.
124. *Former Nazi SS member convicted of Dutch murders*. BBC News, 23 de março de 2010.

decoração militar mais alta da Alemanha nazista, pelo próprio Adolf Hitler. Loiro, bonito e enérgico, parecia sintetizar todo o ideal da SS: a suposta superioridade racial do povo ariano. No entanto, no dia 21 de setembro de 2006, vemos esse mesmo Kam, aos 86 anos de idade, detido pela polícia alemã em sua casa em Kempten im Allgau, cidade bávara pequena e pitoresca, a 120 quilômetros de Munique. Não foi a primeira ocasião em que o nome de Kam chamou a atenção das autoridades. Ele era procurado na Dinamarca pelo assassinato de um editor de jornal de Copenhague chamado Carl Henrik Clemmenson, fuzilado por três pessoas durante a guerra. Em 1946, um tribunal dinamarquês já tinha condenado um dos assassinos, Flemming Helweg-Larsen, à morte, executando-o pouco tempo depois. O segundo suspeito identificado, Jorgen Valdemar Bitsch, escapou e nunca mais foi visto. Soren Kam, por sua vez, era o líder desse triunvirato de assassinos. No entanto, obtivera a cidadania da Alemanha Ocidental, em 1956, ficando fora do alcance das autoridades dinamarquesas.

Em 1999, a Dinamarca solicitou à Alemanha a extradição de Kam. Os alemães, é lógico, negaram-se a extraditá-lo por causa das suas leis. Nova solicitação foi feita e também rejeitada. Em 4 de fevereiro de 2007, a Alemanha negou a extradição alegando que a morte de Clemmenson fora um caso de homicídio culposo, não de assassinato. Assim, não se trataria de um crime de guerra, mas de um crime comum, que já prescrevera. Portanto, Kam não tinha a que responder. Por isso, embora Kam tenha admitido ser um dos que atiraram em Clemmenson, nada pôde ser feito contra ele, uma vez que as autoridades alemãs se recusam a extraditá-lo e nem querem, elas mesmas, indiciá-lo. Kam alega que o assassinato foi acidental, o que é, realmente, um grande exercício de imaginação: o corpo de Clemmenson foi encontrado pela polícia dinamarquesa estendido à beira de uma estrada e crivado de balas, disparadas por três armas diferentes. De acordo com a filha de Clemmenson, Mona, o pai morreu uma morte desgraçada. "Ele teve medo e cobriu o rosto com as mãos. Disseram-me que os assassinos dispararam através de suas mãos para matá-lo."[125]

A Dinamarca também queria interrogar Kam sobre o roubo de um censo de população em 1943, quando ele era sargento da SS. O censo foi usado, mais tarde, pelo SD para capturar e deportar para o campo de concentração de Theresienstadt, 500 judeus dinamarqueses, muitos dos quais pereceram. Efraim Zuroff criticou publicamente os alemães por

---

125.WATERFIELD, Bruno. "Former SS officer sheltering in Germany". *The Telegraph,* 28 de novembro de 2007.

sua "equivocada [...] simpatia judicial para com um desprezível colaborador nazista, que serviu fielmente o Terceiro Reich".[126] Kam negou veementemente ter feito qualquer mal. Na sua única entrevista, dada à rede britânica BBC em fevereiro de 2008, o nazista impenitente declarou: "Sou um homem bom; nunca fiz nada de errado". Certamente a relação próxima de Kam com a *Stille Hilfe* ("Ajuda Silenciosa") – uma organização de ajuda a ex-membros da SS – e a sua participação em campanhas de ajuda a veteranos da SS fazem muitos verem Kam como um nazista empedernido. De fato, Kam sempre foi muito próximo de Gudrun Burwitz, a filha do *Reichsführer-SS* Heinrich Himmler. Com 81 anos, essa mulher permanece uma grande apoiadora do neonazismo, trabalhando para perpetuar a memória infame do seu pai.

A *Stille Hilfe* sustentou muitos suspeitos de crimes de guerra, cobrindo custas legais e cuidando deles de vários modos. Alguns dos nazistas infames ajudados por Burwitz e a sua organização foram Klaus Barbie e Erich Priebke. A organização tem entre 25 e 40 membros, mas centenas de apoiadores anônimos na cena neonazista alemã. Burwitz, com o sangue de Himmler correndo-lhe nas veias, foi descrita pelo escritor Oliver Schroem como "deslumbrante princesa nazista, uma deidade entre os crentes nos velhos tempos".[127] Quando menina, era adorada pelo pai Himmler, que a chamava de *"Puppi"* (boneca). A filha, por sua vez, também venerava o pai. Depois da morte de Himmler em 1945, em uma prisão britânica, a adoração e reverência de Burwitz pelo pai e pelos veteranos da SS sobreviventes não diminuiu, mas se fortaleceu. A *Stille Hilfe* trabalhou duro para traçar estratégias de ajuda aos suspeitos nazistas ainda vivos na Alemanha. Embora seja uma organização legal, seus negócios são administrados em um mundo secreto, longe dos olhos inquiridores da polícia e dos jornalistas. O ex-comandante de um *Einsatzgruppen*, o *SS-Standartenführer* Martin Sandberger, falecido em 2010, recebeu os cuidados de Burwitz na casa de repouso onde vivia em Stuttgart. Ele foi apenas um dos que receberam tamanha atenção. "É verdade que ajudo no que posso", disse Burwitz. "Mas me recuso a discutir o meu trabalho".[128] É impressionante que, mesmo seis décadas depois do fim da guerra, ainda floresçam e operem organizações como a *Stille Hilfe*. Mais surpreendente ainda é o fato de as autoridades alemãs tolerarem a sua existência.

---

126. Ibid.
127. HALL, Allan. "Revealed: How Himmler's 'Nazi Princess' Daughter is still the Heroine of Shadowy Nazi Group Fighting War Criminal's Extradition". *Daily Mail*, 1 de dezembro de 2010.
128. Ibid.

Durante a Segunda Guerra Mundial, a pequena Croácia foi capaz de tornar-se um empenhado país-satélite nazista nos Bálcãs, depois que a ocupação alemã, no começo de 1941, causou a separação da Iugoslávia em vários países. A Croácia era governada por um grupo de fascistas conhecido como o Ustaše. O regime da Ustaše foi responsável pelas mortes de talvez meio milhão de sérvios, judeus e ciganos, executados sem misericórida sob a supervisão nazista, como parte das ações da Solução Final. Um homem vivo até 2010 teve papel fundamental em milhares dessas mortes. Até então, Georg Aschner vivia em paz na Áustria, país para onde fugiu em 1945. O verdadeiro nome de Aschner, com 97 anos de idade em 2010, é Milivoj Asner e, durante a guerra, ele fora delegado provincial de polícia em uma pequena cidade croata.

A pequena cidade de Pozega tinha em 1941 uma população de cerca de 7 mil habitantes. Asner foi designado chefe da polícia local em 15 de maio de 1941, com apenas 29 anos de idade. Além de ser fiel à lei e à ordem, Asner era seguidor do governo Ustaše de Zagreb, onde ele se formara advogado.

Quando a Solução Final foi estendida aos países-satélites de Alemanha, Asner cumpriu fielmente as suas ordens de deportar centenas de pessoas para uma série de campos de concentração administrados por croatas. A maioria dos deportados foi assassinada. Os homens de Asner juntavam os judeus, sérvios e outras "minorias" em um ímpeto de limpeza étnica; os presos passavam por uma triagem no salão dos bombeiros, uma grande área de recreação no centro de Pozega. Embora hoje esse lugar seja usado para casamentos e espetáculos teatrais, em 1942 os detentos eram metidos lá dentro, destituídos das suas posses e então forçados, sob a mira de armas, a entrar nos caminhões destinados aos campos. Sob a supervisão de Asner, toda a comunidade judia de Pozega foi erradicada da face da terra.

Hoje, Asner vive em um belo apartamento na cidade austríaca de Klagenfürt com a sua segunda esposa. Embora extremamente velho, foi capaz de ir ao estádio para assistir a uma partida de futebol na cidade, em 2008, quando um time croata estava em campo. Nessa ocasião, foi fotografado e entrevistado pelo jornal *The Sun*, da Inglaterra, e a reportagem ganhou notoriedade. Asner pode caminhar sem ajuda e tem uma saúde bastante forte, para um homem próximo de completar um século. Em 1945, Asner fugira da Croácia depois da queda do regime fascista e o estabelecimento de um Estado comunista. Na Áustria, obteve cidadania austríaca e tornou-se um cidadão respeitado de Klagenfürt. Assim que o comunismo acabou na Iugoslávia, no começo dos anos

1990, Asner atravessou de novo a fronteira e foi residir em sua cidade natal: Daruvar, perto de Pozega. Ele viveu uma vida calma entre o seu povo por dez anos, até que um jovem historiador amador croata, jovem e enérgico, começou a investigar a história mais sombria de Pozega, obtendo resultados surpreendentes.

"Tudo começou há dez anos, quando entrei no cemitério judeu de Pozega e vi o estado lamentável em que ele estava", disse o historiador Alen Budaj, de 19 anos. "O terrível era que ninguém falava sobre o que aconteceu aos judeus aqui. A gota d'água foi ver que o cemitério estava sendo destruído. Isso me comoveu e comecei a pesquisar". Um nome começou a pulular nos documentos que Budaj examinou nos arquivos da cidade. "Eu via o nome de Asner ligado ao Holocausto em toda parte. Fiquei chocado quando descobri que ele estava vivo e morando na Croácia."[129]

Os documentos foram tornados públicos, e muitos parecem apoiar as afirmações feitas por Budaj e Zuroff, do Simon Wiesenthal Center, que logo entrou no caso. O documento que designa Asner como o delegado de polícia em Pozega sobreviveu, junto com um documento aterrorizante, assinado por Asner, autorizando a expulsão de 64 famílias judias, no dia 18 de outubro de 1941; todas essas famílias foram mais tarde exterminadas.[130]

Asner respondeu às acusações de colaboração com os nazistas tentando subestimar a sua atuação. Também afirmou que quaisquer assinaturas supostamente suas são puras falsificações. "Eu era apenas o delegado da cidade, lidava com infrações de tráfego e coisas insignificantes, pequenos crimes, furtos. Não odiava os judeus enquanto tal."[131] Asner, contudo, também admitiu parcialmente que participou da organização das capturas e deportações, mas incorreu na "Defesa de Nuremberg", como tantos outros criminosos de guerra nazistas suspeitos descritos neste livro. "Eu não podia ter dito não [às deportações], ou teria perdido meu emprego", disse em 2005. "Tratavam-se principalmente de sérvios, não de judeus. O Ministério ordenou a deportação, os meus chefes no Ministério do Interior em Zagreb. Se tivesse dito que não, estaria na rua."[132]

---

129. TRAYNOR, Ian. "Milivoj Asner Sent Jews and Serbs to the Camps. But will He Escape Justice?". *Guardian*, 25 de novembro de 2005.
130. *'Nazi nailed'*, de Brian Flynn, *The Sun,* 18 de junho de 2008.
131. *'Milivoj Asner sent Jews and Serbs to the camps. But will he escape justice?*, de Ian Traynor, *Guardian,* 25 de novembro de 2005.
132. Ibid.

A maioria dos prisioneiros homens que Asner deportou acabou no campo de concentração Jasenovac, situado nas imediações. Na verdade, o lugar era um conjunto de cinco subcampos, espalhados por mais de 140 quilômetros quadrados, ao longo das margens do Rio Sava; foi uma das coisas mais próximas do inferno já concebida pelos homens. Semelhante às fábricas da morte nazistas, como Auschwitz, o complexo de Jasenovac contava com guardas da Ustăse, que estavam entre os seres humanos mais cruéis, capazes de sentir prazer torturando e assassinando prisioneiros sérvios, judeus e ciganos. Números imensos de pessoas foram mortas por meio de métodos manuais antiquados. Em um dos subcampos, um grupo de guardas apostou quem poderia cortar mais mais gargantas em uma só noite. O vencedor cortou as gargantas de 1.360 recém-chegados, usando uma foice de trigo. As pessoas eram desnudas, espancadas, para depois terem a garganta ou a barriga cortadas; em seguida, as vítimas eram amarradas em grupos e atiradas no rio, para se afogarem. Em um subcampo, os guardas batiam nos prisioneiros até a morte com malhos, esmagando-lhes os crânios. A cem quilômetros ao sul de Zagreb, Jasenovac fora criado por Ante Pavelic e o seu governo do Ustăse para assassinar os seus inimigos étnicos. Cerca de 600 mil pessoas morreram nos campos, a maioria delas de etnia sérvia.

Cerca de 25 mil judeus morreram nos campos de concentração do país, mas a partir de agosto de 1942, os judeus croatas remanescentes foram deportados para Auschwitz e mortos nas câmaras de gás. Jasenovac também recorrera a execuções sistemáticas semelhantes às dos nazistas alemães. Fornos para a fabricação de tijolo foram convertidos em fornos crematórios, e os guardas lançavam pessoas ainda vivas para queimarem neles. Também foram utilizados os caminhões de gás usando Zyklon-B ou dióxido de enxofre para assassinar os prisioneiros. Em abril de 1945, o Ustăse explodiu a maioria dos campos, depois de uma rebelião dos prisioneiros remanescentes. Em uma tentativa de esconder as provas dos seus crimes terríveis, o Ustăse também assassinou todos prisioneiros antes de fugir.

Setecentas mil pessoas foram mortas no total, na Croácia sob o Ustăse. Asner criou o hábito de se contradizer em entrevistas com jornalistas sobre o seu histórico de guerra. Em 2005, ele admitiu ter levado a cabo deportações depois de receber ordens, mas em 2008 inverteu completamente a afirmação e negou, de maneira fraudulenta, que as deportações e os subsequentes assassinatos tivessem acontecido. "Não sei de ninguém deportado de Pozega. Ninguém foi assassinado. Nunca ouvi falar de uma família sequer assassinada em Pozega."[133] Quanto às

---

133. FLYN, Brian. "The Sun enters the Nazi's lair". *The Sun*, 17 de junho de 2008.

deportações, que os documentos confirmam claramente ter sido organizadas por ele, Asner também declarou em 2008: "Eu não era assim. Eu nunca, nunca tomei parte nisso".[134]

Bajic levou seu dossiê de documentos incriminadores a Zuroff, que imediatamente percebeu que o Simon Wiesenthal Center tinha nas mãos uma oportunidade maravilhosa de colaborar no indiciamento de um importante criminoso de guerra. Zuroff, pois, levou o dossiê ao presidente croata, Stipe Mesic, e Mesic, também um advogado, ordenou ao delegado de polícia Mladen Bajic que examinasse o caso. O presidente também declarou que Asner deveria ser impedido de deixar o país, enquanto a investigação estisse em curso. Infelizmente, foi precisamente isso que se permitiu acontecer. "Recebi avisos de amigos de que eles [Alen Bajic e Zuroff] estavam tentando me desmoralizar", disse. "Tenho 92 anos e só quero paz e tranquilidade. Fiquei dez anos em Daruvaer e, de repente, aparece esse judeu [Bajic], e só por ele ser judeu todo mundo acredita nele".[135] No mesmo dia em que o presidente Mesic declarou que Asner não deveria deixar a Croácia, o suspeito fez as malas, entrou em seu carro e dirigiu até a Áustria, e a liberdade. Zuroff então voltou-se para as autoridades austríacas, na esperança de conseguir que Asner fosse extraditado de volta para a Croácia. Infelizmente, ele não contava com o grande apoio que o suspeito receberia. Ninguém menos que Jörg Haider – o político de extrema direita do Partido Libertário da Áustria e, então, polêmico governador da província de Caríntia, onde Asner morava – deu declarações de apoio ardentes ao suspeito por crimes de guerra em 2008. "É boa família, nós damos muito valor a essa família"[136], declarou Haider sobre Asner e a esposa. "Ele viveu em paz entre nós por anos, e deveria receber a chance de viver o crepúsculo da vida conosco", continuou o político aos repórteres.

Sem dúvida, as autoridades austríacas demonstraram pouquíssimo interesse em indiciar Asner, ou qualquer outro suspeito de crime de guerra, diga-se de passagem. Embora a Croácia já tenha indiciado Asner em 2005, por crimes de guerra em Pozega, cometidos entre 1941 e 1942, o Judiciário austríaco afirmou, em fevereiro de 2006, que estava perto de uma decisão sobre a eventual prisão do suspeito. O tribunal decidiu que Asner não podia ser extraditado porque é cidadão austríaco, lei que o país compartilha com a vizinha Alemanha. Novas investigações na

---
134. Ibid.
135. TRAYNOR, Ian. "Milivoj Asner Sent Jews and Serbs to the Camps. But will He Escape Justice?". *Guardian,* 25 de novembro de 2005.
136. HAARETZ. *"Austrian politician: Suspected Nazi is "Treasured Citizen"'.* 20 de junho de 2008.

Caríntia, porém, demonstraram que Asner de fato não podia mais ter cidadania austríaca. E, embora o croata esteja na lista de procurados da Interpol, as autoridades austríacas não deram nenhum passo para a sua extradição. Efraim Zuroff afirmou que, na sua opinião, as afirmações de Jörg Haider sobre Asner refletem a atmosfera política que existe na Áustria atualmente, que em determinados ambientes é extremamente simpática aos suspeitos de crimes de guerra nazistas.

Zuroff tem criticado muito as tentativas descaradas de Asner para provar que não tem condições de saúde para ir a julgamento, por estar sofrendo de demência. Vários jornalistas que o entrevistaram ficaram com a impressão de que o croata está extremamente lúcido para a idade. "Suspeitamos desde o começo de que Asner poderia estar fingindo", disse Zuroff, "fazendo um esforço específico para parecer tão demente possível, o que é mais fácil do que fingir problemas físicos".[137] Em resposta às críticas de Zuroff, Manfred Herrnhofer, porta-voz da Justiça Federal de Klagenfürt, a cidade onde Asner reside atualmente, disse, usando a Base Militar dos Estados Unidos em Cuba como exemplo: "A Áustria é um Estado de direito, não Guantanamo. Nós não jogamos nossos princípios fora, para obtermos ganho político".[138]

Em 2008, uma entrevista de Asner ao tabloide britânico *The Sun* confirmou o que muitas pessoas já imaginavam: o suspeito era mentalmente são e definitivamente capaz de ir a julgamento. À luz desta entrevista, Zuroff encontrou-se com a ministra austríaca da Justiça, Maria Berger, em julho de 2008, e pediu-lhe que Asner fosse examinado por um especialista estrangeiro. Berger rejeitou o pedido, mas mudou de ideia três meses depois. Um perito suíço, dr. Marc Graf, foi convidado a examinar Asner. Ainda assim, nada aconteceu, por meses. Então, em abril de 2009, o psiquiatra forense alemão dr. Norbert Nedopil examinou Asner e declarou que o croata não tinha condições de ir a julgamento. Zuroff achou muito duvidoso o resultado desse teste. "Tal demora para a realização do exame é um indício claro da falta de importância que as autoridades austríacas dão ao caso, um reflexo claro da falta de vontade política de Viena para garantir que os nazistas criminosos de guerra sejam responsabilizados por seus crimes".[139] Zuroff, ciente disso de antemão, mostrou que a Áustria não condenou um único nazista por

---

137. Ibid.
138. Ibid.
139. *Worldwide Investigation and Prosecution of Nazi War Criminals (April 1, 2008-March 31, 2009): An Annual Status Report*, de Dr Ephraim Zuroff, Simon Wiesenthal Center – Israel Office, novembro de 2009.

crimes de guerra nas últimas três décadas, o que considerou um "resultado catastrófico"[140].

Atualmente, Milivoj Asner permanece livre para passar os seus últimos anos de vida na Áustria, protegido pela constituição do país de ter de assumir a responsabilidade por sua ação de quase 70 anos atrás; talvez também esteja tranquilo por saber que a Áustria não tem vontade política de indiciá-lo. Asner tem consciência de que enquanto estiver na Áustria, não será tocado por Zuroff e os seus colegas do Simon Wiesenthal Center.

"Uns meses atrás, fuzilei todos os judeus que consegui encontrar na região, juntei todas as mulheres e crianças judias em um campo de concentração e, com ajuda do SD, arranjei um caminhão para a 'higienização', que em duas ou quatro semanas fará a limpeza definitiva do campo". Eis as palavras de uma carta escrita pelo dr. Harald Turner ao *SS-Gruppenführer* Karl Wolff, chefe dos ajudantes de Himmler. Turner era o comandante da SS na Sérvia ocupada pela Alemanha. Após a invasão da Iugoslávia, a maior parte do território foi recortada para formar o novo "Estado Independente da Croácia", posto totalmente sob o regime Ustaše brutal de Ante Pavelic. O restante do território formou o Estado-apêndice da Sérvia, onde os alemães instalaram um governo-marionete em Belgrado, conhecido como "regime de Nedic", no ano de 1941. Como na Croácia, os alemães estavam determinados a estender todos os horrores do Holocausto à Sérvia. O *SS-Oberführer* Emanuel Schäfer foi designado comandante da polícia de segurança nazista; ele instruiu Turner a matar todos os judeus que pudesse encontrar. Na sua carta, datada de 11 de abril de 1942, enviada a Wolff, em Berlim, Turner usa o eufemismo "caminhão de higienização". Na verdade, estava se referindo a um caminhão de gás, como aqueles inventados pelo *SS-Standartenführer* Walter Rauff, para uso dos *Einsatzgrüppen* na Frente Oriental, antes da instalação de câmaras de gás permanentes em muitos dos campos de concentração. Um dos alemães encarregados de encher esse caminhão de mulheres e crianças judias inocentes era Peter Egner, um iugoslavo de etnia alemã. Desde 1960, Egner viveu em paz na cidade de Seattle, Estados Unidos. Isso até 2008, quando uma tempestade rebentou sobre a cabeça desse ancião; e a tempestade continua a soprar com fúria até este livro ser escrito.

Egner, de 88 anos, foi um suboficial da SS que, segundo a Sérvia, participou do extermínio de 6.280 mulheres e crianças judias, sob ordens expressas de Turner. As vítimas eram retiradas do campo de concentração

---

140. Ibid.

de Sajmiste, em Belgrado, e transportadas no caminhão em pequenos grupos. O caminhão era depois conduzido até a cidadezinha de Jajinci, e as vítimas intoxicadas até a morte pelos gases do escapamento; depois, os corpos eram jogados em valas comuns na cidade, e o processo era repetido por várias vezes. Foi assim que milhares de pessoas morreram. Egner é acusado de ter forçado as vítimas no furgão e de servir de guarda do campo, supervisionando grupos de judeus marcados para morrer.

Egner viveu até 2010 em um asilo de Eastside, Seattle. Viúvo, chegou aos Estados Unidos em 1960 e ganhou a cidadania americana depois de cinco anos. Em 2008, a Sérvia pediu formalmente a sua extradição, com base em acusações de organização e incitação de genocídio, perpetração de genocídio e crimes de guerra contra a população civil, entre dezembro de 1941 e maio 1942.[141] Egner, como esperado, negou qualquer envolvimento nesses crimes assim que soube da denúncia. As autoridades americanas instituíram um processo para revogar a sua cidadania e deportá-lo, mas ele conseguiu manter seu passaporte, alegando não se enquadrar nas bases legais para a perda de cidadania por passado nazista. "A minha vida mudou consideravelmente desde que este caso começou", disse Egner em 2010. "Comecei a receber telefonemas depois que meu caso ganhou a atenção do público. Uma pessoa me ligou e perguntou: 'É você aquele nazista?'. Desliguei na hora. Recebi também ligações da Sérvia. Por isso, decidi mudar o meu número de telefone. Ele já não está mais na lista. Já não atendo à porta da minha casa, a menos que saiba quem é, e filtro todos os meus telefonemas."[142]

Egner continua alegando ser inocente das acusações levantadas contra ele pela Sérvia. "Os artigos fazem com que eu me sinta um desgraçado. Queria saber como os jornalistas podem viver em paz, depois de dizer falsidades sobre mim."[143] Egner ficou especialmente preocupado com o efeito que essas acusações tiveram sobre os seus companheiros de asilo, sendo que muitos deles são judeus. A maioria dos colegas de asilo "me trata bem, mas há alguns que me ignoram completamente. Até mesmo as pessoas gentis comigo têm um olhar diferente. Posso ver nos seus rostos que eles têm dúvidas a meu respeito. Pessoas sempre

---

141. "Serbia Issues Warrant for "Nazi murderer" Peter Egner. *BBC News*, 2 de abril de 2008.
142. ANDERSON, RICH. "Peter Egner, Bellevue Man Accused of Nazi Death Camp Crimes, Asks Court to Limit Embarrassment, Oppression". *Seattle Weekly*, 22 de março de 2010.
143. Ibid.

me perguntam como estou e não sei como responder".[144] No momento em que este livro era escrito, Egner continuava em Seattle, enquanto os seus advogados lutavam contra as acusações sérvias. O suposto chefe de Egner durante a guerra, Emanuel Schäfer, alemão étnico nascido no território que hoje é a República Tcheca, foi julgado na Alemanha ao fim da guerra e condenado a apenas seis anos e meio de prisão pelo assassinato de 6.280 mulheres e crianças judias. Morreu em liberdade na Alemanha em 1974, aos 74 anos de idade. Seu colega, Harald Turner, foi executado pelos iugoslavos em 1947.

---

144. Ibid.

Capítulo 12

Esperança

Apesar de a maioria das pessoas achar que é tarde demais para levar os assassinos nazistas a julgamento, os números demonstram claramente o contrário, e está claro que, pelo menos, muitos desses criminosos serão julgados nos próximos anos.

Efraim Zuroff, Simon Wiesenthal Center

O Simon Wiesenthal Center em Israel continua a caçar incessantemente os criminosos de guerra nazistas, onde eles estiverem. Ao fim de cada ano fiscal, o Centro emite um relatório das suas atividades ao longo do ano anterior. O último deles cobre o período de 1º de abril de 2009 a 31 de março de 2010. No relatório, preparado por Efraim Zuroff, os países são classificados segundo a sua eficiência em julgar criminosos de guerra. Em 2010, os Estados Unidos e a Alemanha estavam no topo da lista, ao passo que o Reino Unido ficou com a classificação "D", o que significa que a falta de provas e investigação impediu qualquer indiciamento. Há bastantes suspeitos de crimes de guerra morando atualmente na Inglaterra. Em sua maioria, são ex-membros ucranianos da SS que serviram a 14ª Divisão de Granadeiros da Waffen SS *Galizien*, cujos 7.100 membros receberam autorização para se estabelecer no Reino Unido, em 1947. A Alemanha, por sua vez, faz novos esforços para indiciar os suspeitos de crimes de guerra, tendo os alemães até mudado a sua política de indiciamento. O que vem sendo desapontador, no entanto, é a contínua indiferença dos países do Leste Europeu, como a Hungria, em tomar ações mais concretas para julgar suspeitos de crimes de guerra identificados que vivem em liberdade (o caso de Sandor Kepiro é realçado por Zuroff).

Enquanto escrevia este livro, vi exemplos de como é frustrante o trabalho de tentar levar anciãos a julgamento antes que eles morram. A lista de mais procurados do Simon Wiesenthal Center tem agora dois nomes a menos; ambos morreram de velhice antes de ser julgados. Contra um desses homens, o *SS-Unterscharführer* Adolph Storms, as autoridades alemãs reuniram muitas provas contundentes – localizaram até duas testemunhas. O dia do julgamento já tinha sido marcado quando ele morreu, de repente, aos 90 anos de idade. Embora Storms esteja morto, a história de como ele foi descoberto, investigado e indiciado demonstra como nazistas suspeitos de crimes de guerra ainda podem ser encontrados.

A Quinta Divisão de Blindados SS *Wiking* era uma unidade de elite da Alemanha, que combateu intensamente na Frente Ocidental. A Divisão atravessou a Ucrânia em meio de batalhas, até chegar ao Cáucaso, e participou das horrendas batalhas de Grozny e Kharkov e, ainda, da maior batalha de tanques da história em Kursk, no ano de 1943. Quando a maré da guerra se virou contra a Alemanha, a Divisão *Wiking* bateu em retirada até a Áustria, deixando para trás não só um excelente histórico de combate, mas também pilhas de corpos de pessoas mortas durante as numerosas atrocidades em que o regimento se envolveu. As acusações levantadas contra Adolph Storms datavam das últimas semanas da guerra, quando a Divisão *Wiking* recuava para postos de defesas na Áustria. Algumas dessas construções defensivas tinham sido feitas por trabalhadores forçados judeus.

No dia 29 de março de 1945, a Divisão *Wiking* estava também se retirando das posições defensivas na Áustria, diante do avanço do Exército Vermelho; a intenção dos membros da *Wiking* era render-se aos americanos, mais ao oeste. Storms e alguns outros homens da SS juntaram um grupo de 57 trabalhadores judeus e os levaram até o bosque próximo da cidadezinha austríaca de Deutsch Schuetzen. Nesse bosque, um grupo da juventude hitlerista já tinha cavado uma grande vala. Storms e os seus homens puseram então os judeus à beira da vala em pequenos grupos; faziam-nos entregar qualquer pertence que ainda tivessem e depois ajoelhar-se com o rosto voltado para o imenso buraco. Storm e os homens formavam uma linha de tiro e disparavam contra a nuca dos judeus, e os corpos caíam na vala.

No dia seguinte, Storms teria também fuzilado outro trabalhador forçado judeu durante a retirada. Alguns dos escravos judeus estavam sendo obrigados a marchar de Deutsch Schuetzen para outro povoado chamado Hartberg. Depois da guerra, Storms pôde integrar-se à vida de civil, trabalhando como gerente de estação de trem, até se aposentar. Quando denunciado, em 2009, Storms morava em uma casa de repouso na cidade de Duisburg, Alemanha.

Como no caso de Milivoj Asner, o criminoso de guerra croata que vive atualmente na Áustria, Aldolph Storms, também foi denunciado por um estudante, no caso um doutorando de 28 anos chamado Andreas Forster. Forster estava pesquisando o massacre em Deutsch Schuetzen para a sua tese e examinava os registros do destacamento da Juventude Hitlerista encarregada de cavar a cova coletiva e, depois, cobri-la. O nome de Storms era mencionado várias vezes, ao longo dos documentos antigos que o jovem lia. Intrigado sobre as chances de o sargento da SS ainda estar vivo, Forster procurou o nome dele em listas telefônicas alemãs até encontrar alguém que seria o mesmo Adolph Storms da SS, vivendo então em uma casa de repouso em Duisburg. O estudante levou as suas suspeitas para o seu orientador, que foi conhecer Storms. O idoso lhe concederia um total de 12 horas de entrevistas. Durante esses encontros, Storms, de 90 anos, admitiu ter servido como suboficial na SS *Wiking* e estar presente na Áustria, na ocasião dos assassinatos em Deutsch Schuetzen, em março de 1945. Storms, porém, afirmou não ter participado das matanças, embora os documentos da Juventude Hitlerista mencionem o seu nome com relação às covas coletivas e as ordens de execução. Toda a informação levantada por Forster e o seu professor foi passada às autoridades alemãs, e elas começaram imediatamente o processo para indiciar Storms por crimes de guerra. Felizmente, neste caso, algumas testemunhas vivas estavam já preparadas para testemunhar que tinham visto Storms matar um trabalhador forçado judeu com um tiro, no dia seguinte ao massacre. Mais provas seriam aduzidas na forma de depoimentos transcritos de testemunhas para outros casos.

Adolph Storms, no entanto, foi capaz de dar o bolo no seu encontro com a Justiça: faleceu no dia 28 de junho 2010, aos 90 anos de idade. Talvez a tensão causada pela denúncia surgida depois de tantas décadas, aliada à cobertura invasiva da imprensa e à perspectiva do julgamento, tenha acelerado o seu fim. De qualquer modo, a Alemanha não deixou passar a oportunidade de pôr em prática a sua política mais forte e aberta com relação aos crimes de guerra. "Pelo menos ele estava sob investigação e foi indiciado", comentou Zuroff após a morte de Storms. O outro criminoso de guerra a falecer foi Martin Sandberger, ex-coronel da SS e chefe dos *Einsatzgrüppen*.

Outro suspeito nazista descoberto recentemente nos Estados Unidos vem conseguindo escapar do indiciamento. Ele está na lista dos mais procurados do Simon Wiesenthal Center. Mikhail Gorshkow, estoniano de etnia russa, trabalhou de interrogador na Gestapo durante a ocupação alemã da Bielorrússia. Foi acusado de participar dos assassinatos de cerca de 3 mil homens, mulheres e crianças na cidade soviética de Slutsk, perto de Minsk. Em 27 de outubro de 1941, quatro companhias alemãs da polícia da SS, ao lado de um número desconhecido de colaboradores lituanos, promoveu uma violenta operação de captura e execução voltada tanto aos judeus como aos não judeus de Slutsk. Os oficiais da SS no comando tinham recebido ordens de exterminar toda a população judia em dois dias. Os relatórios mais tarde preparados pelos nazistas, porém, apontam que os homens dos *Einsatzgrüppen* responsáveis pelo massacre não faziam distinção entre judeus e bielorrussos. Gorshkow foi um dos ajudantes a tomar parte nessa matança, que chocou até os superiores da SS e do Partido Nazista no governo da Bielorrússia. O *General Kommissar für Weissruthenien* (comissário-geral para a Bielorrússia) Wilhelm Kube ficou indignado com o massacre, simplesmente porque ele não tinha autorizado a matança, nem sido informado dela. Além disso, considerou que a matança de bielorrussos não judeus atrapalhou gravemente os seus esforços para tornar o país um aliado contra os soviéticos. "A cidade era um quadro de horror durante a ação", escreveu Kube em uma carta indignada para o insensível Heinrich Himmler. "Com brutalidade indescritível por parte dos policiais alemães e particularmente dos colaboradores lituanos, judeus e bielorrussos foram arrancados das suas casas e agrupados todos juntos. Ouviram-se tiros por toda a cidade, e os corpos dos judeus fuzilados jaziam pelas ruas. Os bielorrussos estavam angustiados para que aquilo acabasse". Um ponto notável da atrocidade em Slutsk foi ela ter revelado a verdadeira opinião dos nazistas sobre seus aliados em potencial. Himmler não permitiria que a diplomacia ficasse entre ele e o seu "dever sagrado" de libertar a Europa dos judeus, por quaisquer meios necessários.

    Embora Kube tenha protestado veementemente contra o massacre, não deve de forma alguma ser considerado um nazista "generoso" ou humanitário. Como os seus colegas na SS, Kube era um monstro capaz de rir enquanto via crianças judias lançadas em enormes tanques de areia para se afogarem, durante a retirada do Gueto de Minsk no dia 2 de março de 1942; Kube chegava até a atirar doces para as crianças em agonia. Para o bem da humanidade, no entanto, Wilhelm Kube foi assassinado na cama, no dia 22 de setembro de 1943. Sua empregada bielorrussa colocou uma bomba dentro de uma garrafa de água quente, enviando Kube literalmente para o inferno. Diz-se que Himmler ficou até contente com a morte de Kube, pois o considerava simpático demais para com a população local. Ainda assim, após o assassinato de Kube, a SS fuzilou mais de mil cidadãos de Minsk, em represália. Já a assassina de Kube foi declarada uma *Heroína da União Soviética* pelo seu feito de bravura.

Mikhail Gorshkow participou do massacre de Slutsk, e depois ajudou os alemães a manter o estado policial na Bielorrússia, servindo na Gestapo como interrogador brutal, ajudando a localizar judeus e membros da Resistência. Depois da guerra, ele conseguiu, de algum jeito, passar para os Estados Unidos. Em 1963, tornou-se cidadão americano com o nome de "Michael Gorshkow". Em 2002, Gorshkow fugiu dos Estados Unidos, antes que pudesse ser desnaturalizado e extraditado, tomando um avião de volta para sua terra natal. No mesmo ano em que fugiu dos Estados Unidos, Gorshkow ganhou a cidadania estoniana. Embora os estonianos estejam investigando os supostos crimes de guerra por ele cometidos, não revelam as suas descobertas nem o paradeiro atual de Gorshkow no país. O Simon Wiesenthal Center pode apenas listar o nome e alguns detalhes do suspeito, além de continuar a pressionar a Estônia a agir antes que seja tarde demais.

No geral, cada vez mais suspeitos nazistas estão sendo levados a julgamento ou estão sendo investigados. "Desde janeiro de 2001, obtivemos pelo menos 77 condenações de nazistas por crimes de guerra, pelo menos 51 acusações novas e centenas de novas investigações", escreve Zuroff. "Apesar de a maioria das pessoas achar que é tarde demais para levar os assassinos nazistas a julgamento, os números demonstram claramente o contrário, e está claro que pelo menos muitos desses criminosos serão julgados nos próximos anos."[145] Curiosamente, Zuroff afirma que é a falta de vontade política em algumas nações, e não a idade avançada dos suspeitos, a razão principal para os ex-nazistas não irem a julgamento.

De acordo com o Simon Wiesenthal Center, os principais criminosos de guerra nazistas que hoje estão foragidos ou aguardando julgamento são:

1. Dr Sandor Kepiro (Hungria)
2. Milivoj Asner (Áustria)
3. Samuel Kunz (Alemanha)
4. Karoly Zentai (Austrália)
5. Soeren Kam (Alemanha)
6. Peter Egner (Estados Unidos)
7. Algimantas Dailide (Alemanha)
8. Mikhail Gorshkow (Estônia)

---

145. *Worldwide Investigation and Prosecution of Nazi War Criminals (April 1, 2009-March 31, 2020): An Annual Status Report*, Efraim Zuroff, Simon Wiesenthal Center – Israel, 11 de abril de 2010.

(Nota: até junho de 2010, Adolph Storms* (Alemanha) ocupava a posição 4 na lista, mas esse suspeito morreu aos 90 anos de idade, antes do seu julgamento. Até novembro de 2010, Klaas Carl Faber (Alemanha) ocupava a posição número 5 na lista, mas esse suspeito também morreu antes de ser julgado.)

Os dois fugitivos nazistas abaixo também são procurados, mas não se sabe ao certo a sua localização e, tampouco, foram vistos ultimamente:

1. Alois Brunner (Síria);
2. Aribert Heim (paradeiro desconhecido).

---

*N.T.: *"Nazi Suspect Adolph Storms, 90, Dies before Trial"*. *Daily Mail,* 6 de julho de 2010.

Apêndice 1

Organização das Forças de Segurança e Policiais Nazistas

RSHA (*Reichssicherheitshauptamt* – Escritório Central
de Segurança do Reich)
Comandantes: *SS-Obergruppenführer* Reinhard Heydrich – 1940-1942
SS-Obergruppenführer dr. Ernst Kaltenbrünner – 1943-1945

Oficiais (*Amter*)
Amt I: Pessoal e organização (*SS-Brigadeführer* Bruno Steckenbach).
Amt II: Administração, Direito e Finanças (*SS-Standartenführer* dr. Hans Nockemann).
Amt III: SD Interior (*SS-Gruppenführer* Otto Ohlendorf). O *Sicherheitsdienst* (SD) foi a principal agência de inteligência das SS. Consistia no Departamento de Relações Interiores e Exteriores (*Ausland*). Inland-SD consistia em:

- Departamento A: Estruturas legais e jurídicas.
- Departamento B: Questões de raça e etnia.
- Departamento C: Questões culturais e religiosas.
- Departamento D: Indústria e comércio.
- Departamento E: Alta sociedade.

Amt IV: *Geheime Staatspolizei* (Gestapo) (*SS-Gruppenführer* Heinrich Muller).
Amt V: *Kriminalpolizei* (Kripo) (*SS-Gruppenführer* Artur Nebe). Junto com a Gestapo, Kripo formou o *Sicherheitspolizei* (SiPo). Kripo comandou a *Ordnungspolizei* (Polícia Criminal), *Schutzpolizei* (Guarda Municipal), *Gemeindepolizei* (Polícia Local) e a *Gendarmerie* (Polícia Rural).

Amt VI: *Ausland*-SD (*SS-Brigadeführer* Walter Schellenberg). Consistia nos seguintes departamentos:

- Departamento A: Organização e administração.
- Departamento B: Espionagem no Ocidente.
- Departamento C: Espionagem na União Soviética e no Japão.
- Departamento D: Espionagem na região do continente americano.
- Departamento E: Espionagem na Europa Oriental.
- Departamento F: Questões técnicas.

Amt VI: Registros escritos (*SS-Brigadeführer* docente dr. Franz VI)

Apêndice 2

Hierarquia da SS

SS	Equivalentes do Exército Britânico
Reichsführer-SS	Marechal de campo
SS-Oberstgruppenführer	General
SS-Obergruppenführer	Tenente-general
SS-Gruppenführer	General de divisão
SS-Brigadeführer	Brigadeiro
SS-Oberführer	Nenhum
SS-Standartenführer	Coronel
SS-Obersturmbannführer	Tenente-coronel
SS-Sturmbannführer	Major
SS-Hauptsturmführer	Capitão
SS-Obersturmführer	Tenente
SS-Untersturmführer	Segundo tenente
SS-Sturmscharführer	Subtenente de primeira classe
SS-Hauptscharführer	Subtenente de segunda classe
SS-Oberscharführer	Primeiro sargento
SS-Scharführer	Sargento
SS-Unterscharführer	Cabo
SS-Rottenführer	Primeiro cabo
SS-Sturmann	Nenhum
SS-Oberschutze	Nenhum
SS-Schutze	Soldado raso

Graduação das *SS-Gefolge* (Divisão das mulheres)

SS	Equivalentes do Exército Britânico
SS-Chef Oberaufseherin	Chefe de supervisão sênior
SS-Oberaufseherin	Supervisora sênior
SS-Lagerfuhrenin	Comandante de campo
SS-Erstanfseherin	Guarda de elite
SS-Rapportführerin	Chefe de informação
SS-Aufseherin	Supervisora
SS-Helferin	Ajudante

Apêndice 3

Os Criminosos Nazistas de Guerra Mais Procurados – 2010

Nome	Data de nascimento	País de nascença	Presente localização	Idade em 2010
Aribert Heim	28 de junho de 1914	Áustria	Desconhecida	96
Ivan (John) Demjanjuk	3 de abril de 1920	Ucrânia, USSR	Alemanha	90
Sandor Kepiro	18 de fev. de 1914	Hungria	Hungria	96
Milivoj Asner	21 de abril de 1913	Croácia	Áustria	97
Soren Kam	2 de nov. de 1921	Dinamarca	Alemanha	91
Karoly (Charles) Zentai	8 de outubro de 1921	Hungria	Austrália	91
Mikhail Gorshkow	1914	Estônia	Estônia	96
Algimantas Dalide	1912	Lituânia	Lituânia	98
Alois Brunner	8 de abril de 1912	Áustria	Desconhecida	98
Samuel Kunz	1920	Alemanha	Alemanha	90
Peter Egner		Sérvia	EUA	88

Bibliografia

Livros

ARAD, Yitzhak, *Belzec, Sobibor, Treblinka: The Operation Reinhard Death Camps* (Indiana University Press), 1987.
BOWER, Tom. *Klaus Barbie: The Butcher of Lyon* (New York: Pantheon), 1984.
BROWN, Daniel Patrick. *The Camp Women: The Female Auxiliaries Who Assisted the SS in Running the Nazi Concentration Camps* (Atglen, PA: Schiffer Publishing Ltd), 2002.
CESARANI, David. *Eichmann: His Life and Crimes* (London: William Heinemann), 2004.
DORRIL, Steven. *M16: Inside the Covert World of Her Majesty's Secret Intelligence Service* (London: Simon and Schuster Limited), 2000.
GILBERT. Martin, *The Holocaust* (London: Fountain Press), 1987.
GOODMAN, Peter. *Hitler and the Vatican* (New York, Free Press), 2004.
HUNT, Linda. *Secret Agenda: The United States Government, Nazi Scientists, and Project Paperclip, 1945 to 1990* (London: St. Martins Press), 1991.
JOHNSON, Brian. *The Secret War* (London: Methuen), 1978.
LIFTON, Robert. *The Nazi Doctors: Medical Killing and the Psychology of Genocide* (Basic Books), 1986.
MANNING, Paul. *Martin Bormann: Nazi in Exile* (Citadel Press), 1981.
MICHELSON, Max. *City of Life, City of Death: Memories of Riga* (Boulder: University Press of Colorado), 2001.
MILANO, James V.; Brogan Patrick, *Soldiers, Spies, and the Rat Line: America's Undeclared War Against the Soviet* (Washington DC: Potomac Books), 2000.

ORTNER, Christian. *Marzabotto: The Crimes of Walter Reder – SS-Sturmbannführer* (Vienna, Dokumentationsarchiv des österreichschen Widerstandes), 1985.
POSNER, Gerald L.; Ware John, *Mengele: The Complete Story* (New York: Cooper Square Press), 2000.
PROCTOR, Robert N. *Racial Hygiene: Medicine under the Nazis* (Cambridge, MA: Harvard University Press),1988.
RUSSELL, Lord, *The Knights of Bushido: A Short History of Japanese War Crimes* (London: Greenhill Books), 2002.
SAYER, Ian Botting Douglas, *America's Secret Army: The Untold Story of the Counter Intelligence Corp* (London: Grafton Books), 1989.
SAYER, Ian Botting Douglas, *Nazi Gold* (Edinburgh: Mainstream Publishing), 1997.
SCHLINK, Bernhard. *The Reader* (London: Phoenix), 2008.
SCHNEIDER, Gertrude. *Journey into Terror: The Story of the Riga Ghetto*
(Westport, CT: Praeger), 2001.
SCHREIBER, Gerhard. *German War Crimes in Italy: Culprits, Victims, Prosecution.*
SERENY Gitta, *Into that Darkness: An Examination of Conscience* (Vintage Books), 1983.
WALTERS, Guy. *Hunting Evil* (London: Bantam Books), 2010.
WIESENTHAL, Simon. *The Murderers Among Us* (London: William Heinemann), 1967.

Jornais, revistas e periódicos
Beta
Daily Mail
Der Spiegel
Haaretz
Jewish Chronicle
Journal of Historical Review
New York Times
Seattle Weekly
The Australian
The Guardian
The Mirror
The Observer
The Sun
The Telegraph
The Times
TIME

Fontes digitais
Crimelibrary.com
THE HOLOCAUST HISTORY PROJECT. <www.holocaust-history.org>.
H-NET REVIEWS. <www.h-net.msu.edu>.
INTERVIEW WITH ERICH PRIEBKE <www.antonellaricciardi.it>.
I FASCISTI LOCALI LE GUIDE DELLE SS TEDESCHE. <www.santannadistazzenna.org>.
UN EX SS CONFESSA LA STRAGE DI SANT'ANNA, ROMA INSALBIO I'INCHIESTA. <www.tacticalmedia@disinfo.net>.
WOMEN GUARDS IN BERGEN-BELSEN <www.scrapbookpages.com>.

Relatórios
Worldwide Investigation and Prosecution of Nazi War Criminals (April 1, 2008-March 31, 2009): An Annual *Status* Report, de Dr. Ephraim Zuroff, Simon Wiesenthal Center – Israel Office, novembro de 2009. Worldwide Investigation and Prosecution of Nazi War Criminals (April 1, 2009-March 31, 2010): An Annual *Status* Report, de Dr. Ephraim Zuroff, Simon Wiesenthal Center – Israel Office, abril de 2010.

Índice Remissivo

A

Ajuda Silenciosa, 54, 107, 180
Altern, Erich, 88
Alvensleben, Ludolf von, 56, 57
Amonn, SS-Untersturmführer Gunter, 153
Aschner, Georg, 181
Attlee, Primeiro Ministro Clement, 23

B

Barbie, SS-Hauptsturmführer Klaus, 26, 43, 50, 64, 69, 70, 180, 200
Bartel, Franz, 87
Bayer, Monsenhor Karl, 48
Becker, SS-Hauptstürmführer Siegfried, 48
Binz, Dorothea, 96
Blome, dr. Kurt, 46, 47
Boere, Heinrich, 165, 174, 175, 176, 177, 178
Bothe, Herta, 97, 98, 99, 101, 102
Braun, Barão Wernher von, 25, 46, 47
Brunner, SS-Hauptsturmführer dr. Alois, 44, 98, 128, 129, 130, 131, 132, 133, 135, 136, 137, 138, 139, 140, 194, 199

C

Campos de Concentração:
  Auschwitz-Birkenau, Belzec, 28, 30, 38, 43, 99, 100, 132, 168
  Bergen-Belsen, 22, 28, 29, 30, 38, 43, 92, 95, 97, 99, 100, 101, 102, 132, 138, 168, 202
  Büchenwald, 96
  Chelmo, 28, 30, 38, 43, 99, 100, 132, 168

Dachau, 28, 29, 30, 37, 38, 43, 46, 98, 99, 100, 132, 168
Drancy, 28, 30, 38, 43, 98, 99, 100, 128, 130, 132, 133, 135, 136, 137, 138, 139, 168
Ebensee, 28, 30, 38, 43, 99, 100, 132, 168
Flossenbürg, 114, 124
Gross Rosen, 28, 30, 38, 40, 43, 99, 100, 132, 168
Jasenovac, 14, 28, 30, 38, 43, 99, 100, 132, 168, 183
Lenta, 28, 30, 36, 38, 43, 99, 100, 132, 168
Lublin, 28, 30, 38, 43, 99, 100, 113, 114, 132, 168
Majdanek, 28, 30, 38, 43, 96, 99, 100, 114, 124, 132, 168
Malchow, 28, 30, 38, 43, 99, 100, 132, 168
Mauthausen, 28, 30, 38, 43, 76, 78, 79, 80, 82, 83, 84, 85, 86, 99, 100, 103, 132, 168
Pskov, 28, 30, 38, 43, 72, 73, 99, 100, 132, 168
Ravensbrück, 92, 94, 95, 96, 97, 108, 109
Sajmiste, 28, 30, 38, 43, 99, 100, 132, 168, 187
Sobibor, 27, 28, 30, 37, 38, 42, 43, 44, 55, 60, 66, 67, 71, 99, 100, 102, 105, 111, 114, 115, 118, 119, 124, 132, 168, 200
Trawniki, 28, 30, 38, 43, 99, 100, 113, 114, 121, 123, 127, 132, 168
Treblinka, 17, 27, 28, 30, 31, 32, 38, 42, 43, 51, 60, 61, 62, 67, 99, 100, 102, 105, 111, 113, 115, 119, 120, 121, 122, 123, 124, 132, 137, 168, 200
Comitê Internacional da Cruz Vermelha (ICRC), 44
Conant, Embaixador James B., 73
Conferência de Wannsee (1942), 29
Corradini, padre Johann, 146

D

Dahm, dr. Werner, 47
Dailide, Algimantas, 172, 173, 174, 193
Danil'chenko, SS-Wachmann Danil, 114
Danz, Luisa, 99
Davidson, major William, 22
Demjanjuk, John, 13, 105, 111, 112, 113, 114, 115, 116, 117, 118, 119, 120, 121, 122, 123, 124, 125, 126, 127, 199
Deurotine, Eugene, 48
Dimbleby, Richard, 92
Draganovic, padre Krunoslav, 45, 49, 70

E

Eden, sir Anthony, 18
Egner, Peter, 186, 187, 188, 193, 199
Eichmann, SS-Obersturmbannführer Adolf, 12, 27, 28, 32, 33, 40, 43, 44, 50, 52, 54, 59, 60, 61, 62, 63, 64, 100, 128, 130, 132, 136, 137, 138, 150, 168, 200

Eisele, dr. Hans, 88

F

Faber, Klaas, 175, 176, 178, 194
Faber, Pieter, 175, 176
Frahm, SS-Unterscharführer Johann, 134, 135
Frenzel, SS-Oberscharführer Karl, 71
Fuldner, SS-Hauptsturmführer Carlos, 48, 49, 59

G

Gehlen, Major General Reinhard, 53
Genn, tenente-coronel L.J., 22
Globocnik, SS-Brigadeführer Odilo, 30, 115, 123
Grese, Irma, 95
Gropler, SS-Unterscharführer Karl, 160
Gueto de Riga, 58, 128

H

Hass, SS-Hauptsturmführer Karl, 95, 144, 154
Heiden, Luis, 88
Heisenberg, Werner, 25
Heissmeyer, SS-Hauptsturmführer Dr. Kurt, 133, 134, 135
Heissmeyer, SS-Obergruppenführer August, 134
Heuss, presidente Theodor, 73
Heydrich, SS-Oberstgruppenführer Reinhard, 27, 28, 29, 30, 34, 43, 67, 100, 195
HIAG, 54
Himmler, Reichsführer-SS Heinrich, 28, 29, 30, 48, 52, 54, 57, 63, 67, 72, 74, 100, 107, 112, 128, 161, 180, 186, 192
Hitler, Adolf, 4, 19, 25, 42, 43, 44, 79, 87, 94, 123, 134, 142, 143, 144, 149, 151, 152, 154, 155, 168, 176, 179, 200
Hubig, SS-Standartenführer dr. Hermann, 74, 75
Hudal, bispo Alois, 37, 40, 43, 44, 45, 48, 49, 51, 53, 54, 55, 56, 57, 59, 68, 146, 147, 149, 150

J

Janck, SS-Oberscharführer Ewald, 134, 135
Janisch, SS-Obersturmführer Rudolf, 28, 32

K

Kaltenbrünner, SS-Obergruppenführer dr. Ernst, 28, 54, 87, 195
Kam, SS-Obersturmführer Soren, 106, 178, 179, 180, 193, 199

Kappler, SS-Obersturmbannführer Herbert, 142, 143, 144, 147, 148, 149
Kepiro, capitão Sandor, 103, 165, 166, 167, 168, 169, 172, 189, 193, 199
Kesselring, Field Marshal Albert, 43, 142, 143, 158, 162
Kessler (série de televisão), 12
Kipp, Abraham, 149
Klarsfeld, Serge e Beate, 54, 70, 138, 139
Koch, Ilse, 95, 96
Koch, SS-Hauptsturmführer Karl Otto, 95
Kopps, Reinhard, 148, 149
Kramer, SS-Hauptsturmführer Josef, 93, 101
Kube, Generalkommissar Wilhelm, 192, 193
Kunz, Samuel, 107, 109, 126, 127, 193, 199

L

Langer, senador William, 73
Laval, Admiral Pierre, 132
Leers, Johann von, 54
Leleko, SS-Wachmann Pavel, 121
Lista Osenberg, 25
Luck, tenente-coronel Freddie, 21

M

Mader, Capitão Bela, 170
Malz, SS-Obersturmbannführer Heinrich, 54
Mandel, Maria, 96
Marchenko, SS-Wachmann Ivan, 121, 122
McCloy, John J., 73
Menem, Presidente Carlos, 149, 150, 151
Mengele, SS-Hauptsturmführer Dr. Josef, 16, 17, 33, 38, 39, 40, 43, 49, 54, 61, 62, 63, 64, 65, 78, 85, 89, 100, 101, 110, 122, 133, 134, 150, 201
MI6, 25
Mildner, SS-StandartenführerRudolf, 87
Montgomery, Field Marshal Sir Bernard, 22, 134
Moser, SS-Gruppenführer Alois, 88
Mosley, Sir Oswald, 112

N

Nagy, Tenente Lajos,asser, Coronel Gamel Abdel, 170
Neilson, Tenente-coronel Neil, 16, 23

O

ODESSA (organização), 40, 51, 52, 53, 54, 59

O Leitor (romance), 9, 92
Operações:
  Alsos, 26
  Erntefest, 113
  Paperclip, 25, 26, 46, 47, 50, 200
  Reinhard, 27, 29, 30, 31, 32, 34, 37, 42, 43, 53, 67, 71, 115, 116, 148, 195, 200
Organização Internacional da Refugiados (IRO), 117, 118
Os Meninos do Brasil (filme), 131
OSS. *Exército Americano* Exército Americano

P

Palfrey, Tenente-coronel William, 20, 21
Pavelic, Ante, 45, 183, 186
Perón, presidente Juan, 47, 48, 49, 50, 56, 57, 87, 150
Pietzner, Margot, 109
Pinochet, General Augusto, 69, 149
Pio XII, Papa, 43, 48
Priebke, SS-Hauptsturmführer Erich, 49, 141, 143, 144, 145, 146, 147, 148, 149,
    150, 151, 152, 153, 154, 155, 156, 157, 161, 180, 202

R

Rauff, SS-Standartenführer Walter, 30, 43, 54, 66, 67, 68, 69, 80, 145, 186
Rauter, Generalkommissar Hanns Albin, 174
Reder, SS-Sturmbannführer Walter, 159, 160, 161, 201
Ribbentrop, Reichsminister Joachim von, 43
Rinkel, Elfriede, 92, 99, 108, 109
Rommel, tenente-general Erwin, 68
Roosevelt, presidente Franklin D., 18
Roschmann, SS-Unterscharführer Eduard, 34, 35, 36, 37, 51, 52, 58, 59
Rudel, Hans-Ulrich, 63, 64
Rudolph, Arthur, 46

S

Sadat, Anwar, 87
Sandberger, SS-Standartenführer dr. Martin, 71, 72, 73, 74, 75, 180, 191
Santa, Bispo Luigi, 57, 145
Sassen, SS-Untersturmführer Wilhelmus, 150
Schäfer, SS-Oberführer Emanuel, 186, 188
Schellenberg, SS-Gruppenführer Walter, 72, 196
Scheungraber, tenente Josef, 157, 162, 163, 164
Scott-Barrett, Brigadeiro H., 22
Sommer, SS-Untersturmführer Gerhard, 160

Speer, Reichsminister Albert, 94
Spengler, SS-Standartenführer William, 54
Stalin, Josef, 18, 109, 112, 117
Stangl, SS-Hauptsturmführer Franz, 17, 27, 28, 29, 30, 31, 32, 33, 34, 37, 38, 43, 44, 51, 52, 55, 56, 60, 61, 62, 63, 66, 80, 102, 110, 122, 137
Staver, major Robert, 25
Storms, SS-Unterscharführer Adolph, 190, 191, 194
Strippel, SS-Obersturmführer Arnold, 135
Stroessner, general Alfredo, 64, 149
Strughold, Hubertus, 46

T

Tisserant, Cardeal Eugene, 48
Trzebinski, SS-Sturmhannführer Alfred, 134
Tuktarov, SS-Wachmann Zaki, 114

U

Unidade 731, 46, 50
Unidade de Contrainteligência do Exército Americano (CIC) Capelão do Exército Americano, 23, 24, 26, 50, 64, 69

V

Volkenrath, Elizabeth, 96

W

Wagner, SS-Oberscharführer Gustav, 4, 37, 38, 42, 44, 55, 58, 59, 66, 67, 71
Wasicky, SS-Obersturmführer dr. Erich, 79, 80
Wiesenthal, Simon, 7, 13, 15, 49, 51, 52, 53, 59, 61, 62, 77, 83, 90, 108, 124, 129, 140, 165, 170, 171, 174, 182, 184, 185, 186, 189, 191, 193, 201, 202
Wisliceny, SS-Hauptsturmführer Dieter, 33
Wolff, SS-Gruppenführer Karl, 186

Y

Yeger, SS-Wachmann Aleksandr, 121

Z

Zaim, presidente Hosni, 68
Zentai, Karoly, 169, 170, 171, 172, 193